मध्य भारत की चित्र एवं मूर्तिकला

मध्य भारत की चित्र एवं मूर्तिकला
(चन्देलों के सन्दर्भ में)

डॉ. राजेन्द्र प्रसाद 'राजन'

स्वाति पब्लिकेशन्स
दिल्ली

प्रथम संस्करण 2015
ISBN: 978-93-81843-13--0

प्रकाशकः
स्वाति पब्लिकेशन्स
34, सैन्ट्रल मार्केट, अशोक विहार
दिल्ली–110 052
फोनः 91–11–27212195, 65688806–07
फैक्सः 91–11–27212195
ई–मेलः agambooks@gmail.com, agambook@yahoo.com
www.agamkala.com

लेज़र टाइपसैटिंगः
अमन प्रिंटोग्रापिफक्स
दिल्ली
फोनः 9891395309

मुद्रकः
चावला ऑपफसैट
वजीरपुर गाँव, अशोक विहार
दिल्ली–110 052

गणेश स्तुति

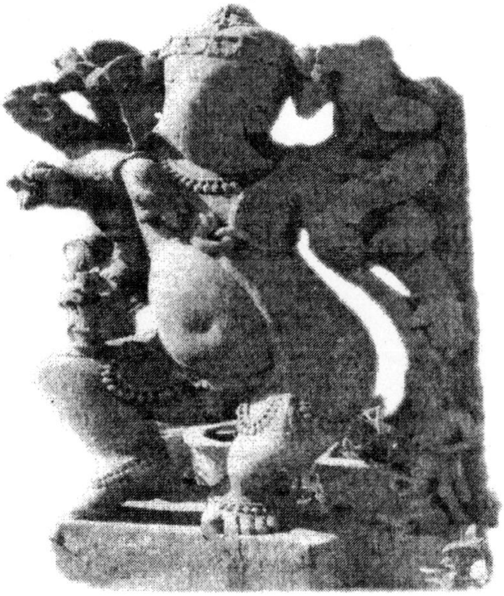

वक्रतुण्ड महाकाय सूर्य कोटि समप्रभः।
निर्विघ्नं कुरु में देव सर्वकार्येषु सर्वदा।।

‘समर्पण’

समर्पण उन को जिनके दिव्य शुभ–आशीष
के बिना यह ग्रन्थ कभी पूर्णता
को प्राप्त नही कर सकता था।
मेरे स्वर्गीय माता पिता.....
ईश्वर से प्रार्थना है कि उनके
आशीष निरन्तर मेरे साथ रहें.........

आमुख

प्रकृति मानव की जननी रही है, मानव ने प्रकृति से प्रेरणा लेकर अपनी कलात्मक अभिरूचि का सृजन किया है, इसी सृजन से कला की प्रतिष्ठा हुई है। किसी क्षेत्र विशेष की कला के अध्ययन से उसके इतिहास व विकास को समझा जा सकता है। मन्दिर अपने समय के इतिहास संस्कृति एवं कला को पूर्णतया परिलक्षित करते है।

गिरिराज विन्ध्यांचल की उतंग श्रेणियों से परिपूर्ण तथा चम्बल, बेतवा, नर्मदा, यमुना व धसान आदि के जल से सिचिंत वर्तमान बुन्देलखण्ड जो पूर्व युग मे वत्सदेश, दशार्ण आदि नामो से तथा मध्य युग मे 'जेजाकभुक्ति' व 'जुझौती' के नाम से विख्यात था।

नवी शती के उत्तरार्ध मे चन्देलो ने परिहारो को पराजित कर अपना राज्य 'जेजाकभुक्ति' स्थापित किया।

चन्देले वीर तथा कला प्रेमी थे, अपने सांस्कृतिक सौरभ गौरवशाली पुरात्व और आध्यात्मिक समन्वय के लिए प्रख्यात रहे थे। खुजराहो, देवगढ, चन्देरी, कालिंजर, महोबा, ओरछा, दतिया, मदनपुर, बानपुर आदि अनेक कला केन्द्र रहे थे, गुप्तकाल से लेकर बुन्देलकाल तक कलाकार की छैनी–हथौड़े से निकला संगीत समस्त क्षेत्र को गुंजित करता रहा था।

धंग, गंड, कीर्तिवर्मन, परमर्दीदेव आदि चन्देली राज्य के मुख्य राजा हुए थे। जिन्होने अपने–2 समय में अनेको मन्दिरो का निर्माण खजुराहो, देवगढ, मदनपुर, बानपुर आदि मे कराया था, जो उस समय की मूर्तिकला, चित्रकला, स्थापत्य तथा संस्कृति को दर्शाते है।

मुझे श्रद्धेय डॉ0 आर0 ए0 अग्रवाल (विभागाध्यक्ष, ललितकला विभाग, मेरठ कॉलिज, मेरठ) तथा डॉ0 एस0 डी0 त्रिवेद्वी (निदेशक, राजकीय सग्रंहालय, झॉसी) के साथ अनेक बार इस क्षेत्र के दिग्दर्शन का अवसर प्राप्त हुआ जिससे धीरे–2 मेरे मे इस क्षेत्र की कला व संस्कृति को जानने–समझने का आर्कषण बढता चला गया। फलतः यह क्षेत्र मेरे वर्तमान अध्ययन का केन्द्र बिन्दु बन गया।

मदनपुर एंव बानपुर दोनो ऐतिहासिक स्थल उत्तर प्रदेश के ललितपुर जिले के अन्तर्गत आते है, इन दोनो स्थानो का दिग्दर्शन भी उसी भ्रमण के समय किया, जो कुछ मैंने वहाँ देखा, उसे देखकर कला की भूखी ऑखों को तृप्ति प्राप्त हुई लेकिन कलात्मक स्थापत्य, मूर्तियों तथ चित्रकला की दुर्दशा देखकर मन खिन्न हो गया ओर मेरे कलात्मक मन मे एक टीस पैदा हो गयी, अतः मैने इन्ही दोनो स्थानो पर अध्ययन करने का मन बन लिया।

मदनपुर मे चन्देलकालीन चित्रकला जिसके उदाहरण समस्त भारत मे बहुत कम ओर सम्भवतया उत्तर भारत मे तो केवल मदनपुर में ही प्राप्त हैं तथा अपने जीवन की अन्तिम सांसे गिन रहे है। मदनपुर मे चन्देलकालीन शिव व विष्णु मन्दिर तथा जैन मन्दिर स्थित है तो बानपुर का सहस्त्रकूट जैन मन्दिर अपने पूरे वैभव के साथ खडा है। यहाँ की मूर्तियां चन्देलकालीन मूर्तिकला के अनोखे उदाहरण देखे जा सकते है।

प्रस्तुत ग्रन्थ मेरे शोध प्रबन्ध का परिमार्जित स्वरूप है जिस पर मै आज तक कार्य करता रहा हूँ। अपने शोध के अन्तर्गत मुझे अनेक विद्वानो का आशीर्वाद प्राप्त हुआ है। सर्वप्रथम मूर्धन्य इतिहासकार प्रो0 के0 डी0 बाजपेयी जी (सागर विश्वविद्यालय, सागर) का रहा जिन्होने मुझे इस क्षेत्र के इतिहास व नामकरण के विषय मे विस्तार से ज्ञान कराया। डॉ0 एन0 पी0 जोशी जी का भी विशेष आभारी हूँ जिन्होने इस क्षेत्र की मूर्तियों का मूर्ति विज्ञान तथा उनके काल निर्धारण मे बहुत सहयोग दिया। मै डॉ0 गायत्री नाथ पंत (अधिकारी, राष्ट्रीय संग्रहालय, नई दिल्ली) तथा ओ0 पी0 शर्मा (चित्रकला विभाग, राष्ट्रीय संग्रहालय, नई दिल्ली) का विशेष आभारी हूँ जिन्होने समय–2 पर मेरा ज्ञानोपार्जन करके उत्साहित किया। डॉ0 एस0 सी0 काला जी (इलाहाबाद) डॉ0 के0 के0 थपल्याल (लखनऊ) डॉ0 आर0 सी0 शर्मा (निदेशक राष्ट्रीय संग्रहालय, नई दिल्ली) डॉ0 डी0 एन0 शुक्ला जी का भी सहयोग मेरे अध्ययन मे प्राप्त हुआ उनका भी मै हृदय से आभारी हूँ।

झॉसी राजकीय संग्रहालय के समस्त अधिकारी व कर्मचारियो का मुझे बहुत सहयोग मिला, पुस्तकालय ललित कला एकादमी, पुस्तकालय राष्ट्रीय संग्रहालय, नई दिल्ली, पुस्तकालय पुरातत्व सर्वेक्षण विभाग, पुस्तकालय राजकीय संग्रहालय लखनऊ तथा पुस्तकालय मेरठ कॉलिज मेरठ आदि के पुस्तकालयाध्यक्षो का भी मै आभारी हूँ।

मेरे इस कार्य को पूर्ण करने में मेरे मित्र चित्रकार रवि त्यागी, पुत्रीसम पुत्रवधु स्वाति तथा मेरे परिवार का महती योगदान रहा है उन सभी का भी मै हृदय से आभारी हूँ। साथ ही मै अपने समस्त सहयोगी का भी हृदय से आभारी हूँ।

साथ ही मै अपने प्रकाशक स्वाति पब्लिकेशन का हृदय से आभारी हूँ जिन्होंने इस पुस्तक को प्रकाशित ही नही किया बल्कि इस ओर सतत् प्रेरणा देते रहे।

चित्र सूची

21 शिलालेख, शिव मन्दिर मदनपुर।
22 पंचमढी (शान्तिनाथ चैतालय) मदनपुर।
23 शान्तिनाथ जी (पंचमढी) मदनपुर।
24 वासु पुज्या जी (पंचमढी) मदनपुर।
25 चतुर्विशति पट (पंचमढी) मदनपुर।
26 खण्डित प्रतिमाएँ (पंचमढी) मदनपुर।
27 लंकिनी यक्षी को पैर से दबाते हनुमान खण्ड़ित प्रतिमाएँ (पंचमढी) मदनपुर।
28 कलात्मक स्तम्भ मदनपुर
29 नृत्य गणेश मदनपुर।
30 खण्ड़ित प्रतिमा हनुमान जी, मदनपुर।
31 मोदी मठ, मदनपुर।
32 त्रिमूर्ति, मोदी मठ, मदनपुर।
33 कलात्मक चैत्यालय, चम्पोमठ मदनपुर।
34 त्रिमूर्ति, मदनपुर ।
35 द्वारपक्ष, चम्पोमठ, मदनपुर।
36 दृश्य खण्ड़ित मठ, मदनपुर।
37 सहस्त्राूट चैत्यालय, (अतिशय क्षेत्र) बानपुर।
38 बरामदा– सहस्त्रकूट चैत्यालय, बानपुर।
39 पूर्वीद्वार का ऊपरी भाग, सहस्त्रकूट चैत्यालय, बानपुर।
40 सहस्त्रकूट प्रतिमा–सहस्त्रकूट चैत्यालय, बानपुर।
41 सहस्त्रकूट प्रतिमा–सहस्त्रकूट चैत्यालय, देवगढ।
42 इन्द्र, सहस्त्रकूट चैत्यालय बानपुर।
43 अग्नि, सहस्त्रकूट चैत्यालय, बानपुर।
44 यम, सहस्त्रकूट चैत्यालय, बानपुर।
45 नैऋत्य, सहस्त्रकूट चैत्यालय, बानपुर।
46 वरूण, सहस्त्रकूट चैत्यालय, बानपुर।

विषयानुक्रमणिका

जेजाकभुक्ति (चन्देलराज्य)

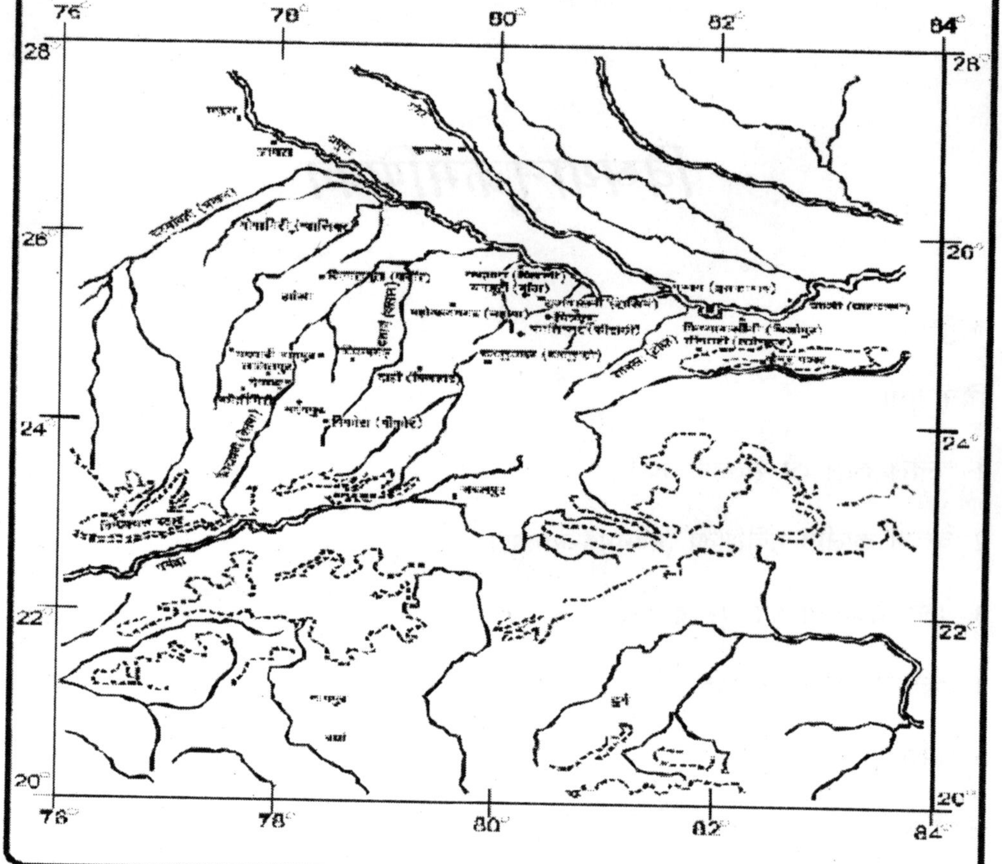

1

चन्देल काल की ऐतिहासिकता

स्थिति

मदनपुर उत्तर प्रदेश के ललितपुर जिले की, महरौनी तहसील के परगना मँडावरा में स्थित है। झाँसी से महरौनी होते हुए लगभग 267 कि0 मी0, महरौनी से दक्षिण की ओर 17 कि0 मी0 सड़क मार्ग से जुडा है।

24.15 उत्तरी अक्षांश और 78.42 पूर्वी देशान्तर पर यह प्राचीन नगर स्थित है।

ऐतिहासिक महत्व

काल के थपेडो से जर्जर आज का गाँव मदनपुर एक प्राचीन नगर रहा है। जेजाकभुक्ति के प्रसिद्ध चन्देल नरेश मदन वर्मा (जिनका राज्य 1129–1163 ई0 तक रहा) ने अपने नाम से यह नगर बसाया था। जिसके दोनों ओर विंध्याचल की पहाड़ियाँ थीं। नगर के दक्षिण में मदन वर्मा ने एक विशाल तालाब का निर्माण कराया था। ग्राम गें आल्हा ऊदल की कचहरी के नाम से दो सुन्दर खंडहर इमारते हैं। जिन्हें बारादरी भी कहा जाता है। किंवदन्ती है कि ये मदन वर्मा के पौत्र परमर्दी के राज्य में उसके दोनों वीर योद्धा आल्हा व ऊदल ने बनवायी थीं। सम्भवतया ये दोनों भवन शिव और विष्णु के मन्दिर रहे हैं।[1] छोटी कचहरी, शिव मन्दिर व बडी कचहरी, विष्णु मन्दिर रहे है।[2] यहाँ छोटी कचहरी में एक शिलालेख है। चित्र संख्या 20 जिससे यह पता लगता है कि दिल्ली नरेश पृथ्वीराज चौहान में चन्देल

राजा परमर्दी को संवत 1239 (1182 ई0) में हराकर यह राज्य जीत लिया था।[3] इसी मन्दिर की छत में एक सुन्दर चित्र भी है।

कनिंघम ने 6 फिट 2 इंच ऊँची एक वाराह मूर्ति का उल्लेख किया है[4]। जो मदनपुर ग्राम के बाहर पड़ी थी जिसके आसन (पादपीठ) पर एक बड़ा नाग बना था, वाराह के हाथ पर एक नारी आकृति (पृथ्वी) की लगभग 2 फिट ऊँची मूर्ति थी। पी0 सी0 मुखर्जी ने अपने सर्वे रिपोर्ट में इस मूर्ति का उल्लेख किया है[5]। व मदनपुर ग्राम के बनाये नक्शे में वाराह मूर्ति का स्थान निर्दिष्ट किया है। मदनपुर के पश्चिम में प्राचीन भवनों के खण्डहर पड़े है। जो पाटन या पुरपट्टन नगर के कहे जाते हैं, जिससे प्रतीत होता है कि चन्देलो के काफी पहले से ही यहाँ नगर बसते थे और इस प्राचीन नगर पट्टन का राजा मंगल सेन या मदनसेन था। आज भी उसी राजा की याद में यहाँ पर स्त्रियाँ व्रत रखती है। उन्हीं खण्डहरो में जैन मन्दिर मिलते है। जिन्हें पंचमढी, चम्पोमठ तथा मोदी मठ कहते है। जिनमें पंचमढी व मोदी मठ का अब जीर्णोद्वार हो चुका है। यहाँ जैन धर्म से सम्बन्धित अनेकानेक जैन मूर्तियाँ बिखरी पड़ी है।

मदनपुर के पश्चिम में लगभग 4 मील दूर जामनी नदी की घाटी में कुछ प्रागेतिहासिक काल के मूर्तिशिल्प[6] जिसमें पत्थर को काट कर शिवलिंग बनाये गये है, जो एक चबूतरे पर है, यह स्थान पाँडवा कहलाता है। किंवदन्ती है कि पाँचो पाँडव अपने निष्कासन के समय में कुछ समय यहाँ पर ठहरे थे।

जैन किंवदन्ती के अनुसार तीर्थंकर मल्लीनाथ व मुनि सुवृत के मध्य काल में सत्रहवें कामदेव बलराज (नलराज) अपर नाम मदन कुमार हुए थे। वे बुन्देलखण्ड के गगनचुम्बी वलयाकार पर्वत पर मोक्ष पधारे। वहीं गगनपुर नगर था। जिसका राजा विध्नवर्धन था। उसकी रानी का नाम शांती देवी था। रानी के मुनि प्रभाचन्द के उपदेश से पहाड पर भगवान शांति नाथ की खड्गासन प्रतिमा स्थापित कराई थी। इन्हीं के वंश के आगे निषिद्धपुर नगर के राजा निशधर और रानी विरला देवी से नलराज (मदन कुमार) का जन्म हुआ था, उनका विवाह कुन्डलपुर के राजा भीमसेन की पुत्री दमयन्ती से हुआ था। पिता के बाद मदनकुमार ने शासन किया। किंवदन्ती है कि इन्हीं मदनकुमार ने मदनपुर नगर बसाया।

प्राचीन काल में यह नगर मथुरा से पवाया (पदमावती) होते हुए सागर के मुख्य वाणिज्य मार्ग पर पड़ता था। यहीं मार्ग अनेक तीर्थ स्थानों से भी जुडा हुआ था, इसलिये प्राचीन काल से ही इस नगर का महत्व रहा है।

एक छोटा शिलालेख, चित्र संख्या– 21 जो बडी कचहरी (शिव मन्दिर) के एक खम्भे पर खुदा हुआ है, के अनुसार यह भवन भगवान शिव को समर्पित था अर्थात् शिव मन्दिर था। कनिंघम ने इस शिलालेख का उच्चारण निम्न प्रकार किया है।

ओः चन्द्र–शेखर भवानीय,
त्रियाम्बक, त्रिपुरान्तक,
चक्रहा, विषाधर देव,
तुव्म न्योति प्रानान्तक सदा।

यहाँ चन्द्रशेखर का अर्थ अर्धचन्द्र से, भवानीय का अर्थ ""भवानी"" (उमा) के पति ''त्रियाम्बक'' त्रिनेत्र वाले ''त्रिपुरान्तक'' त्रिपुरा राक्षस को जीतने वाले, ये सब नाम ''शिव'' के नाम के पर्यायवाची है, जिससे यह स्पष्ट होता है कि यह मन्दिर शिव को समर्पित था।

एक अन्य शिलालेख जो इसी भवन के एक अन्य स्तम्भ पर खुदा हुआ है, चित्र संख्या–20 में सवंत् 1239 स्पष्ट उत्कीर्ण है,

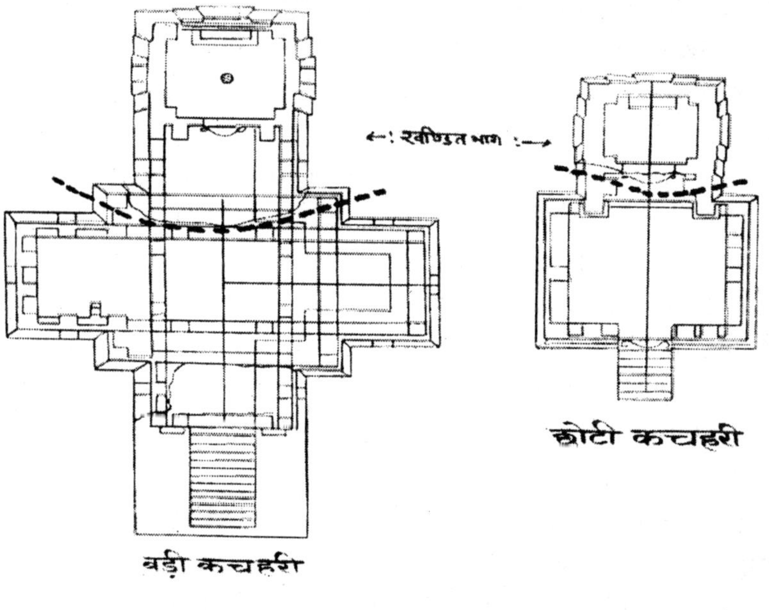

तलछन्द

जिसके अनुसार अन्ना राजा के पौत्र व सोमेश्वर के पुत्र पृथ्वी राज चौहान ने जेजाकभुक्ति देश के राजा परमर्दी को सवंत् 1239 में जीता था। इस प्रकार का उल्लेख छोटी कचहरी विष्णु मन्दिर में उत्कीर्ण एक अन्य शिलालेख चित्र संख्या–18 में भी है। इस लेख से यह स्पष्ट होता है कि चन्देल राजा परमर्दी देव के समय में यह देश जेजाकसुक्ति या जेजाकभुक्ति कहलाता था।

आल्हा–ऊदल की बैठक

मदनपुर ग्राम की सीमा में प्रवेश करते ही एक नाला है, जो पश्चिम से पूर्व की ओर बहता है। इसी के पास पूर्व की ओर एक शासकीय विश्राम–गृह है, वहीं पर पुलिस थाना है। थोड़ा आगे ही गाँव के मकान बने हैं। उसके आगे चुर्गी–विभाग का बेरियर लगा है। इसी के थोड़ा आगे चलने पर शान्त–उतंग पर्वतों के अन्चल में दो विशाल भवन जर्जर अवस्था में दीखते हैं चित्र संख्या–1 जो आल्हा–ऊदल की बैठक के नाम से विख्यात हैं। ग्राम के पूर्व दक्षिण में स्थित एक ऊंचे स्थान पर पृथ्वी तल से 10 फिट ऊँची पत्थरों की एक कुर्सी पर इनका निर्माण किया गया है। पहला भवन 10 खम्भों से युक्त एक चौकोर खुली बैठक हैं। इसे "छोटी कचहरी" चित्र संख्या–2 भी कहते हैं। जिसमे दक्षिण उत्तर की ओर लगे पत्थर पर एक शिलालेख है, जिसमें सम्वत् स्पष्ट रूप से पढा जाता हैं। कनिंघम के अनुसार यह लेख पृथ्वीराज चौहान ने परमर्दी देव चन्देल राजा पर अपनी विजय के समय लिखवाया था।[8] इस भवन की छत में एक बहुत सुन्दर भित्ति चित्र हैं। जो पूर्णतया जैन शैली पर आधारित हैं।[9] साथ ही कुछ चित्र पैनल पंचतन्त्र की कहानी पर आधारित बनाये गये हैं। इसी में पश्चिमी द्वार पर अनेकों देवी–देवताओं व नायिकाओं की सुन्दर मूर्तियाँ अंकित की गयी हैं। इस भवन के दक्षिण में 10 फिट की दूरी पर इसी प्रकार का दूसरा भवन बना हुआ हैं, जिसमें तीन खण्ड हैं। मध्य में पूर्व पश्चिम की ओर से एक खुला कक्ष है जो दक्षिण व उत्तर की ओर बने हुए ग्रहों से सम्बंधित हैं। 7 फिट चौड़े व 13 फिट 6 इंच लम्बाई में इन ग्रहों का निर्माण किया गया हैं। प्रत्येक ग्रह के ऊपर छत के रूप में एक ही पत्थर का उपयोग किया गया है, जो 10 इंच मोटा है। छत पत्थर पर सुन्दर आकार की पच्ची कारी से युक्त बेल–बूटे बने हैं। आस पास की बैठकों में तीन तरफ 2 फिट 8 इंच चौड़े व 10 फिट लम्बे बैंचनुमा पत्थर लगे हैं। इन पत्थरों में खाँचा देकर 1 फिट 10 इंच ऊँची व 3 इंच मोटी ओर लगभग 5 फिट लम्बे पत्थरों की पीठिका बाहर की दीवारों के समानान्तर लगी हैं। मध्य के ग्रह के चारों दिशाओं पर तीन–तीन स्तम्भ खड़े हैं। पूर्व दिशा से इन बैठकों में आने के लिए 10 सीढियाँ चढना होता हैं। इन कमरों के सभी खम्भे विशालकाय है, जिनके

ऊपर भारवाहक बनाये गये हैं। प्रत्येक खम्भा आकार में एक दूसरे से समानता लिए हुए हैं। इन पर शिलालेख अंकित हैं, जिन्हें कर्निंघम ने स्पष्ट रूप से पढा हैं।[10] मध्य कमरे की छत बीच से गोल कटी हुई हैं। जिसमें कुछ मूर्तियाँ बनी हैं। सम्भवतया पहले कभी इसके ऊपर शिखर रहा होगा। कनिघम ने इस भवन की ऊँचाई का अनुमान 100 फिट बताया हैं।

इन भवनों से दक्षिण में लगभग 50 मीटर आगे एक विशाल नन्दी पड़ा हैं, जिसकी लम्बाई लगभग 45 इंच व ऊँचाई 35 इंच है।[11] भवनों के चारों ओर अनेक विशाल कलात्मक प्रस्तर खण्ड व मूर्तियाँ पड़ी हैं, जो सम्भवतया भवन के पूर्ण होने पर इन्हीं का भाग रहीं होंगी।

ग्राम का जैन मन्दिर

मदनपुर ग्राम में एक शिखर युक्त विशाल जैन मन्दिर हैं। इसमें एक वेदिका हैं। शिखर व भवन जीर्ण–शीर्ण हो रहा है। अन्दर 24 पत्थर के खम्भों पर आधारित पूरे मन्दिर की छत हैं। मध्य के छः खम्भों के बीच दीवारें खड़ी करके मन्दिर का गर्भगृह बना हुआ है। गर्भगृह के ऊपर मन्दिर का लगभग 35 फिट ऊँचा शिखर बना हुआ हैं। इसी गर्भगृह में वेदी बनी हुई हैं। वेदी प्राचीन समय की ही निर्मित हैं। इसमें किसी प्रकार का भी नव निर्माण नहीं किया गया है। भवन के उत्तर में एक द्वार हैं, जिसे अब बन्द कर दिया गया है। एक द्वार दक्षिण की ओर हैं। इसके आगे 10 खम्भों का खुला दालान बनाया गया हैं। मन्दिर के अन्दर वेदिका के चारों ओर एक परिक्रमा पथ है, लेकिन यह बहुत संकीर्ण व अंधकारमय है। मन्दिर की वेदिका में कुल 15 मूर्तियाँ हैं। इनमें 7 पत्थर की हैं, जिनमें 6 मूर्तियाँ सफेद संगमरमर की पद्मासन मूर्तियाँ हैं। जिनमें एक प्रतिमा पदमप्रभु की है, जिस पर सं0 1548 पड़ा है। एक सहस्त्र फणावणी युक्त भगवान पार्श्वनाथ की प्रतिमा है, जिस पर वैशाख शुक्ल सम्वत 1595 पड़ा हुआ हैं। शेष दो प्रतिमाऐं 17वीं शताब्दी की व दो 18वीं शताब्दी की हैं। एक छोटी सी प्रतिमा काले पत्थर की हैं जो किसी तीर्थंकर भगवान को खड़गासन प्रतिमा है। शायद यह कहीं खुदाई में प्राप्त हुई हो और यहाँ बाद में रख दी गयी है। इसके अतिरिक्त यहाँ 8 प्रतिमाएँ धातु की है जिनमें पांच प्रतिमाए फणवली युक्त है। ये भी सभी प्रतिमाएँ पद्मासन में हैं तथा सभी पीतल से निर्मित की गयी हैं। दो प्रतिगाएँ भगवान महावीर स्वामी की हैं, जिनमें सिंहासन पर सिंह बना हुआ है। इन प्रतिमाओं में 2 सोलहवीं शताब्दी, 1 सत्रहवीं शताब्दी व 3 अठारहवीं शताब्दी की निर्मित हैं। सभी प्रतिमाओं पर प्रशास्तियाँ अंकित हैं।

पंचमढी

ग्राम से उत्तर की ओर पर्वत श्रेणी पर लगभग ग्राम से आधा मील की दूरी पर यह मन्दिर स्थित हैं।[12] चित्र संख्या–22 ग्राम व मन्दिर के बीच में सूखा बरसाती तालाब नुमा नाला है। यहाँ चबूतरों पर पांच मठ (मन्दिर) बने हैं इसलिए इसे पंचमढी कहा जाता हैं। चबूतरे के चारों कोनों में चार तथा एक मध्य में मठ बना हुआ हैं। जिनमें प्रत्येक में एक–एक खडगासन में तीर्थंकरों की देशी पत्थर से निर्मित लगभग 5.5 फिट की प्रतिमाएँ स्थापित हैं, जो ऊँची दीवार से मिलाकर खड़ी की गयी हैं। प्रत्येक मूर्ति की पादपीठ पर शिलालेख अंकित है। चारों मठों की ऊँचाई 15–15 फिट व बीच के मठ की ऊँचाई लगभग 20 फिट हैं। सभी मठों के द्वार पूर्व की ओर हैं। मध्य के मठ में महावीर स्वामी तथा शेष चार में शान्तिनाथ, चन्दप्रभु, वासुपूज्य व नेमीनाथ की प्रतिमाएँ हैं।[13] दि0 जै0 अति0 क्षे0 मदनपुर ने इस पंचमढ़ी का जीर्णोद्धार कर दिया हैं, जिसमें मुख्य मूर्ति को उसी स्थान पर रखकर चारों ओर नयी दीवारों का निर्माण कर दिया गया है। तथा प्रत्येक पर लोहे का द्वार लगा दिया गया है। इस पंचमढ़ी के सामने लगभग 10 फिट पूर्व की ओर भगवान शान्तिनाथ का मन्दिर हैं जो जमीन तल से 3 फुट ऊँचे आसन पर स्थित हैं। यह 28 फिट ऊँचा 18 फिट लम्बा व 13 फिट चौड़ा है। मन्दिर के शिखर में एक कोठरी है। मन्दिर का मूल द्वार पश्चिम की ओर पंचमढ़ी के सामने है। जिसके सामने 13 वर्गफुट का चबूतरा हैं। जिस पर पत्थर के पायों पर बरामदा बना हुआ हैं। मन्दिर का मुख्य प्रवेश द्वार 8 फिट ऊँचा व 4 फिट चौड़ा है। द्वार के ललाट बिम्ब में एक पद्मासन मूर्ति हैं। द्वार से गर्भगृह लगभग 4 फिट गहरा है। इसमें भगवान शान्ति नाथ की 10 फिट ऊँची प्रतिमा है चित्र संख्या–23 जो खड्गासन मुद्रा में है। यह खण्डित है, जिसे घुटने के पास से जोडा गया है। इस प्रतिमा के नीचे एक पत्थर लगाया गया है। उसके नीचे एक सिंहासन है, जिस पर सिंह अंकित है तथा बीच में भगवान शान्ति नाथ का चिन्ह मृग बना है। वहीं एक लेख है, जो बहुत अस्पष्ट है और चूने से पोत दिया गया है। शान्तिनाथ की मूर्ति के हाथो के नीचे दो छोटी प्रतिमाएँ हैं, जिनका एक–एक हाथ अपने पैर पर तथा एक–एक हाथ ऊपर की ओर उठा हुआ है। इसी चार दीवारी के अन्दर एक नवनिर्मित मन्दिर है, जिसमें शिखर नहीं हैं। इसमें भगवान आदि नाथ को खड्गासन में लगभग 12 फिट ऊँची मूर्ति है इस मन्दिर के द्वार के ललाट बिम्ब पर भी एक पद्मासन प्रतिमा है। कथनानुसार भगवान आदिनाथ की यह प्रतिमा किसी दूसरे स्थान से लाकर वहाँ स्थापित की गयी है। मन्दिर के बाहर एक बरामदा हैं, जिस पर टीन पड़ी हुई है।

पंचमढ़ी शान्तिनाथ मन्दिर व आदिनाथ चैत्यालय का चारों ओर का क्षेत्रफल लगभग 400 वर्ग गज है, जिसकी दि0 जैन क्षेत्र मदन पुर ने चार दीवरी कर दी है तथा फर्स पक्का बनवा दिया गया है। इसी चार दीवारी में अनेक खण्डित मूर्तियाँ पड़ी हुई हैं– चित्र संख्या–26 इन सभी मूर्तियों पर लेख खुदे हुए हैं, जिनके अनुसार इनका काल निर्धरण 12 शताब्दी से लेकर सम्वत 16वीं शताब्दी तक हैं।

मोदीमठ

पंचमंढी से लगभग 1 कि0 मी0 आगे पहाड़ी पर एक मठ है। जिसे मोदी मठ कहते है। चित्र संख्या–31 इस का मुख्य द्वार पूर्व की ओर है। अब से कुछ समय पूर्व तक इसका शिखर जीर्ण शीर्ण अवस्था में पड़ा था। अन्दर का गर्भगृह भी बहुत खराब अवस्था में था। मन्दिर के द्वार के सामने कोई छायावान नहीं था, मठ की ऊँचाई 25 फिट व चौड़ाई लगभग 6 फिट थी। इसके अन्दर तीन मूर्तियाँ हैं। मध्य में शान्ति नाथ भगवान की 7 फिट ऊँची प्रतिमा है तथा दायें कुन्थूनाथ व बायें अरहनाथ स्वामी की लगभग 5–5 फिट ऊँची प्रतिमाएं हैं। ये तीनों प्रतिमाएं एक आसन पर खड़ीं हैं। अर्थात यह भगवान शान्ति नाथ, कुन्थूनाथ, अरहनाथ की त्रिमूर्ति हैं। मन्दिर का द्वार 6 फिट ऊँचा व 5 फिट चौड़ा हैं। प्राप्त आँकड़ो के अनुसार कभी यहाँ चारों तरफ 4 मठ होने के अवशेष प्राप्त थे। यहीं पर भगवान ऋषभदेव की 8 फिट ऊँची खड्गासन मूर्ति एक वृक्ष की जड़ के आधार से झुकी हुई खड़ी थी, जो अब यहाँ से उठाकर पंचमढी के नवनिर्मित आदिनाथ चैत्यालय में स्थापित है। शेष तीन मठों के अब कोई चिन्ह नहीं है। दि0 जैन अति0 क्षेत्र मदनपुर कमेटी ने इस मन्दिर का जीर्णोद्वार करा दिया है। जिसमें इस मठ के चारों ओर की पुरानी दीवार के स्थान पर नयी दीवार व शिखर बना दिया गया है। त्रिमूर्ति को उसी स्थान पर रखा गया है, जहाँ वह थी, लेकिन बाह्ययमठ एक प्रकार से नवनिर्मित कर दिया गया। द्वार के सामने एक बरामदा बना दिया गया है जो पहले नहीं था। गर्भगृह लगभग 3 फिट गहरा हैं। पूरे क्षेत्र की एक चार दीवारी करा दी गयी हैं। इस एक मन्दिर के अतिरिक्त अब यहाँ कोई और अवशेष प्राप्त नहीं है। कमेटी की ओर से अब नित्य प्रति पूजा होती है। तीनों मूर्तियों के नीचे अभिलेख प्राप्त हैं, जिसमें तिथि स्पष्ट पढ़ी जा सकती है। इसके अनुसार इनकी स्थापना फाल्गुन शुक्ल 4 सम्वत् 1688 में हुई थी।

चम्पोमठ

पंचमढ़ी से लगभग 2 कि0 मी0 आगे घने जंगल में अब दो खण्डित मठ मिलते हैं जिन्हें चम्पोमठ कहते हैं। चित्र संख्या–33 यह मठ प्राचीन भारतीय कला का उत्तम उदाहरण हैं। आज इसका शिखर जीर्ण–शीर्ण है। लेकिन यह 11वीं 12वीं शताब्दी की मूर्तिकला व वास्तुकला के उत्तम नमूने हैं। इस मठ तक जाने के लिए बीहड़ जंगल व झाड़–झाड़ियों के बीच से होकर जाना पड़ता हैं। इस मठ के चारों ओर पत्थर के कटावदार तोरण व मूर्तियों के अवशेष पड़े है। इस मठ की कुर्सी जमीन तल से 4 फिट ऊँची है। मठ के सामने द्वार से मिला हुआ चार विशाल पायों पर खुला पत्थर का बरामदा है। इसका द्वार नाना प्रकार के देवी–देवताओं, नवग्रह, पशु–पक्षियों तथा अन्य मूर्तियों से सुसज्जित तत्कालीन कला से युक्त है। द्वार के सिरदल पर नवग्रह व यक्षिणियों की मूर्तियाँ है। उसके नीचे की पंक्ति में पद्मासन में तीर्थंकरों की मूर्तियाँ हैं। द्वार स्तम्भों पर विभिन्न मुद्राओं में देव–देवियाँ बने हैं। नीचे की ओर गंगा व यमुना की सुन्दर मूर्तियाँ हैं। उनके बराबर में द्वारपाल है तथा ऊपर की ओर नाग कन्याएं बनी हैं। देहली पर सुन्दर हाथी व सिंहों का अकंन है।

मन्दिर का मुख पूर्व दिशा की ओर है, जिससे गर्भगृह में जाने के लिए 4 सीढियाँ बनी हैं, गर्भगृह लगभग 4 फिट 6 इंच गहरा है। गर्भगृह में अष्टप्रतिहार युक्त शान्तिनाथ भगवान के साथ त्रिमूर्ति बनी हैं। जो सम्भवतया कुन्थुनाथ व अरहनाथ की है। भगवान शान्तिनाथ की मूर्ति खड्गासन अवस्था में 7 फिट 6 इंच ऊँची है दोनों ओर लगभग 6 फिट 6 इंच ऊँची दो अन्य तीर्थंकर प्रतिमाएँ जिन्हें महावीर बताया जाता है, तीनों मूर्तियाँ लगभग 2 फिट ऊँचे कलात्मक आसन पर खड़ी हैं। इसके नीचे लगभग 1 फिट का प्रशस्ति शिलालेख हैं। जिसके अनुसार इसका प्रतिष्ठाकाल फाल्गुन सुदी 10 सम्वत् 1204 हैं। तीनों मूर्तियों के चरणों के समीप लगभग 2 फिट 6 इंच के छः इन्द्र खड़े हैं जो चंवर लिए हुए हैं। मूर्तियों के हाथ खण्डित हैं। दोनों ओर की मुख्य मूर्तियों के ऊपर दो पद्मासन मुद्रा में तीर्थंकर लगभग 2 वर्ग फुट के पत्थर पर अंकित हैं, जिनमें दाहिनी ओर के तीर्थंकर चन्द्रप्रभु है और ब्रायीं ओर के खण्डित हैं। इस मठ के दक्षिण में लगभग 10 गज की दूरी पर एक ओर अर्धभग्नवाशेष दूसरा मठ हैं। जिसका शिखर पूर्णतया गिर चुका है तथा छत भी नहीं है, केवल चारों ओर की दिवारें खड़ी हैं। मन्दिर का द्वार उत्तर की ओर है। उसके सामने जीर्ण–शीर्ण चबूतरा बना है। इसके अन्दर भी भगवान शान्तिनाथ कुन्थुनाथ व अरहनाथ की मूर्तियाँ है। माना कि वे पहले मठ की मूर्तियों के समान कलात्मक नहीं हैं। मध्य की भगवान शान्तिनाथ की मूर्ति लगभग 8 फिट ऊँची हैं तथा दोनों ओर की दोनों मूर्तियाँ लगभग 6–6 फिट ऊँची

हैं। मूर्तियों के हाथ खण्डित हैं। चारों ओर की दीवारों की ऊँचाई लगभग 8 फिट हैं। फर्स जीर्ण–शीर्ण हैं। गर्भगृह 6 फिट चौड़ा 6 फिट 6 इंच लम्बा है। द्वार की ऊँचाई 5 फिट के लगभग हैं। इसके अतिरिक्त यहाँ ऐसे अवशेष हैं जो यह दर्शाते हैं कि यहाँ और भी मठ रहे होगें, लेकिन अब पूर्ण रूप से धराशायी हो चुके हैं। इस मठ के चारों ओर बीहड़ जंगल है, जिसमें चम्पों के वृक्ष बहुत खड़े हैं। सम्भवतया इसी कारण इस मठ का नाम चम्पोमठ पड़ गया है।

खण्डित मठ

पंचमढी से चम्पोमठ जाते हुए रास्ते में एक मठ पूर्णतया खण्डित अवस्था में पड़ा हैं। चित्र संख्या–36 जिसकी नींव के पत्थर ही मात्र उस मठ के अवशेष हैं। उसके मध्य एक तीर्थंकर की खण्डित मूर्ति खड़ी है, जो लगभग घुटनों की ऊँचाई तक मिट्टी में दबी हुई है। इस मूर्ति की ऊँचाई लगभग 6 फिट हैं। यह खड्गासन मुद्रा में हैं। इसके दोनों हाथ खण्डित हैं। मिट्टी में दबे होने के कारण इसका चिन्ह व प्रशस्ति लेख नहीं पढ़ा जा सका हैं

बानपुर

स्थिति

उत्तर प्रदेश राज्य के जिला ललितपुर के महरौनी तहसील के अन्तर्गत परगना बानपुर है। जिसकी स्थिति 24.43 उत्तरी अंक्षाश पर हैं।

यह ललितपुर से महरौनी होते हुए 53 कि0 मी0 तथा महरौनी से 14 कि0मी0 है और निकटवर्ती मध्यप्रदेश के टीकम गढ़ नगर से 9 कि0 मी0 पश्चिम में वर्तमान बानपुर कस्बा अवस्थित है। लगभग 7000 आबादी वाला यह ऐतिहासिक महत्व का प्राचीन पावन–पुण्य–स्थल ब्रिटिश काल का विद्रोही और वर्तमान में आधुनिक प्रगति की नजर से औझल कालजयी कला केन्द्र हैं। बानपुर पहुँचने के लिए मध्य रेलवे की दिल्ली–बम्बई लाईन पर स्थित प्रमुख रेलवे स्टेशन ललितपुर, (उत्तर प्रदेश) से महरौनी होकर सीधी बस सेवा उपलब्ध हैं। टीकम गढ़ से बानपुर पहुँचने के लिए 9 कि0 मी0 की पक्की सड़क पर अपने निजी वाहनों द्वारा आसनी से पहुँचा जा सकता है। वर्तमान में बांसी से बार होते हुए बानपुर सीधी बस सेवा उपलब्ध है। बांसी ललितपुर और झांसी के मध्य स्थित है।

नामकरण और प्राचीनता

महाभारत में बानपुर का ''बाणपुर'' नाम से अनेक स्थानों पर उल्लेख हुआ है। पौराणिक गाथाओं के अनुसार ''बाणासुर'' नाम का दैत्य यहाँ राज्य किया करता था। जिसके नाम पर ही कदाचित इस स्थान का नाम ''बाणपुर'' पड़ा जो कालान्तर में प्रयत्न लाघव के कारण बानपुर कहलाने लगा। आज भी बानपुर और टीकमगढ़ को मिलाने वाले मार्ग में प्रवाहित ''जामनी'' नदी के सेतु को ''बाणाघाट'' कहते हैं।

बानपुर का सांस्कृतिक व प्राकृतिक वैभव–

बानपुर की शीर्षमयी माटी में संस्कृति, प्रकृति और आध्यात्म का शाश्वत सौन्दर्य अद्‌भुत रूप से समाहित है। उत्तरी भाग में बड़े ताल के निकट पार्वती–नन्दन गणेश की 18 भुजाओं वाली, नृत्य मुद्रा में, विशाल मूर्ति दर्शनीय है, जो वर्षो जंगल के उदर में खोई रही। इसे कुछ वर्ष पूर्व ही गणेश खेड़ा में स्थापित कर दिया गया है। बजरंग गढ़ का हनुमानजी का मन्दिर नमनीय है। ग्राम के मध्य दो विशाल जैन मन्दिर नया मन्दिर व बड़ा मन्दिर स्थित है। इनमें बड़ा मन्दिर, प्राचीन, भव्य व उत्तर कालीन शैली का श्रेष्ठ प्रतीक है। नगर के दक्षिण में अतिशय दिगम्बर जैन क्षेत्र अवस्थित है, जो अपनी प्राचीनता व शिल्प कला के कारण गौरवपूर्ण स्थान रखता है। नगर के पूर्व में उषाघाट बरीघाट और अजय घाट आदि प्राकृतिक प्रदत्त रमणीक स्थल है। जामनेर और जमड़ार नदियों से आबृत बानपुर को प्रकृति ने अपने मनोमुग्धकारी श्रृंगार से संवारा है।

दिगम्बर जैन अतिज़य क्षेत्र

प्राचीनता–

लगभग 280 × 200 मीटर के क्षेत्रीय प्राँगण में श्री 1008 अतिशय दिगम्बर जैन क्षेत्र अवस्थित है। जिसके अन्तर्गत दसवीं शताब्दी के पूर्व तक की मूर्तिया विद्यमान हैं। पाड़ाशाह द्वारा निर्मित प्राकृतिक छटा से परिपूरित, पावन प्राँगण में पांच विशाल मन्दिर स्थापित है। जिनमें देशी पत्थर से निर्मित भव्य कलात्मक मूर्तियाँ विद्यमान हैं। लम्बे समय तक वह जंगलों के उदर में विलीन मानव दृष्टि से अपरिचित रहा। मूर्तिभंजकों की विध्वंसकारी कुदृष्टि का भी यह क्षेत्र शिकार हुआ, जिसकी कहानी क्षेत्र व आस–पास पड़ी खण्डित मूर्तियाँ कहती हैं।

आज से लगभग 50 वर्ष पूर्व तक इस निर्जन क्षेत्र को ग्रामवासी खिराउल नाम से जानते थे, जैन अनुयायी खण्डित मूर्तियों के कारण इसे अपूज्य, और जेनतर ग्रामवासी लिंगन के नाम से सम्बोधित कर महत्व हीन स्थल मानते थे। लम्बे समय तक यह क्षेत्र बानपुर के बागी व चोरी छिपे दुष्कर्मों में लिप्त व्यक्तियों के अड्डों क़े रूप में रहा।

जीर्णोद्वार–

सन् 1940 के आस–पास मुनि 108 श्री श्रुतसागर जी महाराज बानपुर पधारे और इस क्षेत्र का दर्शन कर दंग रह गये। उन्होनें इसे अपना साधना स्थल बनाया और यहीं क्षण इस क्षेत्र के लिए पुर्नजीवन का प्रारम्भ बन गया। साधना करते–करते मुनि श्री के मन में यह बात घर करती गयी कि यह क्षेत्र आध्यात्म, पुरातत्व और शिल्प कला तीनों दृष्टियों से अद्‌भुत होते हुए भी ग्रामवासी इसके महत्व से अपरिचित हैं, अतः जनमानस को परिचित कराने पर इस क्षेत्र की खोई हुई गरिमा लौट सकती है अतः उन्होंने मनोवैज्ञानिक ढंग से कार्य किया और अपना आहार इसी क्षेत्र में लेने लगे, अतः जैन परिवार मजबूरी में आहार देने के लिए नित्य प्रति आने लगे। लेकिन वे खण्डित मूर्तियों को देव दर्शन मानने के लिए तैयार न थे। देव–दर्शन के लिए वे गाँव के मन्दिर में ही जाते। अतः मुनिश्री ने एक बार अनन्त चतुर्दशी के अवसर पर विमान जी में गाँव के मन्दिर से आयी मूर्ति को जबरदस्ती यहीं स्थापित करवा लिया। समाज में इससे कुछ अंसतोष तो रहा पर मुनि श्री की दृढ़ता के सामने कुछ न कर सके। अन्ततोंगत्वा ग्रामवासियों को नित्य ही क्षेत्र पर आकार पूजन व्यवस्था करनी पड़ी और मुनि श्री अपने उदृेश्य में सफल हुए। क्षेत्र का जीर्णोद्वार करना उन्हें अनिवार्य हो गया। देखते–देखते क्षेत्र का काया कल्प हो गया। आज ग्रामवासी इस क्षेत्र को क्षेत्रपाल के नाम से जानते है। इस क्षेत्र का दिगम्बर जैन तीर्थ क्षेत्र कमेटी द्वारा सन् 1965 में वास्तविक जीर्णोद्वार किया गया है।, जिसके अन्तर्गत इस क्षेत्र पर चारों ओर लगभग 4 फिट ऊँचा परकोटा निर्मित कर दिया गया है तथा लोहे का गेट लगा दिया गया है एवं जीर्णोद्वार करके पांच कमरे बनाये गये है। क्षेत्र पर कुल 5 मन्दिर है, जिनमें 4 मन्दिरो का निर्माण जीर्णोद्वार के समय किया गया है तथा उन पर मन्दिर संख्या डाल दी गयी है। मन्दिर संख्या 1 से 4 तक नवनिर्मित है लेकिन मन्दिर 2–3–4 में मूर्तियाँ प्राचीन ही है, तथा मन्दिर न0 5 अपने प्राचीन वैभव सहित स्थित है। इसके चारों ओर बहुसंख्या में मूर्तियों का बिखराव और भग्नावशेषों के निरीक्षण व विश्लेषण से ऐसा परिलक्षित होता है कि इस क्षेत्र में मन्दिरों की संख्या कहीं अधिक रही होगी।

मन्दिर संख्या–1

इस मन्दिर की बाह्य बनावट साधारण है, यह शिखर नागर शैली का है तथा इस क्षेत्र के शिखरों में सबसे अधिक ऊँचाई का है। मन्दिर के बाह्य भाग में 5 फिट 4 इंच की संगमरमर की आधुनिक प्रतिमा है। इसी प्रतिमा की पूजा की जाती है। मूर्ति की सौम्य भाव मुद्रा शान्ति प्रदायक है। अन्दर के भाग में एक वेदी पर प्राचीन काल की संगमरमर की पद्मासन मूर्ति है, ज़िस पर सम्वत् 1141 अंकित है। इस मूर्ति की ऊँचाई डेढ़ फिट है।

मन्दिर संख्या–2

प्रथम मन्दिर से संलग्न ही यह दूसरा मन्दिर है। इस मन्दिर में भी अन्दर व बाहर मूर्तियाँ हैं। बाहरी भाग में एक विशाल मूर्ति लगभग 8 फिट ऊँची है। यह स्थानीय पत्थर से निर्मित है। यह तीर्थंकर शान्तिनाथ की खड्गासन प्रतिमा है। मूर्ति की नासिका व ऊधर का कुछ भाग खण्डित है। जिसे मुनि श्री श्रुत सागर जी के काल में सुधारने का असफल प्रयत्न किया गया था। मन्दिर के आन्तरिक कोष्ठ में लगभग 8 फिट 6 इंच ऊँची खड्गासन अवस्था में तीर्थंकर मूर्ति स्थापित है। इसके चरण–पाद के पास दोनों ओर छोटी–छोटी मूर्तियाँ शासन देवियों की स्थित है। इस मूर्ति पर कोई चिन्ह अंकित नहीं है, जिससे तीर्थंकर का पहचान की जा सके।

मन्दिर संख्या–3

यह मन्दिर मध्य का मन्दिर कहलाता है। इसका शिखर गुम्बदाकार है। मंडपयुक्त एक बाहरी बरामदा है। इस मन्दिर के मुख्य द्वार के ऊपर ललाट बिम्ब में ''क्षेत्रपाल'' की मूर्ति विराजमान है। अन्दर आधुनिक प्रकार की रंग–बिरंगी वेदी पर प्राचीन काल के ''श्री चरण'' विराजमान है, जिसे देखकर कुछ लोग इसे अतिशय न कहकर सिद्ध क्षेत्र मानते है। इसी वेदी पर श्वेत संगमरमर की पद्मासन मूर्ति है जिसकी ऊँचाई लगभग 8 इंच है। इस प्रतिमा पर सम्वत् 1541 अंकित है।

मन्दिर संख्या–4

''बड़े बाबा का मन्दिर'' के नाम से विख्यात यह मन्दिर इस क्षेत्र का विशिष्ट मन्दिर है। शिखर विहीन इस जिनालय का मूल भाग तो पूर्व का ही बना हुआ है पर बाह्य भाग सन् 1964–65 में साहु शान्ति प्रसाद जैन ट्रस्ट द्वारा पुननिर्मित कराया है। इस मन्दिर में

मूल, विशालकाय प्रतिमा तीर्थंकर शान्तिनाथ की है जिसकी ऊँचाई 18 फिट है। खड्गासन मुद्रा में यह मूर्ति भी अन्य मूर्तियों की तरह देशी पत्थर से निर्मित है। इस मूर्ति के पाद पीठ पर एक लेख है जिसके अनुसार इसका प्रतिष्ठाकाल सम्वत 1001 है। भगवान शान्तिनाथ की यह प्रतिमा इस क्षेत्र की मूल नायक प्रतिमा मानी जाती है। लेख के पास दोनों ओर छोटी–छोटी मूर्तियाँ सुन्दर ढंग से उभरी हुई हैं। तथा दोनों ओर भगवान कुन्थुनाथ व अरहनाथ की प्रतिमाएँ हैं। इस प्रकार इस मन्दिर में शान्तिनाथ, कुन्थुनाथ व अरहनाथ की त्रिमूर्ति हैं।

शान्तिनाथ की मूर्ति के बांयी ओर 7 फिट ऊँची दिव्य मूर्ति है जो भगवान कुन्थुनाथ की मानी जाती है। इस मूर्ति की विशेषता यह है कि इस मूर्ति के केश कंधो से झूलते हुए छाती और बाहु तक बिखरे हुए हैं, जिससे यह प्रथम प्रतिमा है। जो शान्तिनाथ की प्रतिमा की तरह ही सौम्य व मनोहारी है। मूर्ति भंजकों की क्रूरता का यह मूर्ति भी शिकार हुई लेकिन अल्प रूप में। वर्षो असुरक्षा के कारण यद्यपि इन मूर्तियों की पालिश खराब ही हुई होगी लेकिन इनमें अब भी अद्‌भुत चमक है। इस जिनालय के बाहर पीछे की दीवार पर भी एक खण्डित, विशाल मूर्ति है। देखने से ऐसा प्रतीत होता है। कि यह शीर्ष विहीन प्रतिमा भगवान महावीर की है।

तलछन्द

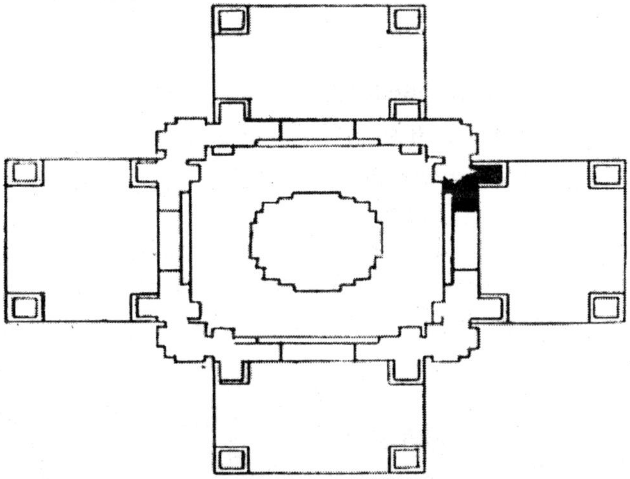

सहस्त्रकूट चत्यालय बानपुर

मन्दिर संख्या–5 सहस्त्र कूट चैत्यालय–

चबूतरे के सामने क्षेत्र के पूर्वी भाग में मध्ययुगीन सुन्दर स्थापत्य कला का प्रतीक अद्भुत रमणीक सहस्त्रकूट चैत्यालय स्थापित है। चित्र संख्या–33 22 फिट चौड़ाई के आसन पर नागर शैली का यह जिनालय स्थित है जिसकी ऊँचाई लगभग 30 फिट है। कलात्मक पच्चीकारी, चहुँदिशि प्रवेश द्वार स्थापना और विशिष्ट सहत्रकूट या लिंग के कारण यह भारतीय शिल्प कला का अद्वितीय चैत्यालय है।[14] 10वीं शताब्दी में निर्मित इस सहस्त्रकूट चैत्यालय की स्थापना अथवा प्रतिष्ठा किसने कराई थीं? इस सम्बन्ध में श्री अहार जी क्षेत्र पर भगवान शान्ति नाथ के पादपीठ पर उत्कीर्ण लेख से कुछ प्रकाश पड़ता है। यह लेख सम्वत् 1239 का है। इसके अनुसार अहार जी की प्रतिमा के प्रतिष्ठाता के प्रपिता इस सहस्त्रकूट चैत्यालय के प्रतिष्ठापक थे। उल्लिखित श्लोक इस प्रकार है–

गृहपति वंश सरोरूह सहस्त्ररश्मिः सहस्त्र कूटयः।
वाण्धुरे व्यधितासीत् श्री मानिह देवपाल इति।।

गृहपति वंश रूपी कमलों को प्रफूल्लित करने के लिए सूर्य के सदृश्य यहाँ श्री सम्पन्न देवपाल हुए जिनके द्वारा बानपुर में सहस्त्रकूट चैत्यालय का निर्माण कराया गया था। इस जिनालय का निर्माण काल इस श्लोक के विश्लेषण से सम्वत् 1000 के आस–पास होना चाहिए। आहार जी के लेख में ही इस मन्दिर के रूपकार वास्तुकार का नाम भी स्पष्ट होता है।[15]

वाल्हणस्य मुतः श्री मान् रूपकारी महामतिः।
पापटी वास्तुशां स्त्रजस्तेन बिम्ब सुनिर्मितम्।।
अर्थात यह रचना वास्तुकला विद् "पापट" द्वारा निर्मित हुई।

मध्य आकार के इस चैत्यालय में नीचे से ऊपर तक आकर्षक मूर्तियाँ चारों ओर उत्कीर्ण है। मन्दिर में मुख्य मूर्ति के रूप में सहस्त्रकूट वेदिका चित्र संख्या–40 है। वेदिका में चारों दिशाओं में मध्य में तीर्थंकर आदिनाथ का भव्य व्यक्तित्व दृष्टव्य है। भगवान के शरीर में एक सहस्त्र अष्ट शुभ लक्षणों के प्रतीक अथवा वीतराग के एक हजार आठ गुणों के आधार पर सहस्त्रकूट वेदिका का निर्माण होता है। यहाँ की वेदिका 4 फिट × 4 फिट के शिलाखण्ड पर लगभग 8 फिट ऊँची है। जिस पर चारों ओर 1008 मूर्तियाँ उत्कीर्ण हैं।

गर्भगृह पर सुन्दर कलात्मक शिखर है। बाहर के पटलों के माध्यम से पर्वताकार उत्तरोतर तीक्ष्ण होते हुए शिखर के अंत में आमलक, घटपल्लव और कुम्भ–कलश शोभायमान हैं। चंहुदिशि द्वारों पर बाहर की ओर दरवाजों से लगे हुए स्तम्भों पर आधारित चार मण्डप चित्र संख्या–38 बने हुऐ हैं। मुख्य द्वारों के ललाट बिम्बों पर तीर्थंकर, यक्ष यक्षिणियों, गज वाहक, नवग्रह आदि का सुन्दर व कलात्मक अंकन किया गया है।

चारों ही दरवाजों पर नीचे दोनों ओर द्वारपाल बनाये गये हैं। पौराणिक कथाओं पर आधारित मुख्य द्वारों के नीचे की ओर ही मकर वाहिनी गंगा व कच्छप वाहिनी यमुना का अंकन हैं। उनके पास ही चाँवर ग्रहिणी बनी हुई हैं। दरवाजों की चौकियाँ पर गज व सिंहो का सुन्दर अंकन है। शिखर के मध्य में उत्तर की ओर चौबीस तीर्थंकर चौबीसी का सुन्दर अंकन किया गया है। चारों ओर देव कुलिकाओं में बीणावादिनी, पदमावती, आम्रवृक्षाश्रिता, अम्बिका, चक्रेश्वरी, अप्सराएं, सुर–सुन्दरी, व्याल आदि शोभायमान है। मण्डप के स्तम्भ बहुत कला पूर्ण हैं। उन पर कीर्ति मुख, घटपल्लव आदि बने हैं।

काल के दुर्दान्त प्रभाव से यह एक ओर को झुक गया है, जिसे अस्थाई तौर पर एक आलम्ब–स्तम्भ पर टिकाया गया हैं।

गणेश खेड़ा

गणेश गंज के नाम से विख्यात बानपुर ग्राम से लगभग 2 कि0 मी0 उत्तर की ओर बड़े ताल के निकट एक छोटा टीला हैं। जहाँ काल के गर्भ में लम्बे समय तक विलीन गणेश जी की प्राचीन प्रतिमा[16] एक आधुनिक ढंग के बने, लेकिन जर–जर कमरे में स्थापित हैं। जिस पर कोई शिखर आदि नहीं बना हुआ है। 8 फिट ऊँची 4 फिट चौड़ी नृत्य गणेश की यह प्रतिमा 18 भुजाओं से परिपूर्ण हैं। चित्र संख्या–52 आज इस प्रतिमा की पूजा की जाती है, जिस कारण पूरी प्रतिमा पर सिंदूर का लेप चढ़ा हुआ है। किंवदन्ती के अनुसार बाणासुर की पुत्री ''ऊषा'' यहीं पर गणेश जी की पूजा के लिए आया करती थी।

इसी मन्दिर के बाहर तीन नन्दी रखे हुए है। चित्र संख्या–53 जिनके मुख तेजधार वाले किसी अस्त्र से काटे गये प्रतीत होते हैं[17] ऐसा लगता हैं कि किसी समय ये सुन्दर नन्दी कहीं पर मूर्ति–भंजको की दुष्ट पिपासा का घूंट बने होंगे।[18] तथा अब कहीं से लाकर इस मन्दिर के बाहर रख दिये गये हैं। ये स्थानीय बलुए लाल पत्थर से निर्मित हैं।

मानिक टीला

ग्राम के उत्तर पूर्व में एक छोटा टीला हैं जहाँ एक विशाल बरगद के पेड़ के नीचे कुछ मूर्तियों का संग्रह किया गया हैं जो आस–पास पान की खेती करने वाले लोगों द्वारा संग्रहीत की गयी हैं। उनके अनुसार वे लोग इनकी पूजा करते थे, वास्तव में ये लोग नाग–पूजा में विश्वास करते हैं। इनके अनुसार इससे उनकी पान की बेलें नाग के समान ही बढ़ती हैं।

यहाँ पर शेषशायी विष्णु, नवग्रह, हनुमान, नाग–नागी, मानवीकृत नाग–नागी, युगल आदि की मूर्तियाँ हैं। शेषशायी विष्णु की यह मूर्ति लगभग 6 फिट लम्बाई की हैं। भगवान विष्णु शेषनाग पर लेटे हैं तथा शेषनाग के फण का छत्र उनके ऊपर हैं। वहाँ पर शेषशायी विष्णु की इस प्रतिमा को नाग देवता मानकर जमीन में खड़े रूप में गाड़ रखा था। चित्र संख्या–54 अब यह शेषशायी विष्णु नाग–नागी पट व हनुमान जी की खण्डित मूर्ति इस स्थान से लाकर झाँसी राजकीय संग्रहालय में संग्रहीत कर दी गयी हैं।

यहीं पर पौराणिक उल्लेख के रूप में शिवभक्त ''वाणासुर'' की अनन्य सुन्दरी ''ऊषा'' के नाम पर ऊषाघाट भी विद्यमान हैं। किंवदन्ती है कि ''ऊषा'' इसी मार्ग से शिव की पूजा करने हेतु ''कुँड़ा देव'' कुण्डेश्वर जाती थी।

चन्देलो के पूर्व का इतिहास–

यमुना का दक्षिणवर्ती प्रदेश रामायण काल में तपोभूमि कहलाता था। उस युग के प्रसिद्व ऋषि इस तपोभूमि में रहते थे। बाल्मीकि, अगस्त, सुतीक्षण, अत्रि (चन्देले जिन्हें अपना वंश पिता कहते थे) आदि ऋषियों के आश्रम चित्रकूट के पास इसी प्रदेश में थे। उस काल में यह प्रदेश कौशल राज्य का एक अंग था। महाभारत काल में यह प्रदेश शिशुपाल के अधिकार में था।[19] शिशुपाल की राजधानी चंदेरी, थी। आधुनिक धसान नदी का प्रदेश दर्शाण कहलाता था।[20] उस प्रदेश में हिरण्य वर्मा का राज्य था। महाभारत में हिरण्य वर्मा के पुत्र सुधर्मा और पाँडव सेनापति भीमसेन में युद्ध होने का उल्लेख हैं।

महाभारत काल के बाद इस भूभाग का क्रमबद्ध इतिहास अप्राप्त है। मौर्यकाल में इस भू–भाग का कुछ भाग उज्जैन के शासक के आधीन था। शेष भाग में छोटे–छोटे गणतन्त्र राज्य थे।[21] शुंग राज्यकाल में इस प्रदेश का शासन पुष्पमित्र शुंग के युवराज अग्निमित्र के हाथ में था। उसकी राजधानी ''वेस नगर'' विदिशा के निकट थी। शुंग वंश के बाद इस प्रदेश में नागवंश के राजाओं की सत्ता स्थापित हो गयी। नाग राजाओं की राजधानी पद्मावती आधुनिक पवाया थी। नाग राजाओं के राज्य काल के इतिहास की जानकारी

पवाया, कान्तिपुरी, नचना, कुठारा, ऐरन, भुमरा आदि स्थानों के भग्नावशेषों से मालूम होती है।[22] इन राजाओं के बहुत से सिक्के प्राप्त हैं, जिससे पता चलता है कि उनके अधिकार से मालवा एवं चेदिका भू–भाग भी था। नाग वंश के ह्रास के बाद इस क्षेत्र में वाकाटकों का शासन रहा। इस वंश का प्रथम शासक विंध्यशक्ति था। उसकी राजधानी विदिशानगर में थी। डॉ0 जायसवाल के मतानुसार वाकाटकों के काल में नचना–कुठारा भव्य मन्दिरों एवं राजभवनों से सुशोभित एक सुन्दर नगर था। उत्तर भारत में चन्द्रगुप्त के राज्य की स्थापना होने के पश्चात इस क्षेत्र के नागों की सत्ता क्षीण होने लगी थी। चन्द्र गुप्त के पुत्र समुन्द्रगुप्त ने अपनी द्विग्विजय में पद्मावती व एरन (एरीकेन) पर अधिकार कर लिया था। समुन्द्र गुप्त के पश्चात चन्द्रगुप्त द्वितीय ने इस प्रदेश पर अपना अधिकार सुरक्षित रखा। एरन नगर को अपने भव्य भवनों से सुशोभित करके इसका नाम "स्वभोग नगर" रखा था। स्कन्दगुप्त के राज्य तक गुप्तों का अधिकार इस क्षेत्र पर बना रहा[23] हुणों के आक्रमण ने गुप्त सत्ता का अन्त कर दिया और कुछ समय के लिए हुणों का राज्य हो गया। 606 ई0 में हर्षवर्धन ने थानेश्वर की गददी पर बैठने के बाद सारा उत्तरी भारत अपने अधिकार में कर लिया जिसके फलस्वरूप यह क्षेत्र भी उनके अधिकार में आ गया। 646 ई0 में हर्ष की मृत्यु के पश्चात् सार्वभौमिक सत्ता का इस प्रदेश में अन्त हो गया। परिहारों ने कई छोटे–छोटे स्वतन्त्र राज्य स्थापित कर लिए, उनमें ओरछा, मउसहानियाँ तथा महोबा प्रमुख थे। इसी काल में ग्वालियर के दक्षिण में "नरवर" के आस–पास कछवाहा राजपूतों राज्य था।

नवीं शताब्दी के उत्तरार्ध में चन्देलों ने परिहारों को हराकर अपना राज्य स्थापित किया। जो राज्य चन्देलों के आधिपत्य में रहा व धसान नदी के पूर्व तथा विध्याचल पर्वत के उत्तर और पश्चिम में था। उत्तर में उनका राज्य जमुना और दक्षिण में केन नदी के उदगम स्थान तक फैला था। इनका राज्य "जुझोती" कहलाता था। कालिंजर, खजुराहो, अजयगढ़, महोबा, मदनपुर इनके प्रसिद्ध स्थान थे।

वंश–वृक्ष

चन्द्रात्रेय मुनि

↓

1. नन्नुक (831–845 ई०)

↓

2. वाकपति (845–865 ई०)

↓

3. जयशक्ति(865–885 ई०) | 4. विजयशक्ति

↓

5. राहिला (885–905 ई०)

↓

6. श्रीहर्ष (905–925 ई०)

↓

7. यशोवर्मन (925–950 ई०)

↓

8. धंग (950–1002 ई०)

↓

9. गंड (1002–1015 ई०)

↓

10. विद्याधर (1015–1035 ई०)

↓

11. विजयपाल (1035–1050 ई०)

↓

12. देववर्मन (1050–1060 ई०) | 13. कीर्तिवर्मन (1060–1100 ई०)

↓

14. सल्लक्षणवर्मन (1100–1110 ई०)

↓

15. जयवर्मन (1110–1120 ई०)

↓

16. पृथ्वीवर्मन (1120–1128 ई०)

↓

17. मदनवर्मन (1128–1165 ई०) प्रताप

↓

यशोवर्मन

↓

18. परमर्दीदेव (परमाल) (1165–1203 ई०)

19. त्रिलोक्यवर्मन (1203–1245 ई०)

20. वीरवर्मन (1245–1285 ई०)

21. भोजवर्मन (1285–1288 ई०)

22. हमीरवर्मन (1288–1311 ई०)

चन्देल वंश का इतिहास

प्रतिहार वंश के पतन के पश्चात पश्चिमी भारत और मध्य भारत में अनेक नवीन राजवंशों का उदय हुआ। इनमें से एक चन्देल–वंश भी था। इसे ''चन्द्रात्रेय–वंश'' भी कहते है।[24] चन्देल अभिलेखों का कथन है कि ब्रह्मा ने अत्रि ऋषि को जन्म दिया, अत्रि के नेत्र से चन्द्रमा उत्पन्न हुए, चन्द्रमा से ऋषि चन्द्रोत्रय उत्पन्न हुए। चन्देल वंश इन्हीं चन्द्र वंशी चन्द्रत्रय की सन्तान हैं।

टाड महोदय ने कुमारपाल चरित्र के आधार पर जो 36 राजपूतो वंशों की सूची बनाई उसमें ''चन्देल'' नाम भी मिलता है। इसीलिए चन्देल भी राजपूत थे। जनश्रुतियों और अभिलेखों से प्रकट होता है कि खुजराहो, कालिंजर, महोबा और अजयगढ़ चन्देलों के मूल प्रदेश थे। चन्देल राज्य को ''जेजाकभुक्ति'', ''जेजाभुक्ति'' या ''जेजाहुति'' कहा जाता है। महोबा अभिलेख से प्रकट होता है कि चन्देलों के एक राजा जयशक्ति ने जिसे ''जेय'' और ''जेज्जक'' भी कहा जाता[25] था। अपने नाम पर चन्देल राज्य का नाम जेजभुक्ति या जैजाकभुक्ति रखा था। आज यह प्रदेश बुन्देलखण्ड के नाम से जाना जाता हैं।

मध्ययुगीन भारत के इस प्रसिद्ध राजवंश ने इस प्रदेश पर 10वीं शताब्दी से 12वीं शताब्दी तक शासन किया। नंनुक इस वंश का संस्थापक था।[26] चंग देव या धंग 950 से 1002 ई0 इस वंश का सर्वाधिक प्रसिद्ध राजा हुआ। उसने खजुराहो के विश्वनाथ व पार्श्वनाथ मन्दिर बनवाये। उसका पुत्र गंड 1001–1017 ई ने जगदम्बी, वैष्णव मन्दिर व शिव मन्दिर बनवाया। उनके उत्तराधिकारियों में विजयपाल, कीर्तिवर्मन, मदन वर्मन (जिसने मदनपुर नगर बताया था)। सत्तवर्मन, जयवर्मन, पृथ्वीवर्मन और परमर्दी देव परमाल ने लगभग 1208 ई0 तक चन्देलवंश के गौरव को कालिंजर में बनाये रखा। चन्देलवंश के अन्तिम शासक (परमर्दी) देव 1165 से 1208 ई0 का पृथ्वीराज चौहान से संघर्ष हुआ, जिसमें परमर्दी देव की हार हुई तथा उसमें ऊदल मारा गया[27]। इस युद्ध की पुष्टि मदनपुर में प्राप्त अभिलेख से होती है। इसके बाद चन्देल राज्य की स्थिति बड़ी संकटपूर्ण हो गयी। कुतुबद्दीन ने कालिंजर पर 1202 ई0 में आक्रमण कर दिया। परमर्दी बड़ी वीरता से लड़े अन्त में उसे आत्म समर्पण करना पड़ा। कुछ समय बाद उसकी मृत्यु हो गयी। कालिंजर पर कुतुबुद्दीन का अधिकार हो गया। उसने वहाँ लूटपाट की, मन्दिर तोड़कर मस्जिद बनवाई। इस प्रकार मुसलमान आक्रमण से चन्देल राज्य व कला संस्कृति को भारी धक्का पहुँचा।

चन्देल नरेश बहुत धार्मिक थे। अब तक प्राप्त सभी लेख शिव व विष्णु की वन्दना से प्रारम्भ होते हैं। अतः ये लोग शिव व विष्णु के उपासक थे। शिव को इस समय महादेव, विश्वनाथ, महेश्वर, केदार आदि नामों से पुकारा जाता था। उनकी मूर्तियों के साथ–नन्दी और त्रिशुल की मूर्तियाँ मिलती हैं। शिव को चन्द्रधारी बताया जाता था। इस समय लिंग पूजा का भी प्रचलन था।[28]

अभिलेखों में शिव व विष्णु की वन्दना एक साथ की गयी हैं। खुजराहों के एक मन्दिर में शिव व विष्णु की प्रतिमा एक साथ स्थापित की गयी हैं। इसी सहिष्णुता का प्रभाव हमें मदनपुर में देखने को मिलता हैं। जहाँ शिव व विष्णु के मन्दिर बराबर–बराबर बने है। जो छोटी व बड़ी कचहरी के नाम से प्रसिद्ध हैं। इस काल में जैन धर्म व बौद्धधर्म भी विद्यमान थे। इसीलिए जैनियों के कुछ महत्वपूर्ण मन्दिरों का निर्माण हुआ। खजुराहों के प्रसिद्ध जैन मन्दिर इसके उदाहरण हैं। मदनपुर में भी इस क्षेत्र की जैन मूर्तियाँ हमें देखने को मिलती है।

सन् 1182 सम्वत 1239 में दिल्ली नरेश चौहान पृथ्वीराज ने परमर्दी (परमाल) पर आक्रमण करके महोबा सहित समस्त जेजाकभुक्ति पर अपना अधिकार कर लिया।[30] परमाल केवल कालिंजर और उसके समीपवर्ती प्रदेश का शासक बना रहा। पृथ्वीराज ने चंदेल राज्य को देख–रेख के लिए "गढ़कुँडार" के खंगार को सूबेदार नियुक्त कर दिया। 1192 सन्

में पृथ्वीराज को मौहम्मद गौरी ने थानेश्वर के युद्ध में हरा दिया तथा कुतुबुद्दीन ऐबक को दिल्ली का शासक नियुक्त किया।

गढ़कुंडार का खंगार शासक निर्बल था अतः कुतुबुद्दीन ऐबक ने सन् 1190 में महोबा व कालपी खंगारों से छीन लिया। यद्यपि चंदेलों का राज्य क्षीण हो गया था फिर भी कालिंजर व अजयगढ़ में उनका राज्य बना रहा। यद्यपि सम्वत् 1203 में चन्देल नरेश परमर्दी देव से कुतुबुदीन ने कालिंजर का किला छीन लिया था। फिर भी चन्देलों ने शीघ्र ही इसे अपने अधिकार में कर लिया और सन् 1543 तक उनका राज्य कालिंजर पर बना रहा। जब इस प्रदेश में पूर्ण रूप से चन्देलों का राज्य था तब भी कुछ भाग में गौड़ राजाओं का अधिकार था।[31] तेरहवीं शताब्दी के पूर्वार्ध में लगभग समस्त प्रदेश पर मुसलमानों का अधिकार हो गया था। मुसलमान सरदार मुहम्मद खाँ ने सन् 1434 के लगभग कालपी में स्वतन्त्र राज्य की स्थापना की। उसके बाद इस जनपद पर मालवा के खिलजियों का आधिपत्य हो गया। इस प्रकार इस प्रदेश में कहीं हिन्दू और कहीं मुसलमानों का राज्य था। कालिंजर के पूर्व में बघेल बढ़ रहे थे तो सागर, दमोह में गौड़, चन्देरी पर कछवाहों का राज्य था। सन् 1256 में सोहन पाल बुन्देला ने "गुढ़कुड़ार" के खंगार राजा को मार कर उस पर अपना अधिकार कर लिया। बाबर के आक्रमण से पूर्व बुन्देलखण्ड की स्थिति इसी प्रकार रही। 1530 सन् में बाबर ने चंदेरी पर आक्रमण किया तथा मेदनीराय को परास्त कर दुर्ग पर अधिकार कर लिया।

जनपद ललितपुर में कला के विकास का इतिहास

कला मानव संस्कृति की उपज हैं। मानव के द्वारा कला की प्रतिष्ठा हुई हैं और उसके द्वारा वह आत्म चैतन्य व आत्म गौरव प्राप्त करता रहा है। सामाजिक प्राणी होने के नाते मनुष्य की भावनाओं तथा विचारों का प्रत्यक्षीकरण कला के द्वारा होता रहा है। किसी देश की कला एक व्यक्ति विशेष के उत्साह का फल नहीं हैं, बल्कि कलाकारों की शताब्दियों की मनोरम कल्पना का परिणाम हैं। अतः किसी क्षेत्र विशेष की कला के अध्ययन में उसका इतिहास व विकास निहित रहता हैं।

जिला ललितपुर के पुरातत्व एवं शिलालेख बहुत प्राचीन है। विंध्याचल के इस प्राचीन भाग में मनुष्य का अस्तित्व बहुत प्राचीन काल से है। इसका दिग्दर्शन हमें उस क्षेत्र में प्राप्त सामान्य अथवा कुछ सुगढ़ शिल्पित पत्थरों से होता है। ललितपुर के विभिन्न स्थलों से प्रागैतिहासिक उपकरण प्राप्त हुए है।

यहाँ के आदिवासी पहले "शबर" और बाद में "गौड़" लोग थे। इस दोनों के वंशज आज भी यहाँ पर रहते हैं। शबर जाति का वर्णन महाभारत की कथाओं में आता है। जहाँ उन्हें पाँडवों द्वारा हराये जाने का उल्लेख हैं। गौड़ों का अर्विभाव परम्परानुसार शबरों के बाद हुआ हैं। गौड़ों द्वारा बनाये गये कठोर ग्रेनाइट पत्थर से निर्मित कुछ छोटे मन्दिर इस क्षेत्र में प्राप्त होते हैं।[32] जिनकी कला निम्न स्तर की है। गौड़ लोग गोंड बाबा की पूजा करते थे। ऐसे गौड़वाणी मन्दिर तालबेहट के उत्तर पूर्व में (जो मदनपुर के दक्षिण में है) देखे जा सकते हैं। ये गौड़ लोगों के स्वर्णयुग के प्रतीक हैं।[33] ये मन्दिर छोटे तथा इनकी छत पिरामिड़ के आकार की है। ऐसे मन्दिर खजुरा ग्राम में जिसे "पंचमोरिया" कहा जाता है, जिनमें चार छोटे–छोटे और एक मुख्य मन्दिर है। चारों मन्दिर मुख्य मन्दिर के चारों ओर स्थित हैं। पिपरई (तालबेहट के निकट) से दो मन्दिर हैं जो एक गोंड बाबा का व दूसरा महादेव का हैं। ऐसे ही कुछ अवशेष भर्दाना, ढंगोल गाँवों में भी प्राप्त होते हैं। ऐसे यह मन्दिर सामान्य वर्गाकार ऊंचे चबूतरे पर बने हैं उनमें कोई नक्काशी नहीं है। गोड़वाणी मन्दिरों में गौड़ बाबा के अतिरिक्त, हिन्दू देवताओं की मूर्तियाँ भी मिलती हैं। यद्यपि ये हिन्दू परम्परा क विरूद्ध गायों को खेतों में जोतते थे।

स्थानीय परम्पराओं से ऐसा प्रतीत होता है कि गोड़ो को चन्देलों ने हराया था और कुछ विद्वान चन्देलों को गोड़ो का वंशज मानते हैं। लेकिन यह निश्चय पूर्वक कहा जा सकता है कि चन्देलों से पूर्व गुप्त व देव वंश सत्ता में रहें हैं तथा इस क्षेत्र में उस काल के अकाट्य प्रमाण मिलते हैं। गुप्त काल के स्थापत्य मूर्तिशिल्प व शिलालेख देवगढ़ में विस्तृत रूप से प्राप्त है जो इस राज्य के इस क्षेत्र में होने के स्वतः प्रमाण हैं। देवगढ़ में नाहर घाटी व सिंह गुफा में दो शिलालेख प्राप्त हैं जो निश्चित रूप से गुप्तकालीन हैं तथा उन पर सम्वत् स्पष्ट हैं। इस काल की मूर्ति कला का सर्वोत्तम उदाहरण देवगढ़ में ही प्राप्त दशावतार मन्दिर हैं, जो अपनी महान कला के कारण जग प्रसिद्ध हैं, जिसकी राजधानी कन्नौज थी।

गुप्त राजाओं के बाद कन्नौज में देववंश का राज आया। ये लोग कला प्रेमी थे, इसके अकाट्य प्रमाण हमें दस जनपद में ही प्राप्त होते हैं। देवगढ़ के जैन मन्दिर सं0 12 के तोरण के लेख पर इस वंश के राजा भोजदेव का नाम व सम्वत् 919 (883 ए0 डी0) दिया गया हैं। इसका ऐतिहासिक शिलालेख जखौरा में प्राप्त हैं जिस पर जैन मन्दिरों की दान दिये जाने का वर्णन है। यद्यपि यहाँ नरवर में संवत 1 से 275 तक नागवंश का प्रभाव रहा है, लेकिन वर्तमान में बानपुर व उसके आस–पास नाग पूजक लोगों के अतिरिक्त उस काल के कला के कोई साक्ष्य प्राप्त नहीं हैं।

चन्देलों के स्थानीय शासन से पूर्व यहाँ पर मदनपुर में जिसका पूर्ववर्ती नाम "पाटन" या पट्टन था। एक बहादुर राजा मंगलसेन हुआ था जिसके महल के भग्नावशेष गाँव के घरों के आस–पास आज भी दिखाई देते हैं। किंवदन्ती है कि मदनवर्मा ने जो मीनार अपने नाम से पुनः प्रतिष्ठित की थी वह इसी राजा की थी।[34] मध्यभारत के सुमेर सिंह ने अपनी पत्नि ललिता देवी के नाम पर ललितपुर नगर बसाया था, जिसने राजा को पेट मे पल रहे साँप से बचाया था। स्थानीय किंवदन्ती के अनुसार टेवपत व खेपत दो वैश्य भाई थे जिन्होंने देवगढ़ व दुधई के जैन मन्दिर बनवाये और पालिंशाह एक धनी जैन था जिसने चाँदपुर व बानपुर के जैन मन्दिर का निर्माण कराया था।[35] चन्देल वंश इस क्षेत्र में इतना महत्वपूर्ण रहा है कि इस क्षेत्र में प्राप्त किसी भी प्राचीन वास्तु अथवा मूर्ति के बारे में पूछने पर स्थानीय लोग उसे "चन्देली" कहते हैं, चाहे वहगोड़वाणी हो या गुप्त या फिर कोई ओर।

ललितपुर जनपद में चन्देल काल के मुख्य मन्दिर देवगढ़ मदनपुर, बानपुर आदि में प्राप्त हैं, जो योजना व विवरणों में भिन्न है। कीर्ति वर्मा के समय के 1040–1100 ए0 डी0 जो कि वत्सराज का मंत्री था, के राजघाटी के चट्टानों में मूर्तिकला के कुछ उदाहरण प्राप्त हैं। उसने यहाँ "कीर्ति दुर्ग" नामक एक किला बनवाया, जिसकी दीवारें 15 फिट चौड़ी व 20 फिट ऊँची बनी हैं। यह केवल पत्थरों से निर्मित है, उसमें कहीं भी सीमेन्ट का प्रयोग नहीं है।[36]

मदनपुर में दो मन्दिर है, जो परमाल (परमर्दी) के सेनापति आल्हाऊदल की कचहरी के नाम से विख्यात हैं। इन दोनों मन्दिरों के अवशेष चन्देल कालीन कला के उत्कृष्ट नमूने हैं। बड़ी कचहरी, जैसा कि उसमें शिलालेख से पता चलता हैं, शिव का मन्दिर था तथा छोटी कचहरी विष्णु की समर्पित थी। यह कमरे के आकार का है तथा इसकी वेदी नष्ट हो गयी है। इसकी छत व चारों ओर के किनारों पर चित्र हैं। बड़ी कचहरी की छत बीच से गिरी हुई है, उसमें शिव की विशाल मूर्ति थी जो अब नहीं हैं। इसमें पश्चिमी द्वार पर अनेक मूर्तियाँ उत्कीर्ण हैं, जो बहुत सुन्दर व कलात्मक हैं। दोनों मन्दिर बहुत ऊँचे चबूतरे पर बने हैं, जिनमें जाने के लिए सीढ़ियाँ बनी हुई हैं। छोटी कचहरी में ही एक शिलालेख हैं, जिससे पता चलता है कि दिल्ली के चौहान नरेश पृथ्वीराज ने परमर्दी को हराया था जिसमें सम्वत् 1239 (1182ई) पड़ा हैं।

चाँदपुर में चार जैन मन्दिर हैं, जो एक ही स्थान पर बने हैं। एक मन्दिर का बरामदा जिसके दो स्तम्भ व द्वार शिल्प कला के अच्छे उदाहरण हैं। इनमें तीर्थंकर की खण्डित मूर्ति हैं एक दूसरे मन्दिर का मण्डप नष्ट हो चुका है जिसमें कयोत्सर्ग तीर्थंकर की प्रतिमा बनी है। दुधई में दो मन्दिर हैं, जो एक दूसरे के सामने स्थित हैं। पूर्वी मन्दिर में एक बहुत बड़ी

पद्मासन मुद्रा में तीर्थंकर की मूर्ति हैं। पश्चिम के मन्दिर में कुछ समूहों में मूर्तियाँ बनी है तथा कुछ मूर्तियाँ दीवार के पास बनी हुई हैं।[37]

बानपुर गाँव से एक कि0 मी0 दक्षिण में मध्य आकृति का मन्दिर हैं, इसका शिखर कलात्मक हैं। चारों द्वारो पर मूर्तियाँ उत्कीर्ण हैं। यह मन्दिर क्षेत्रपाल के नाम से प्रसिद्ध है। इस प्रकार चन्देली कला के अनेक उदाहरण पूरे जनपद में देखने को मिलते हैं। जिससे पता चलता है कि चन्देल राज्य कला प्रेमी व संस्कृति का पोषक था। चन्देलों के बाद इस जनपद में मुसलमानों का राज्य रहा लेकिन उस काल में कला का ह्रास हुआ हैं। न ही उस काल के कलात्मक अवशेष हमें इस जनपद में प्राप्त होते हैं।

मुसलमानों के बाद बुन्देलो का काल प्रारम्भ होता है। इस काल के शिलालेख देवगढ़ में प्राप्त हुए हैं। ललितपुर जनपद में बानपुर का किला व ग्राम का जैन मन्दिर जिसमें सुन्दर चित्रकारी प्राप्त है जो इस काल के शौर्य की कहानी कहते हैं। 1857 के क्रांति युद्ध में बानपुर का यह किला नष्ट हुआ, जिससे इस किले में बुन्देलकालीन चित्रकला नष्ट हो गयी। अब उसके अवशेष मात्र ही देखने को मिलते हैं। मदनपुर में पंचमढ़ी में इस काल के जैन प्रतिमाएँ प्राप्त हैं लेकिन उनमें चन्देल काल जैसी कला नहीं हैं।

1. कनिघमः भारतीय पुरातात्विक सर्वेक्षण रिपोर्ट
2. पी0 सी0 मुखर्जी–रि0 आ0 एन्टी0 आ0 डि ललितपुर, खण्ड–,1, पृ0 14
3. कनिघमः भारतीय पुरातात्विक सर्वेक्षण रिपोर्ट खण्ड 10, पृ0 98–99
4. वही खण्ड 21 पृ0 173
5. पी0 सी0 मुखर्जी–रि0 आ0 एन्टी0 आ0 डि ललितपुर, खण्ड–,1, पृ0 37
6. वही खण्ड 1, पृ0 38,
7. कनिघमः वही खण्ड 10 पृ0– 99
8. कनिघमः वही खण्ड 21 पृ0– 174
9. आनन्द–कृष्ण दा मालवा पेन्टिग पृ0 –3
10. कनिघमः वही खण्ड 10, पृ0–99
11. वही वही खण्ड 21, पृ0–173
12. वही वही खण्ड 21, पृ0–172
13. वही वही खण्ड 21, पृ0–172
14. पी0 सी0 मुखर्जी–रि0 आ0 एन्टी0 आ0 डि ललितपुर, पृ0 30
15. महेन्द्र द्विवेदी–टीकमगढ़ दर्शन– पृ0–61

16. इशा बसन्त जोशी–उ0 प्र0 डि0 गजे0 झाँसी, पृ0–328
17. वही वही वही वही
18. पी0 सी0 मुखर्जी–रि0 आ0 एन्टी0 आ0 डि ललितपुर, पृ0 30
19. वही वही वही वही
19. (अ). महाकवि माघ–शिशुपाल वध महाकाव्य, पृ0–15–17
19. (ब). विमल चन्द पाण्डेय–प्राचीन भारत का राजनैतिक व सांस्कृतिक इतिहास – पृ0–266
20. (अ). वही वही वही, पृ0–246
20. (ब). गोरेलाल तिवारी बुन्देलखण्ड का संक्षिप्त इतिहास, पृ0–12
21. वही वही वही पृ0–10व11
22. राजवली पाण्डेय– प्राचीन भारत, पृ0–22
23. गोरेलाल तिवारी बुन्देलखण्ड का संक्षिप्त इतिहास, पृ0–14
24. विमल चन्द पाण्डेय– प्राचीन भारत का इतिहास, पृ0–367
25. आर0 के0 दीक्षित–चन्देल ऑफ जैजाकभुक्ति, पृ0–47
26. वही वही वही , पृ0–40
27. अविद्या प्रसाद पाण्डेय–चन्देल कालीन बुन्देलखण्ड का इतिहास, पृ0–110–111
28. वही वही वही, पृ0–163
29. वही वही वही, पृ0–162
30. कनिघमः आ0 सर्वे0 रि0 – मदनपुर अभिलेख के
31. अनुसार–खण्ड–10, पृ0–99
32. वही वही वही खण्ड–09, पृ0–155
33. पी0 सी0 मुखर्जी–रि0 आ0 एन्टी0 आ0 डि0, ललितपुर,
34. खण्ड–1, पृ0–01
35. कनिघमः आ0 सर्वे0 रि0 खण्ड–09, पृ0–155
36. पी0 सी0 मुखर्जी–रि0 आ0 एन्टी0 आ0 डि0, ललितपुर, पृ0–02
37. वही वही वही , पृ0–02
38. भागचन्द जैन– देवगढ़ की जैनकला, पृ0–41–42
39. पी0 सी0 मुखर्जी–रि0 आ0 एन्टी0 आ0 डि0, ललितपुर, पृ0–14

2

चन्देल कालीन मूर्तिशिल्प (मदनपुर-बानपुर)

भारतीय मूर्ति कला के ऐतिहासिक विकास की पृष्ठभूमि

प्रतिमा कला के विकास की कथा अत्यन्त प्राचीन है। धर्म के साथ–साथ प्रतिमा कला, नीति तथा मनोरंजन से भी जुड़ी रही है तथा कालान्तर में सभी क्षेत्रों में इसका प्रभाव दृष्टिगोचर होता है। भारत की प्राचीनतम सभ्यता सिन्धुघाटी की सभ्यता है, तत्कालीन प्रतिमाओं को देखने से विदित होता है कि उस समय धर्म के क्षेत्र में कलाकारों का दृष्टिकोण अधिक व्यापक न था। यह युग कालान्तर में प्रादुर्भूत होने वाले सभी सम्प्रदायों की उपास्य प्रतिमाओं का मूल स्त्रोत एवं प्रारम्भिक अवस्था है।

महावीर स्वामी और बुद्धदेव के अनन्तर भारत के सांस्कृतिक संरक्षण का उत्तराधिकार प्रतापी मौर्यवंश 321–148 ई0 पू0 को प्राप्त हुआ, इस काल की गूर्ति कला में बारीकी व समानता है, विशेष प्रकार की चमक (ओप) इस काल की गूर्तियों की विशेषता है। मौर्यकाल की कला भारत में एक नयी तर्ज लेकर आयी और यह भी सत्य है कि मौर्य कला अशोक के साथ भारत में आयी तथा अशोक के साथ ही चली गयी।

मौर्यकाल के बाद का राजनैतिक इतिहास बहुत उलझा हुआ है। शुंग काल को भारतीय संस्कृति का पुर्नजागरण–युग की संज्ञा दी जाती है। शुंग ब्राह्मण थे तथा इस सम्प्रदाय के

मन्दिरों की शैली का आधार पर्वत शिखर थे। इस काल की पकाई मिट्टी की मृण–मूर्तियाँ भी मिलती हैं इनका चिपटापन इस काल की मूर्तिकला की विशेषता है।

50 ई0 पू0 के लगभग शकों का दूसरा प्रवाह भारत आया, इनमें एक सरदार ''कुषाण'' बहुत शक्तिशाली हुआ है। कुशाण काल मूर्तिकला की दृष्टि से बहुत महत्वपूर्ण है। इसमें मूर्तिकला के दो केन्द्र ''मथुरा'' व ''गांधार'' विकसित हुए। मथुरा की सभी मूर्तियाँ चित्तिदार लाल पत्थर से निर्मित हैं। यहाँ की मूर्तियों में डोल का चिपटापन नहीं है वे श्रृंगार रस प्रधान, सुन्दर अंग–प्रत्यंग व भावपूर्ण है। बुद्ध की भारतीय प्रतिमा बनाने का श्रेय यहाँ के कलाकारों को है। इस काल की कला भारत में उत्तरोत्तर नये शिल्प और सुरूचिपूर्ण प्रतिमानों को अभिव्यंजन करती हुई बाद में अनेक शक्तियों तक निरन्तर फलती–फूलती रही हैं और भारतीय मूर्तिकला के इतिहास को एक प्रशस्त मार्ग प्रदान कर गयी है।

नागों के समय में एक विशेष वास्तु शैली का जन्म हुआ जिसे नागर शैली कहा गया। इस काल में वास्तु शास्त्र व मूर्ति शास्त्र के नियम निर्धारित हो चुके थे। कुषाण काल के गोल चेहरों के स्थान पर अब लम्बोत्तर चेहरे बनने लगे थे। इस काल में नदी देवियों की प्रतिमाएँ मन्दिर द्वारों के चौखटों पर बनने लगी जो मध्य काल तक चली।

गुप्तकाल भारत का स्वर्ण काल कहलाता है। गुप्तों का कला प्रेम और उत्कृष्ट रूचि उनके युग की प्रत्येक दृष्टि में टपकती हैं। उनकी कला में एक साथ भावुकता, अध्यात्मिकता, गांभीर्य और रमणीयता है, अलंकरण का प्रयोग कम से कम हुआ है। गुप्त काल की सभी मूर्तियाँ विशेष अनुपात में बनी हैं व अनुपात मुख की लम्बाई से निश्चित किया गया है। शरीर पर मांसपेशियों के चिन्ह नहीं हैं। गुप्तकाल की सर्वप्रथम प्रमुख विशेषता उनकी भाव प्रवीणता है। बुन्देलखण्ड में ललितपुर के पास देवगढ़ में स्थित दशावतार मन्दिर गुप्त कालीन मूर्ति कला का सर्वोकृष्ट उदाहरण हैं।

भारतीय मूर्तिकला का ऐतिहासिक विकास

प्रतिमा कला के विकास की कथा अत्यन्त प्राचीन हैं। धर्म के साथ–साथ प्रतिमा कला नीति तथा मनोरंजन से भी जुड़ी रही है तथा कालान्तर में सभी क्षेत्रों में इसका प्रभाव दृष्टिगोचर होता है। भारतीय मूर्तिकला ने यहाँ के धार्मिक, दार्शनिक तथा सांस्कृतिक जीवन को सदैव प्रभावित किया है। इन मूर्तियों से न केवल उसकी धार्मिक रूझान का दिग्दर्शन होता है प्रत्युत धर्म निरपेक्ष प्रतिमाओं के माध्यम से उसकी कला प्रियता की भावना भी उजागर होती है इस कला का सहस्त्राब्दियों पुराना इतिहास है और उसका अध्ययन विभिन्न

सोपानों में किया जाना चाहिए। प्रतिमा जिस देशकाल और परिस्थितियों में निर्मित हुई है उसका प्रभाव इन पर परिलक्षित होता है। युग विशेष का सांस्कृतिक इतिहास जानने के लिए तत्कालीन मूर्तिकला एक अच्छा माध्यम प्रस्तुत करती है। मूर्तियों के प्रयुक्त परिधान, आभूषण तथा अलंकरण इस बात के परिचायक हैं कि वे तत्कालीन समाज में रूचिकर माने जाते थे। वृहत्संहिता के अनुसार मूर्तियों के आभूषण, वेश तथा अलंकार देशानुरूप हों।

समय–समय पर अनेक देवी–देवताओं की प्रतिमाएं गढी गयी ओर निरन्तर नूतन प्रयोग चलते रहें। प्रतिमा विज्ञान की दृष्टि से कालक्रमानुसार हुए विकास पर दृष्टिपात करना आवश्यक हैं।

भारत की प्राचीनतम सभ्यता सिन्धु घाटी की सभ्यता है। तत्कालीन प्रतिमाओं को देखने से विदित होता है कि उस समय धर्म के क्षेत्र में कलाकारों का दृष्टिकोण अधिक व्यापक न था। यह युग कालान्तर में प्रादुर्भूत होने वाले सभी सम्प्रदायों की उपास्य प्रतिमाओं का मूल स्त्रोत एवं प्रारम्भिक अवस्था हैं।

महावीर स्वामी तथा बुद्धदेव के अनन्त भारत के सांस्कृतिक संरक्षण का उत्तराधिकार प्रतापी मौर्यवंश को प्राप्त हुआ, इस काल की मूर्तिशिल्प में बारीकी व समानता है, विशेष प्रकार की चमक (ओप) इस काल की मूर्तियों की विशेषता है। मौर्यकाल की कला भारत में एक नयी तर्ज लेकर आयी और यह भी सत्य है कि मौर्यकला अशोक के साथ भारत में आयी तथा अशोक के साथ चली गयी।

मौर्यकाल के बाद राजनैतिक इतिहास बहुत उलझा हुआ है। 'शुंग' काल को भारतीय संस्कृति का पुर्नजागरण–युग की संज्ञा दी जाती है। शुंग ब्राह्मण थे तथा इस सम्प्रदाय के मन्दिर की शैली का आधार पर्वत शिखर थे। इस काल की पकाई मिट्टी की मृण मूर्तियाँ भी मिलती हैं उनका चिपटापन इस काल की मूर्ति कला की विशेषता है। शुंग काल में सूर्य, गज–लक्ष्मी, शिवलिंग, बलराम तथा वृशवीरों की मूर्तियाँ बनने लगी थी। गजलक्ष्मी को सांची तथा भरहुत की कला मे स्थान दिया गया है। मथुरा कला के अन्तर्गत बलराम तथा वृशवीरों की प्रतिमाएं निर्मित की गयी। शिव की उपासना प्रतीक स्वरूप शिवलिंग के माध्यम से प्रारम्भ हो चुकी थी। कामदेव की कई मूर्तियाँ मथुरा से प्राप्त हुई हैं।

50 ई0 पू0 के लगभग शकों का दूसरा प्रवाह भारत आया, इनमें एक सरदार 'कुषाण' बहुत शक्तिशाली हुआ। कुषाण काल मूर्तिकला की दृष्टि से बहुत महत्वपूर्ण है, इसमें मूर्तिकला के दो केन्द्र 'मथुरा' व 'गांधार' विकसित हुए। मथुरा की सभी मूर्तियाँ चित्तिदार लाल पत्थर से निर्मित हैं। यहाँ की मूर्तियों में डौल का चिपटापन नहीं है, वे श्रृंगार रस प्रधान, सुन्दर अंग–प्रत्यंग व भावपूर्ण है। कुषाण काल में अनेक देवी देवताओं की मूर्तियाँ

निर्मित की जाने लगी। शिव के दोनों स्वरूपो लिंग–विग्रह तथा पुरूष–विग्रह में अंकित किया जाने लगा। मथुरा में कई कुषाण कालीन अर्धनारीश्वर की प्रतिमाएं प्राप्त हुई हैं। सूर्य को उदीच्य वेश में प्रदर्शित किया जाने लगा। कार्तिकेय, लक्ष्मी, सरस्वती, दुर्गा, सप्तमातृ का आदि देवी प्रतिमाओं को भी इस युग में मूर्तरूप दिया जाने लगा। इस काल की विष्णु, ब्रह्मा, इन्द्र, कुबेर, अग्नि आदि अनेक देवताओं की स्वतन्त्र मूर्तियाँ उपलब्ध है। कुषाण काल में विष्णु मूर्तियों को छोड़कर प्रायः सभी देवी–देवताओं को साधारण मानव की भांति प्रदर्शित किया गया है। देवताओं के प्रायः एक सिर तथा दो भुजाएं ही आलेखित है। इन देवीकृतियों का दाहिना हाथ अधिकतर अभय मुद्रा में स्थित दिखाया गया है बायाँ हाथ कटिहस्त मुद्रा में वस्त्र का छोर पकड़े हुए अंकित किया गया है अथवा उक्त हाथ में देव विशेष का लांछन प्रदर्शित किया गया है। परिवार देवताओं को आलेखित करने की प्रथा लोक प्रिय नहीं थीं। प्रभामण्डल अधिकतर नहीं मिलता है ओर यदि इसे अंकित किया गया है तो वह हस्तिनरवयुक्त है। वाहनों का अंकन बहुत कम है जहाँ वाहन प्रदर्शित करना आवश्यक समझा गया है उसे देव के पार्श्व में प्रदर्शित किया गया है। मूर्तियाँ आसन तथा स्थानक दो स्थितियों में प्राप्त होती है। इस काल की कला भारत में उत्तरोत्तर नये शिल्प और सुरूचिपूर्ण प्रतिमानों को अभिव्यंजन करती हुई बाद में अनेक सदीयों तक निरन्तर फलती–फूलती रही है और भारतीय मूर्तिकला के इतिहास को एक प्रशस्त मार्ग प्रदान कर गयी है।

नागों के समय में एक विशेष वास्तु शैली का जन्म हुआ जिसे नागर शैली कहा गया। इस काल में वास्तुशास्त्र व मूर्तिशास्त्र के नियम निर्धारित हो चुके थे। कुषाण काल के गोल चेहरों के स्थान पर अब लम्बोत्तर चेहरे बनने लगे थे। इस काल में नदी देवियों की प्रतिमाएं मन्दिर द्वारों के चोखटों पर बनने लगी जो मध्य काल तक चली।

गुप्त काल भारत का स्वर्ण युग कहलाता है। गुप्तों का कला प्रेम ओर उत्कृष्ट रूचि उनके युग की प्रत्येक कृति में दृष्टिगोचर होती है। उनकी कला में एक साथ भावुकता, अध्यात्मिकता, गार्भीय ओर रमणीयता है, अलंकरण का प्रयोग कम से कम हुआ है। गुप्त काल में प्रतिमाओं के निर्माण में कुछ नवीन प्रयोग किये गये। शनैः शनैः देवताओं का परिवार बढ़ता हुआ दिखाया जाने लगा। आयुध पुरूषों का अकंन प्रारम्भ हुआ। विष्णु के अवतारों की स्वतन्त्र मूर्तियाँ निर्मित की जाने लगी। बैकुण्ठ, विश्वरूप, शेषशायी विष्णु प्रतिमाएं इसी युग में बनना प्रारम्भ हुई। इस युग के गंगा युमना का अंकन लोक प्रिय हो गया था, द्वार स्तम्भों पर इनकी आकृतियाँ उकेरी जाती थी। इस काल में शिव के अनेकों स्वरूपों को मूर्त रूप दिया गया। इस काल में नव ग्रह, दण्ड–पिंगल, गणपति आदि देवताओं की मूर्तियाँ

निर्मित की जाने लगी। गुप्त काल की सभी मूर्तियाँ विशेष अनुपात में बनी है व अनुपात मुख की लम्बाई से निश्चित किया गया है। इस काल की सर्व प्रमुख विशेषता मूर्तियों की भाव प्रवीणता है। इस काल की अधिकांश मूर्तियों को चतुर्भुजी दिखलाया गया है। देवी देवताओं के सिर के पृष्टअंकन में प्रभामण्डल का अंकन अधिकांश किया गया है। यह प्रभामंडल विभिन्न कलाभिप्रायों से अलंकृत मिलता है। कुछ मूर्तियों में अलंकृत प्रभामण्डल न होकर सादा ही बना है। देव मूर्तियों के साथ उनके वाहन को भी प्रदर्शित किया गया है जिससे उनकी सहज पहचान की जा सके। बुन्देलखण्ड में ललितपुर के पास देवगढ़ में प्राप्त दशावतार मन्दिर आदि गुप्त काल की मूर्ति कला के सर्वोत्कृष्ट उदाहरण है।

पूर्व मध्यकाल में प्रतिमागत वैविध्य देखने को मिलता है। अब तक अनेक सम्प्रदायों तथा उपसम्प्रदायों का महत्व बढ़ चुका था। देवों के साथ अनेक उप देवताओं, गणों तथा अनुचरों को प्रदर्शित किया जाने लगा। इस काल की अधिकांश मूर्तियों के अंकन की एक निश्चित प्रणाली हो गयी थी, इसके अनुसार प्रतिमा के मध्य में प्रधान मूर्ति (श्री मूर्ति) अंकित है। उनके आस पास परिवार देवताओं को प्रदर्शित किया गया है। पंक्तियों के मध्यीय किनारों पर सिंह–शार्दूल जैसे अभिप्राय बनाये जाने लगे। प्रभामण्डल को अलंकृत अंकित करने की परम्परा बन गयी थी, इसके दोनों ओर मालाधारी विधाधरों को प्रदर्शित किया जाने लगा, में विद्याधर कभी–कभी सपत्नीक माला एवं खड्ग लिए हुए प्रदर्शित किये गये है। देवी–देवताओं की भुजाएं दो और चार से अधिक प्रदर्शित की जाने लगी, इनमें एक दाहिना हाथ अभय या वरद मुद्रा में प्रदर्शित मिलता है। इस युग में तन्त्रवाद का प्रभाव बढ़ गया था। देवों के साथ उनकी शक्ति को समबद्ध करके आलिंगन मूर्तियाँ प्रदर्शित करना सामान्य बात हो गयी थी। इस युग में अनेक प्रकार की संहार मूर्तियों का भी निर्माण हुआ।

विभिन्न धर्मो के मध्य समन्वय की भावना का प्रादुर्भाव बहुत पहले हो चुका था परन्तु उसका विकसित रूप पूर्व मध्यकाल में ही देखने को मिलता है। अनेक देवी देवताओं की समन्वित प्रतिमाएं प्राप्त हुई हैं। यहाँ तक की बौद्धों तथा जैनों ने अनेक ब्राह्मण देवताओं को अपने सम्प्रदाय के अन्तर्गत स्वीकार किया। जैन धर्म में कुबेर, नवग्रह, चक्रेश्वरी, अम्बिका आदि देवी–देवताओं का अंकन वस्तुतः ब्राह्मणधर्म की देन है।

10वीं शताब्दी के प्रारम्भ के साथ मध्यकाल का उत्तरार्द्ध चलता हैं। इनमें मुख्यतया चन्देल, परमार आदि राज्य हुए। इस समय कलाकारों की कल्पना प्रोढ़ावस्था को प्राप्त होने लगी थी। मध्यकालीन उत्तरी भारत के सर्वोकृिष्ट मूर्तिकला के उदाहरण खजुराहो के मन्दिर हैं जो बुन्देलखण्ड में चन्देलों के राज्य में बने। इसके अतिरिक्त चन्देली मूर्तिकला के अन्य उदाहरण हमें महोबा, देवगढ़, कालिंजर, मदनपुर, बानपुर, दुधई, चाँदपुर, सिरोन खुर्द आदि

में देखने को मिलते हैं। यह क्षेत्र मूर्तिकला का समुद्र है जहाँ कलाकार ने मानव जीवन के प्रत्येक पहलू को अपना विषय बनाया। इनके राज्य में तीनों धर्मो को त्रिवेणी बही हैं। इस काल में मूर्तियों को गहराई से कोरने की परम्परा बन गयी थी जो पन्ना की खानों से लाये गये मटियाले, पीले अथवा गुलाबी रंग के पत्थर पर उत्कीर्ण की गयी। चेहरें अण्डाकार, ठेड़ी नुकीली, आंखे अर्धखुली, भौहें बारीक व लम्बी, ऊँची नाक व होंठ मोटे बनाये गये जिससे चेहरे का सौन्दर्य एक विशेष कोण से देखने पर कुछ अधिक बढ़ जाता है। अधिकतर मूर्तियाँ खड़ी हुई तथा भिन्न–भिन्न मुद्राओं से युक्त बनी हैं। इन मूर्तियों में जहाँ एक ओर गम्भीर अध्यात्मिकता है तो दूसरी ओर उत्कृष्ट लौकिकता की सूक्ष्मदृष्टि संनिहित हैं। उसमें जीवन का स्पन्दन देखने को मिलता है।

चन्देल मूर्तिशिल्प का कलागत् विकास

किसी युग विशेष अथवा स्थान की प्रतिमाओं का सम्यक अध्ययन करने के लिए मूर्तिशिल्प का कलागत क्रमिक विकास जान लेना आवश्यक है प्रत्येक युग की अपनी विशेषताएं हैं और उसकी इस संरचना के आधार पर ही हम उन्हें एक दूसरे से पृथक कर सकते हैं।

सिन्धु उत्खनन से प्राप्त मूर्तियों के पश्चात् सर्वप्रथम यक्ष प्रतिमाएं मिलती हैं। इन्हें मौर्यकालीन लोककला की कृतियाँ माना गया है। ये यक्ष मूर्तियाँ विशालकाय हैं। इस युग की कुछ पशु आकृतियाँ भी प्राप्त हुई हैं जो स्तम्भों के ऊपर प्रदर्शित की जाती थी। इनके ऊपर चमकदार ओप मिलती है।

शुंगकाल में आकृतियाँ प्रायः चपटी हैं और उनमें त्रिपार्श्व प्रभाव का अभाव है। पुरूष मूर्तियों के सिर पर एक विशेष प्रकार की पगड़ी मिलती और स्त्रियों का केश विन्यास अनेक प्रकार के आभूषणों से सुसज्जित मिलता है। वस्त्र भारी भरकम दिखाये गये हैं। अलंकारो का बाहुल्य हैं। इस काल की मूर्तियों में आकृतियों का शरीर–विन्यास अधिक सन्तुलित नहीं बन पाया है।

कुषाण काल में आकृतियों की पहले जैसी स्थूलता समाप्त हो गयी और अपेक्षाकृत मूर्तियाँ अधिक सुन्दर गढ़ी जाने लगी। इस काल की अधिकांश प्रतिमाएं गोलाई में गढ़ी गयी हैं। कुछ मूर्तियों को दोनों ओर से उकेरा गया है। कुषाण–गुप्तकाल के संक्रमण काल में दोनों कला शैलियों की कुछ मिली जुली विशेषताएं देखने को मिलती हैं।

गुप्तकाल में मूर्तिशिल्प का बहुमुखी विकास हुआ। इस काल की मूर्तियाँ अधिक सुन्दर, सुडौल प्रभावोत्पादक है। आकृतियों के अंकन में गतिशीलता है। सन्तुलित आकृति में सौन्दर्य के वे सभी मानदण्ड आरोपित करने का प्रयास कलाकार ने किया है जिन्हें तत्कालीन समाज तथा साहित्य में मान्यता प्राप्त हो चुकी थी। केश विन्यास के विविध स्वरूप, इस युग में देखने को मिलते हैं। झीना वस्त्र परिधान इसी युग की देन हैं। पहले की अपेक्षा अब अलंकारो की संख्या अत्यन्त न्यून हो जाती हैं। कुल मिलाकर यही कहा जा सकता है कि प्रतिमाओं के गढ़ते समय कलाकार ने अपनी सम्पूर्ण दक्षता का सदुपयोग किया है जिसके फलस्वरूप सुन्दर प्रतिमाएं निर्मित हुई।[1]

गुप्तोत्तर काल में हमें कला का ह्रास होते हुए दिखाई देता है। डॉ0 सरस्वती[2] के शब्दों में "पिछले कलाकारों द्वारा स्थापित आदर्श अपने चरम शिखर पर पहुंच चुका था और उसकी परिकल्पना परिशान्त हो चुकी थी। लाक्षणिक आदर्श ने अपना लक्ष्य प्राप्त कर लिया था। इससे अधिक परवर्ती कलाकार कर ही क्या सकते थे।" डॉ0 आनन्द कुमार[3] स्वामी ने भी पूर्व मध्यकालीन कला को पारम्परिक तथा मध्यकाल 9वीं शती से 12वीं शती ई0 की कला को यॉँत्रिक कहा है।

यह सत्य है कि पूर्व मध्यकाल में प्रतिमाएं गुप्तकाल जैसी उत्कृष्ट तथा प्रभावोत्पादक नहीं बन पायीं परन्तु इस तथ्य से भी इन्कार नहीं किया जा सकता कि इस युग की कुछ प्रतिमाएं कला की दृष्टि से अत्यन्त उच्च कोटि की है। इस युग का कलाकार जहाँ सौन्दर्य पर इतना अधिक ध्यान नहीं दे पाया वहाँ उसने विषयवस्तु सम्बन्धी अनेक नूतन उद्भावनाएं अनेक स्वरूपों के माध्यम से प्रष्फुटित की। प्रयोगों में जितना वैविध्य ध्यानों की अनेकता तथा तत्कालीन परम्पराओं का वृहद प्रदर्शन हमें पूर्व मध्यकालीन मूर्तिशिल्प में मिलता है उतना अन्य किसी युग में नहीं।

हर्ष के पश्चात् उत्तर भारत की राजनैतिक स्थिति में उथल पुथल सी मच गयी थी। इस अस्थिरता का प्रभाव स्वाभाविक ही मूर्तिकला पर भी पड़ा अनेक क्षेत्रीय शैलियों का उदय हुआ। इन कला शैलियों में अनेक समानताएं एवं विभिन्नताएं देखने को मिलती हैं। इन कला शैलियों का नामकरण प्रायः उस स्थान विशेष में शासन करने वाले राजवंशो के आधार पर किया गया है। उदाहरण के तौर पर गुर्जर प्रतिहारों के राज्य में पनपने वाली कला तथा इसकी प्रकार परमार कला शैली, राष्ट्रकूट शैली, कल्चुरी कला शैली आदि नाम पड़े।

पन्ना जिले के नचना नामक स्थान से लगभग चौथी शताब्दी ई0 की कुछ मूर्तियाँ प्राप्त हुई है।[4] इनमें रामकथानक के दृश्य, एक मुख शिवलिंग तथा शिवगण के अंकन विशेष रूप से उल्लेखनीय हें। सागर जिला के पुरातात्विक स्थल एरण से भी गुप्तकालीन मूर्तियाँ कला

की दृष्टि से अत्यन्त सुन्दर हैं। लगभग छठी शताब्दी ई0 की देवगढ़ की प्रतिमाएं भारतीय मूर्तिशिल्प की अनुपम देन हैं। इनमें गुप्तकालीन मूर्तिकला की सभी विशेषताएं परिलक्षित होती हैं।

बुन्देलखंडीय अधिकांश प्रतिमाएं मध्यकालीन युग से सम्बन्धित हैं। यह मूर्तियाँ प्रतिहार कला शैली चन्देल कला शैली तथा कल्चुरी कला शैली का प्रतिनिधित्व करती हैं। चन्देलकालीन मूर्तियों की संख्या सबसे अधिक हैं। इन कला शैलियों की कुछ अपनी विलक्षणताएं हैं और कुछ परस्पर समानताएं भी देखी जा सकती हैं।

प्रतिहार कला शैली की मूर्तियों में गुप्तकालीन प्रभाव स्पष्ट रूप से झलकता है। इस शैली में गढ़ी हुई मूर्तियाँ अन्य मध्यकालीन कला शैलियों से अपेक्षाकृत अधिक सुन्दर तथा प्रभावोत्पादक हैं। आभूषणों का प्रयोग कम किया गया है। शरीर सौष्ठव के अंकन पर भी कलाकार ने ध्यान दिया है। इस क्षेत्र के अनेक स्थानों से प्रतिहार कालीन प्रतिमाएं प्राप्त हुई हैं। इनमें विशेष रूप से उल्लेखनीय बरूवा सागर जिला झाँसी का जरायमठ, मड़खोड़ा (जिला टीकमगढ़) का सूर्य मन्दिर है। देवगढ़ में भी कुछ प्रतिहारकालीन मूर्तियाँ विद्यमान हैं। झाँसी के निकट पठारी तथा गड़िया गाँव से कुछ प्रतिहारकालीन मूर्तियाँ प्राप्त हुई हैं जो अब राजकीय संग्रहालय झाँसी में संग्रहीत है। सीरोन खुर्द जिला ललितपुर से भी प्रतिहारकालीन सुन्दर मूर्तियाँ प्राप्त हुई हैं। इस पुरातात्विक स्थल से प्राप्त अनेक प्रतिमाएं राजकीय संग्रहालय, झाँसी में संरक्षित हैं।

चन्देल कला शैली की बहुत सी प्रतिमाएं इस क्षेत्र से प्राप्त हुई हैं। इस प्रकार की मूर्तियाँ देवगढ़, दुधई, चाँदपुर, मदनपुर, बानपुर, कालिंजर, खजुराहो आदि अनेक स्थानों से प्राप्त हुई है। इन प्रतिमाएं की कुछ विशेषताएं इस प्रकार है–

1. अधिकांश मूर्तियाँ शिला पट्ट पर उकेर कर बनायी गयी है। गोलाई में गढ़ी हुई मूर्तियों की संख्या अत्यन्त न्यून है।
2. मानव मुखाकृति प्रायः अण्डाकार है जिसके नीचे ठोड़ी कुछ नुकीलापन लिये हुए है।
3. आँखें अर्ध मुकलित है और कभी कभी नीचे को झुकी हुई हैं।
4. नथूने चौड़े तथा मोटे ओठ प्रदर्शित किये गये हैं।
5. कुछ मूर्तियों में कमल कलिका नीचे से उगती हुई प्रदर्शित की गयी हैं।

कल्चुरी कला शैली की कुछ मूर्तियाँ देवगढ़ तथा कालिंजर से प्राप्त हुई है। इन मूर्तियों में मानव–शरीर की आनुपातिक लम्बाई अधिक है। पैर पतले और लम्बे इस प्रकार बनाये गये हैं जैसे लकड़ी की टेक लगायी गयी हो। इस शैली में ढ़ली मूर्तियों पर विशिष्ट अलंकरण भी देखा जा सकता है।

पूर्व मध्यकालीन मूर्तियों का संयोजन प्रायः एक सा है। पटिया पर श्रीमूर्ति (प्रधानमूर्ति) उकेरी जाती थी और उसके दोनो ओर के किनारों पर कलाभिप्रायः बनाये जाते थे। इन कलाभिप्रायों में शार्दूल, मकर तथा कभी कभी उनके ऊपर किन्नर आकृतियाँ भी दिखाई गयी हैं। प्रधान देव मूर्ति के आस पास परिवार देवताओं को भी दिखाने की परम्परा प्रारम्भ हो गयी थी। ऊपर की ओर ब्रहमत्रयी ब्रह्मा–विष्णु–महेश का अंकन भी अनेक मूर्तियों में मिलता है। पूर्व मध्यकालीन देव मूर्तियों में प्रभाण्डल के, विविध स्वरूप देखने को मिलते हैं। इसके दोनों ओर बादलों के मध्य विद्याधरों को बिहार करते हुए प्रदर्शित किया गया है। देवी–देवताओं को प्रायः एक रथिका में प्रतिष्ठापित दिखलाया गया है। रथिका के दोनों ओर स्तम्भ अंकित किये गये हैं।

बुन्देलखण्ड में ब्राह्मण, जैन तथा बौद्ध तीनों धर्मों के देवी देवताओं की प्रतिमाएं उपलब्ध हुई हैं। ब्राह्मण तथा जैन धर्म की मूर्तियाँ अधिक है और बुद्ध मूर्तियाँ कम प्राप्त हुई हैं। इस क्षेत्र के अनेक स्थानों पर ब्राह्मण तथा जैन धर्म दोनों धर्मों का समान रूप से पल्लवन हुआ। यह यहाँ के लोगों की धार्मिक सहिष्णुता का परिचायक है। देवगढ़, दुधई, चाँदपुर, बानपुर, मदनपुर आदि स्थानों में जैन तथा ब्राह्मण धर्म के मन्दिर निर्मित किये गये।

ब्राह्मण धर्म से सम्बन्धित मूर्तियों में विष्णु, शिव, गणपति, सूर्य, शक्ति तथा अन्य अनेक देवी–देवताओं का प्रतिनिधित्व सम्मिलित हैं। विष्णु की आसन, स्थानक तथा श्यन तीनों प्रकार की मूर्तियाँ प्राप्त हुई हैं। उनके लांछनों पर आधारित चौबीस प्रकार की मूर्तियाँ (चतुर्विंशति मूर्तियाँ) भी इस क्षेत्र में मिली हैं। कुछ मूर्तियों में विष्णु को योगासन तथा गरूड़ासन स्थिति में प्रदर्शित किया गया है। इस क्षेत्र से विष्णु के अवतारों की स्वतंत्र प्रतिगाएं भी प्राप्त हुई हैं। इनमें वराह, नृसिंह, वामन तथा राम अधिक लोकप्रिय थे। यहाँ से कृष्ण कथानक की मूर्तियाँ भी प्राप्त हुई हैं। गजेन्द्र मोक्ष का सुन्दर अंकन गुप्तकालीन तथा पूर्व मध्यकालीन दोनों कला शैलियों में हुआ है।

शिव की प्रतिमाएं बहुत संख्या में इस क्षेत्र में उपलब्ध हुई हैं। शिव के प्रतीकात्मक अंकन लिंग रूप में अनेक स्थानों से प्राप्त हुये हैं। यहाँ से सामान्य शिवलिंग, मुखलिंग तथा सहस्त्रलिंग प्राप्त हुये हैं। शिव की सामान्य प्रतिमाएं भी अनेक स्थानों से प्राप्त हुई है। शिव को सौम्य तथा रौद्र दोनों प्रकार से प्रतिमाएं में आलेखित किया गया हैं। इस क्षेत्र से

रावणानुग्रह मूर्ति बहुत बड़ी संख्या में प्राप्त हुई है जिससे यह आभास होता है कि यह कथा प्रसंग यहाँ के लोगों को अत्यन्त रूचिकर था।

गणपति का अंकन अनेक रूपों में गुप्तकाल से ही यहाँ लोकप्रिय हो गया था। गणेश का अंकित करने वाले अनेक गुप्तकालीन फलक देवगढ़ से प्राप्त हुये है पूर्व मध्यकाल में गणेश का और भी महत्व बढ़ गया था और इसीलिए उनकी विविध प्रकार की मूर्तियाँ गढ़ी गयीं। इनमें नृत्यगणपति अत्याधिक लोकप्रिय हुआ। नृत्यगणपति की मूर्तियों में नृत्य मुद्राओं, देव की भुजाओं और लांछनों में विविधता है। अनेक स्थानों से नृत्य गणपति की प्रतिमाएं प्राप्त हुई हैं। इस प्रकार की कुछ मूर्तियाँ राजकीय संग्रहालय, झाँसी, कालिंजर फोर्ट तथा रानी महल संकलन झाँसी में प्रदर्शित हैं।

चन्देलो में सूर्य पूजा भी लोकप्रिय थी। यह बात इस क्षेत्र में प्राप्त विपुल मूर्तियों तथा मन्दिरों की उपलब्धि से प्रमाणित हो जाती हैं। सूर्य मन्दिरों में चित्रगुप्त मन्दिर खजुराहों, उमरी तथा मड़खेड़ा (जिला टीकमगढ़) रहलिया (हमीरपुर) रहली (सागर) आदि उल्लेखनीय हैं। अन्य अनेक स्थानों पर भी सूर्य मन्दिर थे जो कालान्तर में ध्वस्त हो गये और वहाँ से कुछ अवशिष्ट मूर्तियाँ ही उपलब्ध हो सकी हैं।

पूर्व मध्यकाल में शक्ति पूजा का महत्व बढ़ गया था। यह क्षेत्र भी शाक्त धर्म से प्रभावित हुआ जिसके परिणामस्वरूप अनेक देवी मन्दिर निर्मित किये गये। इस क्षेत्र से सप्त–मातृकाओं, महिषासुरमर्दिनी दुर्गा, लक्ष्मी, सरस्वती आदि देवियों की प्रतिमाएं उपलब्ध हुई हैं।

पंचोपासना से सम्बन्धित उपर्युक्त देवताओं के अतिरिक्त अन्य देवों की भी मूर्तियाँ इस क्षेत्र से प्राप्त हुई हैं। इनमें ब्रह्मा, नवग्रह, अष्टदिक्पाल, कार्तिकेय आदि देवताओं के नाम सम्मिलित हैं। जैसा कि पहले भी कहा जा चुका है कि यहाँ पर समान रूप से सभी धर्मों का पल्लवन एक साथ सदियों तक होता रहा। इस समन्वय की भावना का प्रतिबिम्बन उपलब्ध समन्वयात्मक प्रतिमाओं के माध्यम से देखा जा सकता हैं। इनमें हरिहर, अर्धनारीश्वर, सूर्य–नारायण, हरिहर–पितामह आदि की प्रतिमाएं सम्मिलित हैं।

जैन मूर्तियाँ देवगढ़, सीरोनखुर्द, बानपुर, मदनपुर, पावागिरि, दुधई, चाँदपुर आदि स्थानों से प्राप्त हुई हैं। इन मूर्तियों में अधिकांश तीर्थंकरों का प्रतिनिधित्व करती है। इन तीर्थंकर प्रतिमाओं में उनके लांछन तथा यक्ष–यक्षिणी भी आलेखित किये गये हैं। इससे उनकी सहज पहचान की जा सकती है। तीर्थंकरों के अतिरिक्त उनके यक्ष यक्षिणियों की स्वतंत्र मूर्तियाँ भी इस युग में गढ़ी जाने लगी थी। इनमें चक्रेश्वरी तथा अम्बिका अत्यधिक लोकप्रिय हुई। देवगढ़ से आचार्यो, उपाध्यायों तथा साधु–साध्वियों की मूर्तियाँ भी प्राप्त हुई हैं।

इस क्षेत्र में बौद्ध मूर्तियाँ बहुत कम उपलब्ध हुई हैं। इनमें महोबा से प्राप्त छः बौद्ध प्रतिमाएं उल्लेखनीय हैं। इसके अतिरिक्त खजुराहों से अभिलिखित बुद्ध प्रतिमा प्राप्त हुई है।

इस क्षेत्र में धार्मिक प्रतिमाओं के अतिरिक्त बहुत सी धर्म निरपेक्ष मूर्तियाँ भी प्राप्त हुई हैं। सुन्दरियों एवं अप्सराओं के विविध स्वरूप भी सम्मिलित हैं। लोक जीवन से सम्बन्धित दृश्यों को भी अनेक प्रस्तर खण्डों में रूपायित किया गया है। नृत्य तथा संगीत के दृश्य भी अनेक स्थानों पर उकेरे हुए उपलब्ध हुए हैं। श्रांगारिक दृश्यों को भी कलाकार ने बड़े सुन्दर ढ़ंग से अनेक स्थानों पर प्रदर्शित किया है। मध्यकालीन मूर्तियों में प्रदर्शित शार्दूल की स्वतंत्र मूर्तियाँ भी उपलब्ध हुई हैं। इनमें विविधता है। इस क्षेत्र से अनेक सती स्तम्भ भी प्राप्त हुये हैं। इन सती स्तम्भों पर प्रायः दो पुतरियाँ और सूर्य, चन्द्र नक्षत्र तथा एक हाथ अंकित मिलता है।

इस प्रकार हम यह पाते हैं कि इस क्षेत्र का मूर्तिशिल्प सम्पन्न एवं वैविध्यपूर्ण हैं। भारतीय मूर्तिकला को इस क्षेत्र का महत्वपूर्ण योगदान रहा है। मूर्तिकला के अनेक अभिनव प्रयोग इसी क्षेत्र में प्रारम्भ किये गये जिन्हें अन्य स्थानों पर भी कालान्तर में अपनाया गया। इस महत्वपूर्ण उपलब्धि के पृष्ठभूमि में राजाश्रय तथा प्रत्येक वर्ग का सहयोग था। इसके साथ ही स्थानीय धार्मिक भावना, प्रस्तर की सहज उपलब्धि तथा वातावरण आदि ने भी अपना पूरा योगदान दिया।

मूर्ति शिल्प (मदनपुर एवं बानपुर से प्राप्त)

गुप्त काल से लेकर बुन्देलकाल तक कलाकार के छैनी हथौड़े से निकला संगीत समस्त क्षेत्र को गुंजित करता रहा है। मदनपुर में चन्देल काल का कलात्मक इतिहास पत्थरों के ह्रदय पर आज भी मूर्ति के रूप में लिखा मिलता है। यहाँ ब्राह्मण व जैन दोनों धर्मों की कलाधारा साथ–साथ बही है। ग्राम के दक्षिण में जहाँ दोनों कचहरियों में ब्राह्मण धर्म से ओत–प्रोत कला थाती दृष्टव्य है वहीं ग्राम के उत्तर की ओर पहाड़ी पर जैन धर्म के कलात्मक उदाहरण अपना प्रमाण स्वयं प्रस्तुत कर रहे हैं।

शेषशायी विष्णु

हिन्दु सम्प्रदाय में वैष्णव सम्प्रदाय का एक विशिष्ट स्थान रहा है। विष्णु सर्वप्रथम वैदिक काल में एक साधारण देवता के रूप में दिखाई देते हैं। उत्तर वैदिक काल में

विष्णु का महत्व धीरे–धीरे बढ़ गया था। महाकाव्यों और पुराणों के समय में विष्णु परवर्ती हिन्दु देवत्रयी–ब्रह्मा–विष्णु–महेश के सर्वाधिक महत्वपूर्ण देवता बन गये। निश्चित उद्देश्य की पूर्ति के निर्मित देवताओं के रूप धारण करने का उल्लेख शतपथ ब्राह्मण में मिलता हैं। भगवान का मनुष्य अथवा पशु के रूप में पृथ्वी पर अवतीर्ण होना ''अवतार'' कहलाता हैं।

परवर्ती शास्त्रों में विष्णु के दशावतारों का उल्लेख मिलता हैं। ई0 पू0 के अनेक अभिलेखों में भागवत देवग्रहों का उल्लेख मिलता है[4] मध्यकाल में वैष्णव मन्दिरों के सम्मुख गरूड़ ध्वज निर्मित करने की परम्परा थी और आज भी इस परम्परा का प्रचलन हैं। इन मन्दिरों में पूजार्थ मूर्तियाँ प्रतिष्ठित करने की परम्परा थी और आज भी इस परम्परा का प्रचलन हैं। इन मन्दिरों में पूजार्थ मूर्तियाँ प्रतिष्ठित करने की अधिक सम्भावना हैं।[5] शुंग काल में विष्णु–मूर्तियाँ बनने के अनेक साक्ष्य प्राप्त होते हैं।[6] कुषाण काल में विष्णु मूर्तियाँ बनने लगी थीं। मथुरा संग्रहालय में ऐसी अनेक मूर्तियाँ उपलब्ध हैं, उनमें विष्णु के आयुध पूरी तरह निश्चित नहीं हो पाये थे। यद्यपि सभी मूर्तियाँ चतुर्भज हैं। हाथ में जलपात्र या अमृतघट उस समय की देव मूर्तियों की विशेषता थी।[7] विष्णु की अनेक मूर्तियाँ, स्थानक, आसन, शेषशायी रूप तथा विभिन्न अवतार रूपों में गुप्तकालीन मथुरा, उदयगिरी, देवगढ़ आदि में प्राप्त हुई हैं। जो कलादृष्टि में बहुत सुन्दर है। मध्य युग में प्रतिमा विज्ञान अधिक जटिल हो गया था, फलतः विष्णु मूर्तियों के नये रूप विकसित हुए। विष्णुं धर्मोत्तर पुराण में भी शेषशायी विष्णु पद्यनाभ नाम से वर्णित है। पद्धमनाभ जल के बीच पड़े शेष पर शयन करते हैं। उनका एक चरण लक्ष्मी की गोद में और दूसरा नाग की गोद में रहता है। एक हाथ जानु पर, दूसरा नाभि पर तीसरा मस्तक के नीचे और चौथा सन्तान मंजरी युक्त होता है। नाभि से उत्पन्न कमल पर ब्रह्मा आसीन होते हैं। मधु–कैटभ असुर कमल नाम से संलग्न रहते हैं। विष्णु धर्मोत्तर 81–2–81 व पद्धमपुराण में भी विष्णु का लगभग वहीं विवरण मिलता हैं, किन्तु वहाँ उनकी दो भुजाओं–एक जानुपर प्रसारित तथा दूसरी मुर्धन्यर्दशान्त वर्णित है। अपराजितपृष्छा व रूप–मण्डन में विष्णु का यह रूप जलशायी नाम से वर्णित है। अपराजितपृच्छा के अनुसार किरीट, माला, हार, कुण्डल से अलंकृत शेष पर शयन करतें हों, चतुर्भजा हों, दाहिना एक हाथ सिर के नीचे दूसरा कमलहस्त हो। बायाँ उर्ध्व एवं सुदर्शन चक्र व गदा से युक्त हो। चरणों के पास लक्ष्मी, नाभि कमल पर ब्रह्मा आसीन हो, यहाँ मधु–कैटभ का उल्लेख नहीं है।[8]

रूपमण्डन में जलशायी विष्णु का वर्णन संक्षिप्त है। नाभिकमल्र पर ब्रह्मा सिर के निकट ''श्री भूदेवी'' दोनों पाश्वी में मधु व कैटभ तथा निधि व अस्त्र आदि का चित्रण बताया गया है।[9] जलशायी रूप का सर्वप्रथम वर्णन ''रघुवंश'' में मिलता है। तथा इसी विवरण के अनुसार

गुप्तकाल में मूर्तियाँ बनीं। देवगढ़ के दशावतार मन्दिर के बाहर शेषाशायी विष्णु की सुन्दर मूर्ति गुप्त काल की है। खुजराहों में शेषाशायी विष्णु की मूर्ति प्राप्त हुई है।

बानपुर में मानिक टीला में शेषशायी विष्णु को एक सुन्दर, विशाल, लेकिन खण्डित मूर्ति प्राप्त हुई है जो अब राजकीय संग्रहालय झाँसी में है।

यह विष्णु भगवान की शेषनाग की छत्र छाया में लेटी हुई लगभग 6 फिट लम्बी मूर्ति चित्र संख्या–55 है। बायें दोनों हाथ खण्डित हैं, दायाँ एक हाथ गदा पकड़े हैं तथा दूसरा हाथ सर के नीचे तकिये के रूप में खड़ी मुद्रा में है। शेषनाग–फणावली सात फणों से युक्त थी, जिससें से तीन फण खण्डित हैं। बाँया पैर खण्डित है। सिर पर सुन्दर मुकुट,कानों में कुण्डल, गले में माला पहने है। मोतियों का यज्ञोपवीत एवं मेखला से सुशोभित हैं। हाथों में बाजु–बन्द व कंकण दृष्टिगोचर होते हैं। मूर्ति के मुखांग कुछ घिसे हुए हैं। चरणों के पास लक्ष्मी की मूर्ति होने के चिन्ह प्राप्त हैं। शेषनाग बहुत सुन्दर, जिहवा बाहर निकाले हुए, चमकदार आंखे व त्वचा के सुन्दर अंकन से परिपूर्ण है। यह मूर्ति कुछ लोगों ने शायद नाग देवता की समझकर जमीन में खड़ी अवस्था में गाड़ रखी थी।[10] जो लगभग 1 फिट 6 इंच मिट्टी में घुटनों तक दबी हुई थी। यह मूर्ति स्थानीय बलुऐ पत्थर से निर्मित है व तीनों ओर से गहराई में कोरी गई हैं।

शिव

सृष्टि विषयक दर्शनों में शैव दर्शन सबसे प्राचीन है। भारतवर्ष में शिव के पूजन की परम्परा सबसे अधिक व्यापक और संम्भवत सबसे अधिक प्राचीन भी है। समस्त देव परम्पराएं शिव में समाहित होने के कारण ही शिव महादेव हो गये

आज शिव के सबसे लोक प्रिय स्वरूप 'लिंगरूप' की शिवालयों में पूजा की जाती है। इस रूप को लेकर अनेक पौराणिक व अपौराणिक कथाएं प्रचलित हैं जबकि शिव का मूल दार्शनिक स्वरूप इससे सर्वथा भिन्न है। लगभग दो हजार वर्ष पूर्व तक 'लिंग' शिव का प्रतीक नहीं था। 'लिंग' या 'शिश्न' की पूजा की सर्वथा भिन्न और स्वतन्त्र परम्परा थी, 'शिश्न' पूजक सारी दुनिया में फैले थे लेकिन वे शिवोपासक नहीं थे। 'सर्प' को पूजने वाले भी असंख्य थे लेकिन वे भी शिवोपासक नहीं थे। 'वृक्षों' 'पशुओं' 'यक्षों' तथा 'भूत, प्रेतों' को पूजने वालों की भी स्वतन्त्र परम्परा थी। प्राकृतिक शक्तियों की देवरूप में कल्पना के परिणामस्वरूप 'रूद्र' का जो स्वरूप सामने आया वह भी भिन्न था। लेकिन काल क्रम में धीरे–2 ये सारी परम्पराएं एक में समाहित हो गयी। 'नाग पूजा' 'यक्ष पूजा, पशु पूजा, वृक्ष

पूजा, भूत पूजा व लिंग पूजा सब एक शिव पूजा का अंश बन गयी और शैव दर्शन के रूप में बौद्धिक दर्शन विकसित हुआ।

उपरोक्त समस्त पूजा परम्पराएं बहुसंख्यक आदिवासी तथा जन साधारण की थी। शैव दर्शन के बौद्धिक स्वरूप के आभिजात्य वर्ग के चिन्तन से शिव सुसंस्कृत वर्ग के देवता हो गये। धार्मिक समन्वय की प्रक्रिया में शिव का जो सामान्य रूप विकसित हुआ वह सर्वग्राहय हो गया। शिव पशुपति, नागपति, भूतपति, यक्षपति के साथ–2 सृष्टि के नियंता परम ब्रह्म के रूप में स्थापित हो गये। वे भक्ति के लिए 'आशुतोष' तथा दुष्टों के लिए 'प्रलंयकर' हो गये।

शिव के रूप में जितने विश्वास जितनी कथाएं जितने दार्शनिक मत पंजीभूत हो गये उनकी एक साथ व्याख्या असंभव है। लेकिन वैदिक और ब्राह्मण परम्परा को आज भी आसानी से देखा समझा जा सकता है।

ऋगवेद में प्राकृतिक शक्तियों की ही देवरूप में कल्पना की गयी। प्रकृति के उग्रशक्तियों को रूद्र की संज्ञा दी गयी। स्वभाव से ही मनुष्य प्राकृतिक दैवी आपदाओं से डरता रहा है। अतः इनको प्रसन्न करने के लिए रूद्र की पूजा सर्व प्रथम की गयी।

तैतरीय संहिता व वाजसनेयी संहिता के सतरूद्रिय में उनके मंगलमय तथा उग्र रूपों को अलग–2 दर्शाया गया। यह कल्पना का अगला चरण था। भयावह शक्तियों के प्रतीक होने के कारण उन्हें बस्तियों से दूर रखने की कल्पना की गयी अतः वे नगंर से दूर रहने वाले सहज देवता बन गये। कभी किसी का भय होता तो वह रक्षा के लिए रूद्र की स्तुति करता। इस भयत्राता रूप के कारण आगे चलकर रूद्र या शिव सभी अन्य देवताओं के ऊपर स्थापित हो गये।

दार्शनिक विकास क्रम में सृष्टि के आदि स्त्रोत के रूप में शिव की कल्पना हुई। पुरूष और प्रकृति के विविध रूपों में शिव और उमा का रूप विकसित हुआ।

महाभारत में शिव के सहस्त्र नामों का उल्लेख हुआ है। पुराणों में प्रयुक्त शम्भु और शंकर नाम कल्याण कारी हैं। पुराण काल में शिव की महत्ता और अधिक बढ़ गयी, शैव पुराण तो शिव को ही सर्वस्य मानते है।

शिव की उपासना लिंग रूप व मानवीय रूप में प्राप्त होती है।

मानवीय प्रतिमाओं को दो भागों में बांटा जा सकता है।

1. मंगलकारी शान्त मूर्ति
2. संहारक मूर्ति एवं अमंगलकारी मूर्ति

मंगलकारी मूर्तियाँ भी दो भागों में विभाजित की जा सकती है।

1. सौम्य व शान्त मूर्ति
2. अनुग्रह मूर्ति

सौम्य व शान्त मूर्ति के निम्न प्रकार हैं–

1. महादेव	2. नीलकण्ठ
3. महेश्वर	4. वृषभवाहन
5. उमा–महेश्वर	6. कल्याणसुन्दर
7. अर्धनारीश्वर	8. हरिहर

भारतीय मूर्ति–विधान में प्रकृति और पुरूष की एकता का आभास अनेक रूपों में कराया जाता है। उमा–महेश्वर के प्रतिमाविधान का भी यही उद्देश्य है। उमामहेश्वर की प्रतिमा का विधान विष्णु–धर्मोत्तर पुराण[11] और रूपमण्डन में है। रूपमण्डन का विवरण मूल रूप में "अपराजितपृच्छा[12] का है। अपराजितपृच्छा व रूप मण्डन[13] के अनुसार चतुर्भज शिव उमा के साथ आसीन दिखाये जाने चाहिये। शिव के दाहिने हाथ में त्रिशूल और दूसरे दाहिने हाथ में मातुलिंग होना चाहिए। बाँए ओर का एक हाथ उमा के स्कन्ध पर स्थित होना चाहिए तथा दूसरा सर्प लिये होना चाहिऐ। उमा के एक हाथ शिव के स्कन्द पर हो तथा दूसरे हाथ में दर्पण होना चाहिए। उमा–महेश्वर की प्रतिमा के नीचे वृषभ तथा सिंह प्रदर्शित करने का विधान है। तथा बीच में भृंगी ऋषि नृत्य करते बनाये जाने चाहियें। बानपुर में अतिशय क्षेत्र के एक मन्दिर की दीवार में उमामहेश्वर की एक प्रतिमा लगी हुई है, जो सम्भवतया कहीं ओर से प्राप्त हुई हो और मन्दिर के जीर्णोद्वार के समय यहाँ लगा दी गई हैं।

बानपुर के उमा–महेश की प्रतिमा

उमा–महेश की लाल पत्थर से निर्मित एक मूर्ति अतिशय क्षेत्र बानपुर के जैन मन्दिर नं0 3 की दीवार के एक बाहरी आले में जड़ी हुई हैं। इसमें पार्वती उमा शिव के बायें पैर पर बैठी हैं। तथा शिव का दांया पैर नीचे रखा हैं। चतुर्भुज शिव का दांया आगे वाला हाथ वरद मुद्रा में है तथा पीछे वाले हाथ में नाग लिये हैं तथा बांया एक हाथ उमा के स्कन्ध पर रखा हैं। तथा दूसरे बांये हाथ में त्रिशुल पकड़े है, उमा द्विभुजी है जिनका दाहिना हाथ शिव के बाये पैर पर तथा अपना बांया हाथ अपने बांये पैर पर रखा हैं। दोनों ही सुन्दर

आभूषणों से सुशोभित हैं। नीचे नन्दी व सिंह बैठो मुद्रा में बने हैं। यह मूर्ति गहराई में कोर करके बनाई गयी हैं।

बानपुर में गणेश खेड़ा में प्राप्त 3 विशाल नन्दी व उपरोक्त प्राप्त उमा–महेश का मिलना इस बात का द्योतक है कि किसी समय यहाँ विशाल शिवालय रहे होंगे क्योंकि नन्दी की मूर्ति की स्थापना शिव के साथ ही होती हैं। बानपुर में ही एक सहस्त्रलिंग होने के उल्लेख भी प्राप्त हुए हैं, जो मुझे नहीं मिला।

मदनपुर के शिव मन्दिर वड़ी कचहरी में भी विशाल शिव मूर्ति का उल्लेख कंर्निघम ने किया है लेकिन अब यह मूर्ति भी अप्राप्त है, वहाँ भी अब नन्दी की मूर्ति मिलती है। इनमें ऐसा प्रमाणित होता है कि दोनों स्थानों पर शिव की अनेक मूर्तियाँ रही होंगी।

ब्रह्मा

वैदिक साहित्य की अपेक्षा पौराणिक साहित्य में ब्रह्मा का महत्व गौण है। उपासना की दृष्टि से जो महत्ता विष्णु व शिव यहाँ तक की गणपति और सूर्य को प्राप्त है, वह भी ब्रह्मा की नहीं है। इसका प्रभाव मूर्ति शास्त्र पर भी पड़ा है। आसन और वाहन भेद से ब्रह्मा की मूर्ति दो प्रकार की बनाई जाती हैं।

1. कमलासन 2. हंसारूढ़

हंसारूढ़ क्वाचित् कार्यः क्वचित्तु कमलासनः। मत्स्य पुराण 259/40

रूपमण्डन में ब्रह्मा की कमलासन की मूर्ति का ही विधान बताया गया है। यहाँ ब्रह्मा के चार मुख व चार हाथ बताये गये हैं। जिनमें दक्षिणी निचले हाथ में जयमाला व ऊपरी हाथ में ध्रुवा और बांये ओर के ऊपरी हाथ में पुस्तक व नीचे के हाथ में कमण्डलु बताया गया है।[14] मत्स्य पुराण में ब्रह्मा को दण्ड़धर बताया गया हैं, जबकि अपराजितपृच्छा में कमलासन ब्रह्मा–प्रतिमा दण्डधर नहीं है। मत्स्य पुराण में ब्रह्मा के बायें सावित्री व दायें सरस्वती प्रतिमा बैठाने का विधान है।

वमि वार्श्वेडेस्य सावित्री दक्षिणे च सरस्वतीम्। मत्स्यपुराण 259/44

मदनपुर को कमलासन–ब्रह्मा प्रतिमा

मदनपुर में कमलासन–ब्रह्मा की एक प्रतिमा प्राप्त है, जो इस समय बड़ी कचहरी के पतनाले के ऊपर पड़ी हुई है। यह 2 फिट लम्बे व 1 फिट 6 इंच चौड़े शिलापट पर

उत्कीर्ण की हुई है। ब्रह्माणी ब्रह्मा के बायें पैर पर विराजमान है व दोनों ही के मुख पूर्णतया खण्डित हैं। ब्रह्मा की दाढ़ी स्पष्ट हैं। चतुर्भुज ब्रह्मा का दाहिना सामान्य हाथ वरद मुद्रा में है, जबकि पिछला हाथ पूर्णतया खण्डित है। बाँया सामान्य हाथ कमण्डल लिये हुए है और पिछले हाथ में पुस्तक है जो अर्धखण्डित है। ब्राह्मणी के चारों हाथ खण्डित है। दोनों अनेकों आभूषणों से अलंकृत है। ब्रह्मा का दांया पैर नीचे की ओर लटका हुआ है। और बायें पैर के नीचे हंस उत्कीर्ण हैं।

शक्ति

ईश्वर को मात् रूप में 'अदिति' कहा गया है। जो विश्व में अटल अचल है। वह समस्त देवताओं की जननी है। वह सृष्टा व सृष्टी दोनों है। वह जननी की भांति सृष्टि को विकास से पूर्व अपने उदर में रखती है। वह ब्रह्मा, विष्णु, महेश की जननी मानी गयी है। वह समस्त प्रक्रिया की मूल है इसीलिए महा शक्ति कही गयी है।

शक्ति शब्द की प्रकृति संस्कृत के 'शक' धातु जिसका अर्थ है 'सामर्थयुक्त होना'। इसी 'शक' धातु से भाव अर्थ में 'क्ति' प्रत्यय करने पर 'शक्ति' शब्द बनता है।

यह शक्ति तीन प्रकार की होती है।

1. प्रभाव से उत्पन्न
2. उत्साह से उत्पन्न
3. मंत्र से उत्पन्न

सभी जड़ और चेतन उत्पन्न होते हैं, बढ़ते हैं इससे खेलते हैं और अन्त में मृत्यु को प्राप्त होते हैं। वह कौन है जो इन सबका पालन करता है। ऐसी कौनसी शक्ति है जो संसार के सभी कष्टों को सहकर उसको जन्म देकर ओर उसकी रक्षा करने का भार अपने ऊपर लेती है वहीं जन्म देने वाली ओर पालन करने वाली शक्ति मातृशक्ति है। मातृ देवी है।

भारत में मातृ देवी की मूर्तियाँ ई0 पू 4000 वर्ष से ई0 पू0 तीसरी शती पर विशेष प्रकार की मिलती है। उसके बाद उनमें कई नवीन बातों का समावेश होने लगा और अनेक परिवर्तन आयें। मूर्तियों का आकार भी सुडौल एवं मनोरम होने लगा।

गुप्त काल में प्रमुख रूप से सप्तमातृकाएं विकसित हुई तथा स्वतन्त्र मूर्तियाँ बनने लगी। अपने समय की प्रमुख उपास्य देवताओं की शक्तियों का एकत्रीकरण सप्तमातृकाओं के रूप में सामने आया था जिसके पुराणों में भी प्रचुर उल्लेख मिलते हैं।

मातृदेवी या मातिृका पूजा का विधान सिन्धु सभ्यता से ही भारत में चला आ रहा है। मातृकाएं भारतीय–मूर्ति–विधान व उपासना में विशेष मान्यता रखती है। इनकी संख्या ग्रन्थ–भेद से सात, आठ व सोलह तक गिनायी गयी है। सामान्यतया सप्तमातृकाओं में ब्रह्माणी, माहेश्वरी, कौमारी, वैष्णवी, वाराही, इन्द्राणी और चामुण्डा की गणना होती है।[15] सप्तमातृकाओं की उत्पत्ति के विषय में पुराणों में कई परम्पराएँ हैं। वराह पुराण के अनुसार सप्तमातृकाओं की उत्पत्ति का सम्बन्ध अंधकासुर–वध से हैं। शिव व अंधकासुर के युद्ध के समय शिव की सहायता के लिए आये ब्रह्मा, कुमार, विष्णु, वराह, इन्द्र, यम, देवताओं ने अपनी शक्तियाँ उत्पन्न की, जिन्होनें अन्धकासुर का विनाश किया। इन्हीं देवों की शक्तियाँ इन्हीं के नाम से सप्तमातृकाएँ कहलायीं।

माक्रण्डेय पुराण के दुर्गासप्तशती में सप्त मातृकाओं की उत्पत्ति का प्रसंग रक्तबीज और शुंभ–निशुम्भ वध से सम्बद्ध है। इस युद्ध में जिस देवता का जैसा रूप वेष–भूषा व वाहन है, ठीक वैसे ही साधनों से सम्पन्न होकर उनकी शक्तियाँ असुरों से युद्ध के लिये आयीं।[16]

रूपमण्डन में सप्तमातृकाओं का विवरण मत्स्यपुराण के मातृका विवरण सम्बन्धी श्लोकों के चयन पर आधारित हैं[17] कुषाण कालीन एक सप्तमातृका पट्ट मथुरा संग्रहालय में है, जिसमें मातृकाओं को साधारण व बिना वाहन के बनाया गया है[18] गुप्तकाल में मातृकाओं को बनाने की परम्परा रहीं है। सप्तमातृकाएँ वीरभद्र व गणेश के साथ अपने वाहनों व आयुधो के साथ बनायी गयी हैं। देवगढ़ में नाहर घाटी व राजघाटी में गुप्तकालीन सप्तमातृकाओं का अंकन अपने वाहनों व आयुधों के साथ स्पष्ट रूप से देखा जा सकता है।

मदनपुर की मातृका–प्रतिमाएँ

मदनपुर के विष्णुमन्दिर में दो मातृकाएँ अलग–अलग माहेश्वरी व वैष्णवी पश्चिमी द्वार के दोनों द्वार पक्षों पर नीचे की ओर बनायी गई है।

माहेश्वरी प्रतिमा

मदनपुर के विष्णु मन्दिर (छोटी कचहरी) के पश्चिमी द्वार के दक्षिणी द्वार पक्ष पर नीचे की ओर 10 × 8 आकार के आयात में ''माहेश्वरी'' की मूर्ति बनी हुई है चित्र संख्या 14 कुण डल, माला, मेखला, कंकण व पायजेब से अलंकृत है। चतुर्भुजी है, बांये एक हाथ में नाग है जो खण्डित है तथा दूसरा हाथ खण्डित हैं। दांये ऊपर के हाथ में त्रिशुल है जो कुछ

खण्डित है तथा दायाँ सामान्य हाथ वरद मुद्रा में है। मूर्ति सुअनुपातिक व सुन्दर है। नन्दी बैठी हुई मुद्रा में व ऊपर को देखते हुए उत्कीर्ण किया गया है।

वैष्णवी

द्वार के उत्तरी द्वार पक्ष पर नीचे की ओर 10 × 8 आकार के आयत में विष्णु की शक्ति वैष्णवी मातृका की मूर्ति उत्कीर्ण है। चित्र संख्या–15 यह बैठी हुई मुद्रा में तथा चतुर्भुजी है। मुकुट, कुण्डल, माला, कंकण, बाजुबन्द, मेखला, पायजेब से अलंकृत है। दाहिनी सामान्य हाथ वरद मुद्रा में है व पीछे के हाथ में गदा है। बांया सामान्य हाथ शंख पकड़े है व पैर पर रखा हुआ है जबकि बांये पिछले हाथ में चक्र है। एक पैर मुड़ा हुआ है जबकि दांया पैर लटका हुआ है। मूर्ति कुछ खण्डित अवस्था में है।

गणपति

गणपति शब्द का अर्थ "गणों के अधिपति" है। शिव गणों के अधिपति को गणपति कहा गया है। गणपति के अनेक नाम जैसे गणेश्वर, गजानन, लम्बोदर, एकदन्त आदि हैं। पाँच प्रमुख हिन्दु सम्प्रदायों में गणपति के उपासकों के "गणपत्य" सम्प्रदाय का भी स्थान है।

"गणपति" शब्द का सर्वप्रथम प्रयोग ऋगवेद के एक मंत्र में हुआ है।

"गणानांत्वा गणपति हवामहे कपिं कवीनामुपश्रवस्त नमः। ऋगवेद 2/33/1

ऐतरेय ब्राह्मण यजुर्वेद आदि में कई स्थानों पर "गणपति" शब्द का प्रयोग हुआ है पर कहीं भी "गणेश" के अर्थ में नहीं है। वैदिक देव सूची में गणेश की गणना नहीं हुई है। ऐसा प्रतीत होता है कि गणपति भारत के अनार्यो में उपास्य थे। जो धीरे–धीरे आर्य देवों में परिगणित हो गये।[19] मानवग्रहयसूत्र तथा याज्ञवल्वय स्मृति में "विनायक" शब्द का वर्णन मिलता है। विनायक पूजा परम्परा बहुत प्राचीन होते हुए भी अम्बिकासुत गण ापति–विनायक का आर्विभाव बहुत प्राचीन नहीं है। गणपत्य सम्प्रदाय का प्रचलन पाँचवीं और आँठवी शताब्दी के बीच हुआ था। गुप्त कालीन किसी भी अभिलेख में गणपति अथवा उनके उपासकों का उल्लेख नहीं हुआ है लेकिन हिन्दू देव परिवार में गणपति–विनायक का समावेश गुप्त काल तक हो गया था।

प्रारम्भिक गणेश मूर्तियों में सम्भवतया यक्षों की तुन्दिल विशिष्टताओं का समावेश था। गणेश के गजबदन होने का यह भी एक कारण हो सकता है। यक्षों की तुन्दिल विशिष्टता

गणेश में प्रधान है ही और गज के रूप में उनके नाग का मस्तक भी है। (नाग का अर्थ सर्प व गज दोनों ही होता है)[20] यद्यपि वृहतसंहिता के प्रतिमा–लक्षण अध्याय का वह श्लोक जिसमें गणेश प्रतिमा का वर्णन है प्रक्षिप्त माना जाता है। किन्तु इसमें किचिंत भी सन्देह नहीं कि श्लोक में गणेश की प्राचीनतम प्रतिमा वर्णित है। इसके अनुसार प्रथमगणों के अधिपति को एकदन्त, गजमुख, लम्बोदर तथा परषु व मूल कन्दधारी निर्मित करना है।

परवर्ती शास्त्रों के अन्तर्गत गणपति–प्रतिमा का पौराणिक वृतान्त सर्वप्रथम उल्लेखनीय है। विष्णुधर्मोत्तर पुराण के अनुसार विनायक गजमुख और चतुर्भुज है। दाँयें हाथ में त्रिशूल व अक्षय माला बांये हाथ में मोदक पात्र और परषु होना चाहिये। वे एकदन्त व लम्बोदर होने चाहिए। वहाँ उनके वाहन ''मूषक'' का उल्लेख नहीं है। मत्स्य पुराण में भी विनायक गजमुख, लम्बोदर, सर्पयज्ञोपवीत धारी, विस्तृत कर्ण, विशाल तुण्ड और एकदन्त वर्णित है। अपराजितपृच्छा में गणेश प्रतिमा का वर्णन सामान्यता मत्स्य पुराण के वर्णन के समान है।[21] रूपमण्डन में भी गणेश का वर्णन चतुर्भुज उल्लिखित है।[22] भारतीय कला में गणपति का शुंग कालीन चित्रण का अभी तक कोई प्रमाण नहीं मिला है। पूर्वकुषाण काल की भी कोई मूर्ति देखने को नहीं मिलती है। मथुरा के एक कुषाण कालीन पट पर गज मस्तक युक्त यक्ष का अलंकरण है पूर्व गुप्त काल की कुछ मूर्तियाँ प्राप्त हैं, जो मथुरा संग्रहालय में है जिसमे गणेश, द्विभुज, लम्बोदर, एकदन्त, मोदक खाते हुए प्रदर्शित हैं।[23] पूर्व गुप्त काल की गणपति प्रतिमा उदयगिरि की चन्द्रगुप्त गुफा में देखी जा सकती हैं। गुप्त काल में गणपति–प्रतिमाओं का प्रचलन बढ़ गया था। मथुरा संग्रहालय में ठेठ गुप्त कालीन एक प्रतिमा देखी जा सकती है जिसमें द्विभुज गणेश खड़े हुए सर्पयज्ञोपवीत, एकदन्त, बाई ओर मुड़ी हुई शुण्ड और बाएं हाथ में मोदक पात्र के लक्षण पूर्ववत् है। मध्य काल में गणपति प्रतिमाओं का प्रचार बहुत बढ़ गया था। इस काल की गणपति की अनेक आसन, स्थानक व नृत्य–मूर्तियाँ समस्त भारत में उपलब्ध हुई हैं। नृत्य–गणेश मूर्तियों का निर्माण पूर्व गुप्त काल से प्रारम्भ हो गया था। गुप्त काल में इनका प्रचलन बढ़ने लगा था और मध्य युग में यह बहुत व्यापक हो गया। खजुराहो में नृत्य गणेश की मूर्तियों में विविधता देखने को मिलती है। वहाँ दो भुज, चतुर्भुज, अष्ठभुज, दशभुज, षोडश भुजी मूर्तियाँ देखी जा सकती हैं। समस्त चन्देल काल में नृत्य गणेश की मूर्तियाँ खूब बनी है। बानपुर, मदनपुर, सिरोन, बरवासागर आदि में नृत्य गणेश की मूर्तियाँ बहुतायत में प्राप्त होती हैं। सिरोन से प्राप्त नृत्य गणेश की सुन्दर मूर्ति झाँसी राजकीय संग्रहालय में सुशोभित है।[24] धुवेला संग्रहालय में भी नृत्य गणेश की अनेक मूर्तियाँ देखी जा सकती हैं।

बानपुर के नृत्य–गणेश की प्रतिमा

बानपुर में गणेश खेड़ा में नृत्य–गणेश की एक प्रतिमा प्राप्त है। चित्र संख्या–52 यह नृत्य–मुद्रा में 8 फिट ऊँची व 4 फिट चौड़ी मूर्ति है, जो चारों ओर से गहराई में कोरी गयी है। इसका बाँया पैर टिका हुआ हैं तथा दाहिना पैर नृत्य अवस्था में है। यह मूर्ति 18 भुजाओं से युक्त है। मुख्य बाँई भुजा वरद मुद्रा में है तथा बाई भुजा नृत्य मुद्रा में। बाई एक अन्य भुजा में मोदक स्पष्ट रूप से परिलक्षित है। दोनों कान फैले हुए तथा शुण्ड बांई ओर मुड़ी हुई बनाई गयी हैं गले में माला, हाथों में कंकण व पैरो में पैंजनी पहने हैं। कमर में बँधी ध ाोती स्पष्ट है। शेष हाथों की मुद्रायें अस्पष्ट हैं। ऐसा लगता है कि कलाकार ने दोनों ओर भुजाओं को दो शिलापटों पर ही बनाने का असफल प्रयास किया है। दायीं तथा बांयी ओर दो छोटी–छोटी मानव आकृतियाँ बनी हुई हैं। पूरी मूर्ति पर सिन्दूर पुता हुआ है जिसके कारण पत्थर के रंग का अनुमान नहीं लगाया जा सकता है। सम्पूर्ण चन्देल क्षेत्र में इतनी ऊँची नृत्य गणेश की यह एक ही प्रतिमा हैं।

मदनपुर की नृत्य–गणेश की प्रतिमा

मदनपुर में एक स्कूल के आंगन में लाल बलुए पत्थर के शिलापट पर उत्कीर्ण एक नृत्य गणेश की प्रतिमा देखी गई है। चित्र संख्या–29 जिसका आकार 3 फिट × 2 फिट है। यह षट–भुजी मूर्ति है, जिसके समस्त हाथ खण्डित हैं। शुण्ड भी पूर्ण रूप से खण्डित है। गले में हार पहने है। नाग के यज्ञोपवीत व कटिसूत्र से अलंकृत है। बांया पैर जमीन पर टिका है व दाहिना पैर नृत्य मुद्रा में ऊपर उठा है जो खण्डित है। दायें पैर के नीचे ही उनका वाहन मूषक बना हुआ है। जिसका मुख खण्डित है दोनों ओर दो मृदंग वादक नृत्य मुद्रा में बने हुए हैं।

हनुमान

बहुत प्राचीन काल रो ही मानव मस्तिष्क चार मुख्य जानवरों के चारों ओर घुमता रहा है, वह है हाथी, बन्दर, शेर, ईगल (गरूड)।

हनुमान जनदेवता के रूप में समस्त हिन्दू सम्प्रदायों में पूजे जाते रहे हैं। प्रत्येक मन्दिर में मुख्य मूर्ति के रूप में अन्यथा किसी कोने में सिन्दूर से पुते हुए छोटी से मूर्ति के रूप में।

छोटे कद, बन्दर का मुख, लम्बी पूंछ लंगोटी पहने तथा कन्धे पर अंगोछा डाले यज्ञोपवीत धारण किये कानों में कुण्डल पहने रहते हैं, यही रूप एक क्षेत्र से दूसरे क्षेत्र में जाता रहा है। रामायण के राम भक्त के रूप में हनुमान का उच्च स्थान है। 16 वीं शताब्दी में तुलसीदास द्वारा रचित रामचरित मानस, हनुमान चालीसा, हनुमानाष्टक आदि से हनुमान जन–जन में प्रसिद्ध हुए। समस्त हिन्दू देवताओं के मध्य हनुमान सबसे बड़े सेवक भाव के देवता है।

हिन्दू दर्शन के अनुसार भगवान शिव ने अपने ग्यारहवें अवतार में हनुमान का रूप लिया था ताकि रावण से युद्ध में राम की सहायता कर सके तथा पृथ्वी से बुराई का नाश हो सके। रावण भी शिव भक्त था लेकिन व शिव के दस रूपों की पूजा करता था।

हनुमान रूद्र कहे गये है तुलसी दास ने भी विनयपत्रिका में रूद्रावतार (शिव के समान शिव के रूद्र रूप का अवतार) कहा है।

हनुमान वैदिक देवता वायु (मारूति) तथा अंजनि के पुत्र है। वायु स्वयं भी रूद्र है तथा अंजनि (जो एक अप्सरा तथा महर्षि गौतम व अहिल्या की पुत्री थी)

हर्ष देव व पुरूषोत्तम देव के अनुसार हनुमान शब्द में 4 प्रतीक शब्द है।

ह (Ha) ब्रह्मा, शिव, आनन्द, आकाश और पानी

नु (nu) Stand of worship or Praise स्तुति

मा (ma) लक्ष्मी, विष्णु

न (n) denoted heroic strength. वीरतापूर्ण शक्ति का दिग्दर्शन

अग्नि पुराण में हनुमान की प्रतिमा का वर्णन मिलता है।

सर्वप्रथम हनुमान प्रतिमा गुप्त काल में प्राप्त होती है लेकिन वह स्वतन्त्र रूप में न होकर रामायण की कहानी के आधार पर उत्कीर्ण शिलापटों पर ही मिलती है। देवगढ़ के दशावतार मन्दिर में हनुमान की मूर्ति रामायण के प्रसंग में देखी जा सकती है लेकिन वह बहुत खंडित है। देवगढ़ में ही वराह मन्दिर से प्राप्त मूर्तियाँ में जो अब आर्के0 सर्वे0 आ0 इन्डिया के देवगढ़ के संग्रहालय में है, हनुमान जी की कई प्रतिमाएं रामायण की कथाओं पर उत्कीर्ण देखी जा सकती है। हनुमान की देवत्व के रूप में प्रतिमा नवीं शताब्दी में बननी प्रारम्भ हुई।

चन्देलकाल में हनुमान जी की पूजा व्यापक रूप में होती आयी है। चन्देल काल में हनुमान राजकीय देव के रूप में पूजे जाते थे इसका प्रमाण चन्देल कालीन सिक्कों पर

हनुमान की प्रतिमा से प्राप्त होता है इस क्षेत्र में अधिकतर प्रतिमाएं शिलापटों पर उत्कीर्ण है चारों ओर कोरकर वही प्रतिमा बनायी जाती थी जो मन्दिर की मुख्य प्रतिमा होती थी। मदनपुर, बानपुर, सिरोन, आदि में हनुमान जी की कोरकर बनायी गयी अनेक प्रतिमाएं प्राप्त है जिससे ऐसा प्रतीत होता है कि यहाँ पर हनुमान जी के अनेक मन्दिर रहे होंगे। समस्त क्षेत्र में हनुमान जी की विशेष प्रकार की प्रतिमाएं प्राप्त होती है जिनमें हनुमान जी अपने विशाल पैर के नीचे लंकिनी राक्षसी को दबाते हुए बनाए गये हैं। रामायण के एक दृष्टान्त के अनुसार हनुमान जी सीता जी की खोज में जब लंका गये तो उनका सर्वप्रथम सामना लंका की अधिष्ठात्री देवी लंकिनी राक्षसी से हुआ जो लंका की सीमा की रक्षा करती थी। हनुमान जी ने उस राक्षसी को अपने विशाल शरीर के भार से पैर के नीचे दबाकर मार डाला था। यह विषय शिल्पीयों का प्रिय विषय रहा तथा उन्होंने इस स्थान पर उत्कीर्ण किया।

रामायण में राम के भक्त के रूप में हनुमान का उच्च स्थान है। दशरथी राम के वनवास काल में राम के बहुत बड़े सहायक के रूप में रहे हैं। अग्नि पुराण में हनुमान की प्रतिमा का वर्णन मिलता है।

मदनपुर में प्राप्त हनुमान प्रतिमाएँ

हनुमान जी की एक खण्डित मूर्ति जो इस समय अतिशय क्षेत्र मदनपुर पंचमढ़ी में रखी है, चित्र संख्या–27 पास के तालाब से प्राप्त हुई बतायी जाती है। यह मूर्ति लगभग 6 फिट ऊँची है। इस मूर्ति में हनुमान जी लंकिनीयक्षी को अपने पैर के नीचे दबाये हुए बनाये गये हैं। इस मूर्ति का शीश खण्डित है, लेकिन वहीं पर रखा हुआ है। दोनों हाथ पूर्णतया खण्डित है। दाँया पैर भी खण्डित है लेकिन पूर्ण रूप से प्राप्त है। जिससे नूपुर बंधे है। बाँया पैर अर्ध–खण्डित है जो ऊपर उठा हुआ है तथा लंकिनीयक्षी की पीठ पर रखा हुआ है। गले में हार व बरमाल है। यज्ञोपवीत व कटिसूत्र पहने हुए है। लंकिनी यक्षी घुटनों पर बैठी हुई व पीठ के बल झुकी हुई है। जैसे पैर के भार से दबी जा रही हो। चेहरे पर डर का भाव स्पष्ट है। अस्तिपिंजर स्पष्ट झलक रहा है। पूरी मूर्ति एक पत्थर की लगभग 1 फिट ऊँची चौकी पर बनी हुई हैं।

हनुमान जी, एक अन्य मूर्ति जो मैंने स्वयं खोजी है, मदनपुर में ही कचहरी के सामने की ओर घनी झाड़ियों में ढ़की हुई थी। यह मूर्ति एक शिलापट पर गहराई में कोरकर बनायी गयी है जो 5 फिट ऊँची है, चित्र संख्या–30 इसके दोनों हाथ व शीश पूर्णतया खण्डित हैं। दाँया पैर स्पष्ट है व बाँया पैर ऊपर उठा हुआ है जैसा उपरोक्त वर्णित मूर्ति में है। यह मूर्ति भी लंकिनीयक्षी का दबाये हुए हनुमान जी की मूर्ति है। घनी कटीली झाड़ियों से ढ़की

होने के कारण इस मूर्ति को मैं पूर्णतया स्पष्ट न कर सका। दृष्टव्य मूर्ति को ही निकालने में मेरे हाथ घायल हो गये थे।

इसके अतिरिक्त. ग्राम में एक पेड़ के नीचे अनेकों खण्डित मूर्तियाँ पड़ी हैं। हनुमान जी की एक छोटी खण्डित प्रतिमा उनमें भी देखी जा सकती है।

हनुमान बानपुर से प्राप्त प्रतिमाये

बानपुर के मानिक टीला में पड़े के नीचे से प्राप्त मूर्तियों चित्र संख्या–56 में एक हनुमान जी की मूर्ति प्राप्त है जो अर्धखण्डित है। यह आयताकार शिलापट पर गहराई से कोर कर बनायी गई है। एक हाथ सिर के ऊपर दृष्टिगोचर होता है। दूसरा बाया हाथ सीने पर रखा हुआ है जो खण्डित है। लम्बी पूँछ कमर के पीछे से होकर बांयी ओर तक आ गई है। गले में सुन्दर माला व कमर में मेखला धारण किये है। कमर से नीचे का भाग खण्डित है तथा अप्राप्त है। सम्भवता यह मूर्ति खड़ी हुई अवस्था में बनायी गई होगी। आजकल ये मूर्ति राजकीय संग्रहालय झाँसी में रखी हुई है। चित्र संख्या–57

नवग्रह

हिन्दू ज्योतिष शास्त्र में सूर्य, चन्द्र, मंगल, बुध, बृहस्पति, शुक्र, राहु तथा केतु को नवग्रह कहा जाता है। भारत के विभिन्न भागों में नवग्रह पूजा परम्परा सनातन से चली आ रही है। अग्निपुराण, विष्णुधर्मोत्तर, अपराजितपृच्छा, रूपमण्डन, शिल्परत्न, आगमों आदि में नवग्रह प्रतिमाओं के विवरण मिलते है। भारत के अनेक मन्दिरों में नवग्रह–प्रतिमाएँ मिलती हैं। उत्तर भारत में इनकी पृथक–पृथक मूर्तियाँ नहीं मिलती है। वरन् सभी ग्रह सामूहिक रूप से शिलापटों पर पंक्तिबद्ध चित्रित मिलते हैं। ये नवग्रह शिलापट अधिकांशतया मन्दिरों के प्रवेश–द्वारों पर उत्तुंग रूप में प्रयुक्त हुए हैं। नवग्रह प्रतिमा–समूह के पूर्ववर्ती चित्रण में सारनाथ से उपलब्ध उत्तर गुप्त कालीन एक अर्धशिलापट उल्लेखनीय है। यह भारतीय संग्रहालय दिल्ली सं0 1536 में है। जिसमें चार ग्रह शेष हैं, जो द्विभुज तथा खड़े हुए हैं। ऐसा प्रतीत होता है कि आठ ग्रहों के चित्रण की परम्परा अपेक्षाकृत अधिक प्राचीन है। नवा ग्रह केतु बाद में संयुक्त हुआ है। भुवनेश्वर में शत्रुधनेश्वर 575 ई0 में प्राप्त ग्रहपट में आठ ही ग्रह बने हैं। यह परम्परा नवीं शती तक देखी जा सकती हैं। केतू इसके बाद नवग्रह पट पर चित्रित किये गये हैं। अधिकतर नवग्रह कमण्डलू वे अक्षयमाला लिये हुए द्विभुज बनाये जाते हैं। सूर्य के साथ दण्ड व पिंगल भी बनाये जा सकते हैं। तालबेट मे नवग्रह पट में

इन्हें देखा जा सकता है। राहु के दोनों हाथ तर्पण मुद्रा में बने रहते हैं। डा0 बनर्जी का यह कथन कि सामान्यतः नवग्रह प्रतिमाएँ खड़ी मिलती है, उनके बैठे चित्र दुर्लभ हैं।[25] मदनपुर व बानपुर में खरे नहीं उतरते हैं। एक ओर जहाँ मदनपुर में चम्पोमठ व छोटी कचहरी के पास खड़े हुए नवग्रह पट पर खड़े हुए नवग्रह बने हुए हैं, वहीं बानपुर में सहस्त्रकूट चैत्यालय के पूर्वी व पश्चिमी द्वारों पर बैठे हुए नवग्रह बनाये गये हैं। चित्र संख्या–39 इनका पृथक–पृथक वर्णन आगे किया गया है।

मदनपुर नवग्रह पट

छोटी कचहरी के पश्चिमी और एक नवग्रह पट है। चित्र संख्या–16 जिसकी लम्बाई 7 फिट व चौड़ाई 6 फिट है। जिसके मध्य में गरूडासन विष्णु तथा दोनों ओर शिव व ब्रह्मा बने हुए हैं। देवयात्री के मध्य सभी ग्रहों का अंकन खड़ी मुद्रा में हुआ है। इनके बायें हाथ में कमण्डल व दायें हाथ में अक्षयमाल है, जो ऊपर की ओर उठा हुआ है। चन्द्रमा व मंगल कुछ खण्डित अवस्था में है। सभी ग्रह मुकुट माला, मेखला आदि से अंलकृत है। पट पर नीचे की ओर सुन्दर अलंकरण है तथा ऊपर की पंक्ति में प्रत्येक ग्रह के ऊपर छत्र या शिखर का अंकन है। जिनके मध्य में गजमुख बनाये गये हैं।

सम्भवतया यह पट दोनों कचहरियों में से किसी एक द्वार पर लगा होगा। चूँकि शिलापट के मध्य में गरूड़ासन विष्णु बने हैं जो स्थान ''ललाट बिम्ब'' कहलाता है। ''ललाट बिम्ब'' में वही प्रतिमा होती है जो मन्दिर की मुख्य मूर्ति होती है। अतः बहुत सम्भव है कि यह नवग्रह पट छोटी कचहरी विष्णु मन्दिर का ही हो सकता है।

चम्पोमठ व सहस्त्रकूट चैत्यालय के नवग्रह पट का वर्णन यथास्थान आगे करेंगे।

नाग-पूजा

नाग–नागी प्रतिमा

भारत में नाग पूजा का इतिहास बहुत प्राचीन है। अर्थवेद में नाग देवताओं के अनेकों नामों से वर्णन मिलते हैं। ग्रामीण देवी–देवताओं में नाग–नागी बहुत प्रसिद्ध देव माने जाते रहे हैं। श्रावण मास में नाग पंचमी के दिन अष्ट नाग व नाग देवी ''मनसा की पूजा का विधान है। मथुरा में प्राचीन काल से ही कृष्ण द्वारा कलिया नाग से युद्ध का वर्णन मिलता है। जिससे कृष्ण द्वारा प्राचीन नाग पूजकों को जीतने पर प्रकाश पड़ता है। मथुरा क्षेत्र में कृष्ण से पहले नाग पूजा बहुत व्यापक थी ''दधिकरण'' नामक नाग इस क्षेत्र का प्रसिद्ध नाग

देवता था। मथुरा संग्रहालय में एक बहुत सुन्दर नाग–मूर्ति है जो मानवाकार है व मथुरा के चरगांव नामक स्थान से प्राप्त है।[26] विष्णुधर्मोत्तर पुराण में अनन्त नाग के रूप का वर्णन इस प्रकार है जो चतुर्भुज व अनेक फणों से युक्त है। पृथ्वी देवी मध्य के फण पर खड़ी हुई है। नाग के दाहिने हाथ में कमल व बायें हाथ में शंख आदि हैं, यह रूप विष्णु के अनन्त रूप से मिलता है।[27] शिल्प रत्न में नाग के रूप का वर्णन कुछ इस प्रकार है वह दो भागों में बना होता है। ऊपर का भाग मानवीकृत है अर्थात उसका मुँह में धड़ मनुष्य का हो व नीचे का भाग नाग रूप होना चाहिए। मुख के पीछे एक, तीन, पाँच, सात और नौ फणी होनी चाहिए। प्रत्येक फणी दो जिहवा युक्त हो। फणी पर मणियाँ सुशोभित होनी चाहिये। वह अपने हाथ में ढाल व तलवार लिये रहते हों।[28]

बानपुर में मानिक टीला में नाग–नागी के नाग–रूप व मानवीकृत रूप की मूर्तियाँ प्राप्त हुई हैं।

नाग–नागी मूर्तियाँ

बानपुर के मानिक टीला से प्राप्त एक नाग–नागी की मूर्ति जो इस समय झाँसी संग्रहालय में देखी जा सकती है। यह एक चौकोर शिलापट पर कोरी गई है। जिसमें दोनों नाग आकृतियाँ आपस में विशेष प्रकार कुण्डली लपेटे हुए बनाये गये हैं। ये नाग रूप व एक फण से युक्त है। वहीं पर एक खण्डित नाग–नागी युगल मानवीकृत रूप में है। जिसमें नाग व नागी खड़े हुए बने हैं। उनके पूरे शरीर मानवीकृत हैं। लेकिन शीश के स्थान पर फणावली बनायी गई है। वे अनेक आभूषणों से अलंकृत है। यह युगल आज भी अपने यथास्थान पर है। एक अन्य नाग–नागी युगल जो मानवीकृत ही है तथा इस स्थान पर है। लगभग 1 फिट ऊँचा है इसमें नाग व नागी पूर्ण रूप से मानवीकृत है तथा उनके शीश के पीछे फणावलियाँ अंकित हैं।

इन अनेक नाग मूर्तियों को देखकर ऐसा प्रतीत होता है कि यहाँ पर प्राचीन काल से नाग पूजा होती आयी है और आज भी यहाँ नाग–पूजक लोग रहते हैं। इस क्षेत्र में निश्चित रूप से नाग जाति का प्रभाव रहा होगा जिसकी परम्परा आज भी दृष्टिगोचर होती है।

एक ही स्थान पर सुन्दर नाग पट मानवीकृत नाग–नागी तथा शेषशायी विष्णु नाग–देवता के रूप में मिलना इस बात का संकेत देता है कि सम्भवतया किसी समय में यहाँ नाग–मन्दिर अवश्य रहा होगा।

मदनपुर के पास एक गाँव के बाहर एक सुन्दर मानवीकृत नाग–मूर्ति है जो एक चबुतरे पर स्थापित की हुई है। इसकी ऊँचाई लगभग 5 फिट है। इसमें पूरा शरीर नाग रूप में बना है व मुख मानवीकृत है। यहाँ भी ग्रामीण इसकी पूजा नाग–देवता के रूप में करते हैं।

नन्दी

वेद व पुराणों में शिव वाहन ''वृष'' नन्दी, नन्दीश्वर आदि नामों से जाना जाता है। शिव वाहन के अतिरिक्त नन्दी का स्थान शिव के गणों में भी है। उत्तर वैदिक काल में नन्दी का शिव के वाहन के रूप में ही वर्णन मिलता हैं। प्रथम शताब्दी से गुप्त काल तक भी नन्दी को शिव के साथ बनाया गया है।[29] नन्दी शिव के गणों के नेता माने जाते हैं। शिव गण के रूप में नन्दी को चतुर्भुज मानवीकृत रूप में बनाने का विधान है। रूपमण्डन में चतुर्भुज नन्दी का वर्णन है।[30] वाहन के रूप में नन्दी के बैल रूप में ही बनाने का विधान है। द्वार के बाहर उनकी वृष रूप मूर्ति स्थापित की जाती थी। मत्स्य पुराण के अनुसार नन्दी की स्थापना इस प्रकार होनी चाहिये जैसे वह शिव को देखने में तत्पर हों। मदनपुर में एक सुन्दर नन्दी की मूर्ति प्राप्त है।[31]

मदनपुर का नन्दी

मदनपुर ग्राम में बड़ी कचहरी शिव मन्दिर से 50 मी0 दक्षिण में एक बैठे हुए वृष की मूर्ति हैं। जिसकी लम्बाई 45 इंच व ऊँचाई 35 इंच है। वह एक आयताकार शिलापट पर बैठे हुए बनाया गया है। इसका अगला बांया पैर आधा खड़ा हुआ है। मुख के नीचे एक पुरूष आकृति बैठी हुई मुद्रा में बनी हुई है। जिसका मुख खण्डित है। नन्दी के गले में माला है व अन्य अलंकरणों से युक्त है। नन्दी का शीश काफी घिसा हुआ लगता है। जिससे ऐसा प्रतीत होता है किसी समय इसकी बहुत पूजा की जाती रही होगी। यह लाल बलुए पत्थर रो बनाया गया है। सम्भवतया यह शिव मन्दिर के मुख द्वार के सामने स्थापित होगा। जो बाद में किन्हीं कारणों से वहाँ से दूर दक्षिण की ओर हो गया या कर दिया गया है।

बानपुर का नन्दी

बानपुर के गणेश खेड़ा में मन्दिर के बाहर तीन नन्दी मूर्तियाँ रखी हैं।[32] चित्र संख्या–53 जो लाल रेतीले पत्थर से निर्मित है। इन तीनों के मुख तेजधार वाले हथियार से काटे हुए लगते हैं। तीनों ही कलात्मक दृष्टि से बहुत सुन्दर हैं।

द्वारपाल

छोटी कचहरी के पश्चिमी द्वार के द्वार पक्षों पर दोनों ओर मात्रिकाओं के ऊपर की ओर 36'' × 12'' के आयत में द्वारपाल बनाये गये हैं जो खड़ी हुई मुद्रा में है। ये द्विभुज है लेकिन दोनों हाथ खण्डित हैं। ये अनेक आभूषणों से विभूषित है। दक्षिणी द्वारपक्ष के द्वारपाल की मूर्ति कुछ सही है। जबकि उत्तरी द्वारपक्ष के द्वारपाल की मूर्ति पूर्णतया खण्डित हो गयी है।

चाँवर धारणी

कचहरी के इसी द्वार के इन्हीं द्वारपक्षों के बाहरी ओर दोनों ओर दो चाँवरधारणी की सुन्दर मूर्तियाँ बनी हैं। ये आकार में लगभग 36 ऊँची हैं। इनकी भंगिमा आकर्षक है। एक हाथ कटि पर है, व दूसरा हाथ चाँवर लिये हुए ऊपर उठा हुआ है। ये सुन्दर हाथ माला, मेखला, कंकण व पायजेब से अलंकृत है। उत्तरी द्वार पक्ष की चाँवर धारणी बहुत खण्डित अवस्था में हैं। चित्र संख्या–17

जैन मूर्ति कला का ऐतिहासिक विकास

जैन धर्म में मूर्ति–पूजा के उल्लेख प्राचीनतम काल से पाये जाते हैं। पूजा पूज्य पुरूष की जाती हैं। पूज्य पुरूष मौजूद न हो तो उसकी मूर्ति बनाकर उसके द्वारा पूज्य पुरूष की पूजा की जाती है। तदाकार स्थापना का आशय यही है। इसलिए इतिहासातीत काल से जैन मूर्तियाँ पायी जाती हैं और जैन मूर्तियों के निर्माण और उनकी पूजा के उल्लेख से तो सम्पूर्ण जैन साहित्य भरा पड़ा है। जैन धर्म में मूर्तियों के दो प्रकार बताये गये हैं। कृत्रिम और अकृत्रिम।[33]

कृत्रिम प्रतिमाओं का जहाँ तक सम्बन्ध है, सर्वप्रथम भरत क्षेत्र के प्रथम चक्रवर्ती भरत ने अयोध्या और कैलाश में मन्दिर बनवा कर उनमें स्वर्ण और रत्नों की मूर्तियाँ विराजमान कराई। आवश्यकचूर्णि आदि ग्रन्थों में उल्लेख मिलता है कि अन्तिम तीर्थंकर भगवान महावीर के जीवन–काल में उनके दीक्षा लेने से पूर्व उनकी चन्दन काष्ठ की प्रतिमा निर्मित की गयी थी, जिसे जीवन स्वामी की प्रतिमा कहा जाता था।[34] बाहुबली स्वामी ने एक वर्ष तक अचल प्रतिभायोग धारण किया था। उस स्थान पर उन्हीं की प्रतिमा निर्मित की गयी थी। ऐसे भी उल्लेख मिलते हैं कि दूसरे तीर्थंकर अजित नाथ के काल में सागर चक्रवर्ती के पुत्रों ने तथा

बींसवे तीर्थंकर मुनिसुव्रत नाग के तीर्थ में मनिराज बाली और प्रतिनारायण रावण ने कैलाश पर्वत पर 72 जिनालयों की पूजा की थी।[35]

पुरातात्विक दृष्टि से जैन मूर्ति–कला का इतिहास सिन्धु सभ्यता तक पहुँचता है। सिन्धु घाटी की खुदाई में मोहन–जोदड़ो और हड़प्पा में जो मूर्तियाँ प्राप्त हुई उनमें मस्तकहीन नग्न मूर्ति को जैन–धर्म से सम्बन्धित माना जाता है। भारत भर में उपलब्ध जैन मूर्तियों में सम्भवतया सबसे प्राचीन मूर्ति तेरापुर में स्थित पार्श्वनाथ की प्रतिमा है। इसका निर्माण पौराणिक आख्यानों के अनुसार कलिंग नरेश केरकाण्ड ने कराया था जो पार्श्वनाथ व महावीर के अन्तराल में हुआ था। यह काल ईसा पूर्व सातवीं शताब्दी है।

कलिंग–सम्राट खारवेल के हाथी गुम्फा अभिलेख से भी प्रमाणित होता है कि अबसे 2500 वर्ष पूर्व जैन मूर्तियों का निर्माण होता था।[36]

इसके बाद मौर्य कालीन एक मस्तक हीन जिन प्रतिमा पटना के लोहानी पुर से प्राप्त है जो पटना संग्रहालय में सुरक्षित है[37] इसके पश्चात कुषाण काल ई0 पू0 प्रथम से प्रथम शती की ओर इसके बाद तो अनेक मूर्तियाँ मथुरा, देवगढ़ आदि स्थानों पर मिली है। खण्डगिरी और मथुरा में उपलब्ध विपुल शिल्प, प्रतिमाएँ और आयागपट्ट आदि जैन प्रतिमा निर्माण के प्राचीनतम नमूने हैं।[38] कंकाली टीले से प्राप्त कलाकृतियों में विभिन्न ''जैन'' प्रतिमाओं के अतिरिक्त स्तूप–यैक्तवृक्ष–ध्वज स्तम्भ, धर्मचक्र और अष्टमंगल द्रव्य आदि का रूपांकन मिला हैं। प्रिन्स आप वेल्स संग्रहालय की पार्श्वनाथ प्रतिमा लगभग 21 सौ वर्ष प्राचीन आंकी गयी है।

भारशिव, वाकाटक, चन्देल, कलचुरी, कच्छप प्रायः मुसलमानों के आक्रमण और शासन काल से पहले तक विशेषतया मौर्य, कुषाण, गुप्त वंश, प्रतिहार और गहड़वाल वंश के शासन काल में जैन मन्दिरों, मूर्तियों, आयागपट्टों स्तूपों आदि का विपुल संख्या में निर्माण हुआ। आर्थिक दृष्टि से भी यह समृद्धि युग कहा जा सकता है।

इसके पश्चात धर्मोन्माद से ग्रस्त होकर कुछ लोगों ने यहाँ न केवल धन सम्पदा को ही लूटा, बल्कि उन्होंने संस्कृति और कला के केन्द्रों का भी विध्वंस किया। कला और कला केन्द्रों के इस दीर्घकालीन और व्यापक विनाश के कारण जैन संस्कृति को गहरा आघात लगा। अन्वेषण व उत्खनन द्वारा जो जैन कला कृतियाँ उत्तर प्रदेश में उपलब्ध हुई है, उनका निर्माण काल ईसा–पूर्व तीसरी चौथी शताब्दी से ईसा पूर्व छठी शताब्दी तक है अवतंक प्राप्त मूर्तियों में पद्मासन प्रतिमाएं अधिक हैं। देवगढ़ में ऐसी प्रतिमाएं अधिक हैं। अधिकांश प्रतिमाओं को पाद–पीठ पर निर्माण काल अभिलिखित है। इतना तो प्रायः निश्चित है कि जिन प्रतिमाओं पर अभिलेख नहीं हैं, वे ईसा पूर्व से लेकर गुप्त काल अथवा उसके

बाद की मानी गयी हैं। मूर्तियों में विविध प्रकार की तीर्थंकर प्रतिमाएं मिलती हैं, जिनमें सर्वभद्रिका, द्विमूर्ति, त्रिमूर्ति, चौबीस प्रतिमाएं, सहस्त्रकूट चैत्यालय आदि विविध शैली की जटावली, पंचफणावली, सप्त फणावली, सहस्त्र फणावली, सर्पासनवाली, नीचे से ऊपर तक सर्प की कुण्डली वाली मूर्तियाँ मिलती हैं।

उत्तर प्रदेश में दो स्थान अत्यधिक महत्वपूर्ण है। मथुरा व देवगढ़। मथुरा में प्राचीन समय की जितनी जैन कला–सामग्री भूगर्भ से प्राप्त हुई, उतनी अन्यत्र कहीं से प्राप्त नहीं हुई है। इसी प्रकार देवगढ़ में जितना कला–वैविध्य और मूर्तियों का बाहुल्य विद्यमान है, उतना भारत भर में अन्यत्र कहीं नहीं है। यहाँ तीर्थंकर, माता, पंचपरमंष्ठी और शासन देवियाँ की पृथक व विशाल मूर्तियाँ विपुल संख्या में मिलती हैं।

देवगढ़ में मूर्तियों का निर्माण प्रचुरता में हुआ है। उनकी संख्या और विविधता से प्रतीत होता है कि यहाँ बहुत बड़ा मूर्ति–निर्माण–केन्द्र था।[39] अन्यथा तीर्थंकरों तथा अन्य देवी–देवताओं की सैकड़ो मूर्तियाँ एक स्थान पर निर्मित होने का कारण दृष्टिगत नहीं होता। मथुरा की भाँति देवगढ़ में निर्मित मूर्तियाँ समीपवर्ती स्थानों को भी भेजी जाती रही होंगी। यहाँ छोटी–बड़ी बहुसंख्यक मूर्तियों की उपलब्धि तथा कुछ अधगढ़ी मूर्तियों का पाया जाना यही सिद्ध करता है कि देवगढ़ मूर्ति–निर्माण केन्द्र था। देवगढ़ के निकट मदनपुर, बानपुर, दुधई, चांदपुर, सिरोन, अमनाचार, ललितपुर, क्षेत्रपाल आदि स्थानों पर उपलब्ध सहस्त्रों मूर्तियाँ और उनके समीप मूर्ति निर्माण सम्बन्धी किसी चिन्ह के उपलब्ध न होने से भी यह मान्यता अधिक पुष्ट होती है।

जैन मूर्ति शिल्प की पृष्ठ-भूमि

आचार्य हेमचन्द्र ने अभिज्ञान चिन्तामणि के प्रथम काण्ड को ''देवाधिदेवकाण्ड'' नाम दिया है और उसमें वर्तमान अवसर्पिणी काल चतुर्विंशति तीर्थंकरों, के नाम, उनके कुल माता–पिता, लाँछन, वर्ण आदि का विवरण दिया है। जैन सिद्धान्त की मान्यता है कि संसारी जीव अपने कर्मबंधन के कारण देव, मनुष्य, तिर्मय और नरक इन चार गतियों में भ्रमण करता रहता है। कर्मबंधन से सर्वथा मुक्त होने पर जीवात्मा सिद्ध अवस्था प्राप्त करती है और लोक के अग्रतम भाग में जाकर स्थिर हो जाती है। तब उसे संसार में पुनः नहीं आना पड़ता। इन सिद्ध आत्माओं की संख्या अनन्तानन्त है। सभी सिद्ध आत्माएँ मनुष्य योनि से ही सिद्ध अवस्था को प्राप्त करती है। तीर्थंकर भी उसी प्रकार सिद्ध अवस्था को प्राप्त करते हैं, इसलिए उन्हें देवाधिदेव कहा जाता है।[40]

काल रचना

जैन मान्यता के अनुसार संसार अनादि और अनंत हैं। अवसर्पिणी उत्सर्पिणी रूप से काल का चक्र घुमता रहता है और तदनुसार ह्रास एवं वृद्धि होती हे। यह क्रम केवल भरत और ऐरावत क्षेत्र में चलता है अन्यत्र एक सा युग रहता है। अवसर्पिणी और उत्सर्पिणी में प्रत्येक के छः–छः अरे हुआ करते हैं। अवसर्पिणी अरों के नाम सुषमा–सुषमा, सुषमा, सुषमा–दुषमा, दुषमा–सुषमा, दुषमा, दुषमा दुषमा।

उत्सर्पिणी के अरे विपरीत क्रम में होते हैं अर्थात् दुषमा–दुषमा, दुषमा, दुषमा–सुषमा, सुषमा–दुषमा, सुषमा, और सुषमा–सुषमा।[41] इस समय अवसर्पिणी कालका पंचम अरा दुषमा चल रहा है। अवसर्पिणी के प्रथम तीन अरो में उत्तम, मध्यम और जघन्य भोग की रचना होती है। भोग भूमि में मनुष्य अपने अन्न वस्त्र आदि की आवश्यकताएँ कल्पवृक्षों से पूरी करते हैं। सुषमा–दुषमा नामक तीसरे अरे के अन्तिम भाग में भोगभूमि की व्यवस्था समाप्त होकर कर्मभूमि की रचना होने लगती है। उस समय क्रमशः चौदह कुलंकर होते हैं और मनुष्यों की कर्मभूमि सम्बन्धि बातें समझाते हैं।

चौदह कुलकर

वर्तमान काल के चौदह कुलकरों के नाम ये बताएं गये है। प्रतिकृति, सन्मति, क्षमेंकर, क्षमेंधर, सोमकंर, सोंमधर, विमलवाहन, चक्षुष्मान, यशस्वी, अभिचन्द्र, चन्द्राभ, मरूदेव, प्रसेनजित और नाभि। नाभि अन्तिम कुलकंर थे। उन्होनें ही लोगों को धान्य खाने और आजीविका के तरीके सिखाये। नाभि की पत्नि का नाम मरूदेवी था। प्रथम तीर्थंकर ऋषभदेव इन्हीं के पुत्र थे।

त्रिषष्टि भालाका पुरूष[42]

चौबीस तीर्थंकर, द्वादश चक्रवर्ती, नव बलराम, नव नारायण और नव प्रतिनारायण इन विशिष्ठ पुरूषों की गणना शलाका पुरूषों में की जाती है। इन शलाकापुरूषों ने अपने विशिष्ट कार्यों द्वारा महत्व का स्थान प्राप्त किया था।

24 तीर्थंकर + 12 चक्रवर्ती + 9 बलराम + 9 नारायण + 9 प्रतिनारायण = 63 शलाका पुरूष

तीर्थंकर

तीर्थंकर सहित सभी शलाका पुरूष चतुर्थ काल में हुआ करते हैं। किन्तु वर्तमान अवसर्पिणी हुण्डा अवसर्पिणी होने के कारण इसमें कुछ अपवाद भी हुए। इसके तृतीय काल सुषमा–दुषमा के चौरासी लाख पूर्व, तीन वर्ष, आठ मास और एक पक्ष के शेष रहने पर प्रथम तीर्थंकर श्री ऋषभदेव का जन्म हुआ। ऋषभदेव के निर्वाण के पश्चात् तीन वर्ष साढ़े तीन मास का समय व्यतीत होने पर चतुर्थकाल दुषमा–सुषमा प्रतिष्ठित हुआ।[43] अन्य तेईस तीर्थंकर चतुर्थ काल में ही हुए। अन्तिम तीर्थंकर महावीर स्वामी के निर्वाण के पश्चात् तीन वर्ष और साढ़े आठ मास का समय और बीत जाने पर पंचम काल दुषमा प्रारम्भ हुआ।[44] जो अभी चल रहा है। पंचम और षष्ठ काल में भी तीर्थंकर नहीं होते। प्रत्येक अवसर्पिणी में हुए या होने वाले तीर्थंकरों की सूची जैन ग्रन्थों में मिलती है।[45]

जैन सहित्य में जिनों या तीर्थंकरों के मूर्ति लक्षणों का यत्र–तत्र विवरण मिलता है। वृहत्संहिता में जिन प्रतिमा–विधान निम्न प्रकार बताया गया है।

आजानुलम्बबाहुः श्री वत्सॉकः प्रशान्त मूर्तिथ्य।
दिग्वासास्तरूणो यपवांश्च कार्यौं अर्हता देवः।।

यह तीर्थंकरों के सामान्य लक्षण है।

रूपमण्डन छठे अध्याय में जैन–मूर्ति लक्षण का सूक्ष्म किन्तु उपयोगी विवरण प्रस्तुत करता है जो मूर्तिकारों में प्रचलित शिल्प की व्यवहारिक परम्परा सर्वथा मेल में है।

पंच–कल्याणक

तीर्थंकरों के जीवन की पाँच मुख्य घटनाओं की पंचकल्याण कहा जाता है, वे है, तीर्थंकर के जीव का माता के गर्भ में आना, तीर्थंकर का जन्म, तीर्थंकर द्वारा ग्रह त्यागकर तपग्रहण करना, घातिया कर्मो का क्षय करके केवल ज्ञान प्राप्त करना, शेष कर्मो को सम्पूर्ण रूप से क्षय करके निर्वाण प्राप्त करना। इस प्रकार 1 गर्भ कल्याणक 2 जन्म कल्याणक, 3 तपकल्याणक 4 ज्ञान कल्याणक 5 निर्वाण कल्याणक। इन कल्याणकों के अवसर पर देवताओं द्वारा उत्सव मनाये जाते हैं।

तीर्थंकरों के लांछन

प्रारम्भ में तीर्थंकरों की प्रतिमाओं पर उनके अलग–अलग लांछन या चिन्ह नहीं बनाये जाते थे। उन प्रतिमाओं पर उत्कीर्ण किये लेखों से ही तीर्थंकरों की पहचान होती थी। मथुरा के कुषाण कालीन प्रतिमाओं पर तीर्थंकरों के चिन्ह नहीं मिलते थे। कुछ तीर्थंकर प्रतिमाएँ अपने विशेष स्वरूप के कारण ही पहचानी जाती थी। ऋषभनाथ की प्रतिमाएँ जटामुकुट रूप शेखर से या कन्धों पर लहराते केश गुच्छों से,[46] सुपार्श्वनाथ की पंचसर्पफणावली से, पार्श्वनाथ की सप्तसर्पफणवली से पहचानी जाती थी। राजग्रह के वैभार पर्वत की एक नेमिनाथ प्रतिमा[47] जो चन्द्रगुप्त विक्रमादित्य के समय की है सर्वप्राचीन प्रतिमा जान पड़ती है जिस पर तीर्थंकर का चिन्ह भी प्राप्त हुआ है। इससे पूर्व की अभी तक प्राप्त प्रतिमाओं पर चिन्ह परिलक्षित नहीं किये जा सके हैं।

चतुर्विंझति तीर्थंकरों की प्रतिमाओं में स्तम्भ होने के कारण उन्हें लांछन, शासन देव, देवी, कदली वक्ष के आधार पर अलग–अलग समझा जा सकता है। जयसेन ने उल्लेख किया है कि 'चिन्ह' तीर्थंकरों के सुखपूर्वक पहचान लिए जाने पर और अचेतन में सव्यवहार सिद्धि के लिए स्थापित किये जाते हैं। रूप मण्डन की सूची अनुसार तीर्थंकरों के चिन्ह निम्न प्रकार दर्शाये गये हैं।

गौगजोअश्वः कपिः कोकः कमलं स्वास्तिकः शशि।
मकरः श्री दुर्मो गण्डो महिषः कोल सेधिको।
वर्ज्र मृगोउजष्टगर कलशः कूर्म उत्पलम।
शंखे नागाधिपः सिंहों लाम्छनान्यर्हता क्रमात्।।

तलोयपणति ने सातवें तीर्थंकर का चिन्ह ''नन्दया वर्त'' और दसवें तीर्थंकर का चिन्ह ''स्वास्तिक'' बताया है। जबकि परम्परा के पश्चात्यकालीन ग्रन्थों में[48] सातवें तीर्थंकर का चिन्ह ''स्वास्तिक'' और दसवें तीर्थंकर का चिन्ह ''श्री वृक्ष'' मिलता है। अभिधान चिन्तामणि में सातवें तीर्थंकर का चिन्ह दिगम्बरों के समान 'स्वास्तिक' दसवें तीर्थंकर का चिन्ह ''श्री वत्स'' है।[49]

अष्ट–प्रतिहार्य

तीर्थंकर की मूर्ति में अष्ट–प्रतिहार्य बनाये जाते हैं। जिनमें सिंहासन, दिव्यध्वनि, चामरेन्द्र, भामण्डल, अशोक–वृक्ष, छत्रत्रय, दुंदुभि और पुष्पवृष्टि है। 'जिन' प्रतिमा के साथ इनका अंकन किया जाता है।

अष्टमंगलद्रव्य

श्वेत छत्र, दर्पण, ध्वज, चाँवर, तोरण माला, तालवृन्द, नंदयावर्त, और प्रदीपये अष्ट मंगलद्रव्य हे। इनकी स्थापना 'जिन' पूजा विधान में की जाती है। मथुरा के आयोग पट्टों पर इनकी प्रतिकृतियाँ उपलब्ध हुई हैं। तिलोयपर्णत्ति में श्रृंगार, कलश, दर्पण, ध्वज, चाँवर, छत्र, बीजन और सुप्रतिष्ठ ये आठ मंगलद्रव्य गिनाये गये हैं।

शासन–देवता[50] (यक्ष)

चौबीस यक्षों की गणना शासन देवताओं के समूह में की गयी है। ये यक्ष तीर्थंकर के रक्षक कहे गये हैं। प्रत्येक तीर्थंकर एक यक्ष से संबद्ध है। तीर्थंकर के दायें यक्ष की प्रतिमा बनाये जाने का विधान है।[51] यक्ष की प्रतिमाएँ सर्वांग सुन्दर, सभी प्रकार के अलंकारों से भूषित और अपने–अपनें वाहनों तथा आयुधों से युक्त बनाने का विधान है।[52] शासन–देवता जिनके सेवकों के रूप में संघ की रक्षा करते है। 24 जिनों के 24 सेवक यक्षों की कल्पना जैन ग्रन्थों में की गयी है। छठी शताब्दी में सर्वप्रथम यक्ष युक्त जिन प्रतिमा प्राप्त हुई। यक्ष–यक्षियों की प्रारम्भिक सूची तिलोयपर्णति में प्राप्त होती है। यक्ष–यक्षी युगलों के लाक्षणिक स्वरूपों का विस्तृत वर्णन सर्वप्रथम 11वीं 12वीं ई0 के ग्रन्थों निर्वाण–कलिका एवं प्रतिष्ठासार संग्रह से प्राप्त होता है।

रूपमण्डन में कुछ विशिष्ट शासन यक्षों का वर्णन स्पष्ट रूप में भी किया है।

शासन देवियाँ (यक्षियाँ)

चौबीस शासन यक्षों के समान ही जैन ग्रन्थों में 24 यक्षियों की मान्यता है। इनका स्थान भी तीर्थंकरों के रक्षकों में रहता है। ये यक्षी प्रतिमाएँ तीर्थंकर के बायें बनाने का विधान है। पश्चात्यकाल में स्वतंत्र रूप से यक्षी प्रतिमाएँ बनाई जाने लगी थी। देवगढ़ में स्वतंत्र यक्षी प्रतिमाएँ अपने भव्य रूप से देखी जा सकती हैं। परमागम में, शासन की रक्षा के लिए

शासन देवी, देवताओं की कल्पना की गयी है। ये सभी यक्षियाँ अपने वाहनों व आभूषणों व आयुधों से युक्त रहती हैं।

विभिन्न जैन ग्रन्थों में 24 यक्षों व यंक्षियों की सूची दी गयी है।

विद्या देवियाँ

जैन ग्रन्थों के अनुंसार विद्या देवियों की संख्या 16 मानी गयी है। अभिज्ञान–चिन्तामणी में विद्यादेवियों के नामों का उल्लेख करते हुए उन्हें वाक, ब्रहमस्त्री–वचस भी कहा गया है। विद्यादेवियों का स्वरूप बताते समय प्रायः सभी ग्रन्थों में उन्हें ज्ञान से संयुक्त कहा गया है। उनके नाम इस प्रकार है।

1. रोहिणी
2. प्रज्ञाप्ति
3. वज्रश्रंखला
4. वज्रांकुशा
5. जाम्बूनदी
6. पुरूषदत्ता
7. काली
8. महाकाली
9. गौरी
10. गंधारी
11. ज्वालामालिनी
12. मानवी
13. वैरोटी
14. अच्युता
15. मानसी
16. महामानसी

विद्यादेवियों की सूची का शासन देवियों की सूची से मिलाने पर ज्ञात होता है कि इन देवियों में से प्रायः सभी को शासन यक्षियों की रूप में स्थान प्राप्त है।

श्रुतदेवी सरस्वती

प्रारम्भिक जैन ग्रन्थों में सरस्वती का उल्लेख मेघा व बुद्धि की देवी के साथ में "सरस्वती" रहा है। मथुरा में जैन शिल्प में प्राचीनतम सरस्वती की प्रतिमा प्राप्त हुई है, जो लेखयुक्त है। बीकानेर तथा अन्य कई स्थानों पर जैन सरस्वती प्रतिमाएँ सुप्रसिद्ध है। सरस्वती की प्रतिमाओं के निर्माण और उनकी पूजा की परम्परा जैनियों में अति प्राचीन काल से चली आ रही हैं। जैनों की सरस्वती प्रतिमा जैनेंतर की सरस्वती प्रतिमा से विशेष भिन्न नहीं है।

अष्ट मातृकाएँ

जैन ग्रन्थों में मातृकाओं के रूप का वैसा ही वर्णन है जैसा हिन्दू शिल्प ग्रन्थों में है। इनकी संख्या आठ बतायी गयी है। कहीं–कहीं चामुण्डा व महालक्ष्मी को छोड़कर छः मातृकाएँ भी बतायी गयी हैं। शिल्प–शास्त्रों में मातृकाओं की सामान्य संख्या सात ही है। इनमें प्रथम चार की स्थापना दिशाओं में और अन्य चार की स्थापना विदिशाओं में की जाती हैं। ये अपने–अपने वाहन व आयुधों से युक्त बनायी जाती है। इनके निम्न प्रकार हैं–

1. इन्द्रणी
2. वैष्णवी
3. कौमारी
4. वाराही
5. ब्राह्मणी
6. महालक्ष्मी
7. चामुण्डा
8. भवानी

क्षेत्रपाल

जैन मन्दिरों में क्षेत्रपाल की प्रतिमाएँ स्थापित रहती हैं। जिन्हें 'जिन' मन्दिर का रक्षक माना जाता है। प्रतिष्ठा कल्प में क्षेत्रपाल की जिनेश्वर और जैन मुनियों का भक्त एवं धर्मवत्सल कहा गया है। उनके जटामुकुट में "जिन" पूजा का चिन्ह होना बताया गया है। क्षेत्रपाल को तेल से अभिर्षिचित कर सिंदूर से धूलरित किये जाने का विधान है।[53] क्षेत्रपाल की प्रतिमाएँ कायारूप भी होती हैं और लिंग रूप भी।[54]

दस दिक्पाल

जैन परम्परा ने दिक्पालों की संख्या दस बतायी है। उर्ध्व और अधर दिशाओं के दिक्पालों की कल्पना जैनियो की अपनी विषेषता है। जैन परम्परा में इन्हें द्विभुज माना गया है। ये अपनी निश्चित दिशाओं के रक्षक माने जाते है। तथामूर्ति विधान में इनकी मूर्ति की स्थापना निश्चित दिशा में बतायी गयी है। ये विभिन्न आभूषणों, आयुधो व वाहनों से पूर्ण रहते है। इनके नाम निम्न प्रकार बताये गये हैं।

1.	इन्द्र	पूर्व	अग्नि	दक्षिणपूर्व
2.	यम	दक्षिण	नेत्रृत्य	दक्षिण पश्चिम
3.	वरूण	पश्चिम	वायु	उत्तर पश्चिम
4.	कुबेर	उत्तर	ईशान	उत्तर–पूर्व

नवग्रह

ग्रहों की सभी भारतीय धर्मों में किसी न किसी रूप में मान्यता है। जैन परम्परा में पूर्व में आठ ग्रहों की गणना की जाती थी, पाश्चात्य काल में उनकी संख्या नौ हुई। प्रत्येक का निश्चित दिशा से सम्बन्ध बताया गया है। सभी ग्रह द्विभुज निरूपित किये गये है। इनके विभिन्न आयुध व वाहन बताये ग़ये हैं। अधिकतर नवग्रह पट में इन्हें घटयुक्त व अभ्य मुद्रा में बताया गया है।

1. सूर्य	4. बुध	7. शनि
2. चन्द्रमा	5. बृहस्पति	8. राहू
3. मंगल	6. शुक्र	9. केतू

सोलह मंगल–स्वप्न

तीर्थकंर जब माता के गर्भ में आते हैं तब यह सोलह स्वप्न मंगल देखती है। इन्हें मन्दिरों के द्वारों, तोरणों आदि पर अंकित किया जाता है। मंगल स्वप्नों का जैन परम्परा में बहुत महत्व है। विभिन्न ग्रन्थों में इनका विस्तार से वर्णन किया जाता है।

चरण पादुकाएँ

किसी विषेष महापुरूष, तीर्थंकर या साधु के स्मारक रूप में उसके साधना, निर्वाण या समाधिस्थल आदि पर चरण–चिन्हों की स्थापना की जाती है।

गंगा–यमुना

गंगा–यमुना दोनों नदियों की मानवी कृत रूप में हिन्दू मान्यताओं के समान ही जैन मन्दिरों के द्वार पक्षों पर अंकित किया जाता है। ये दोनों अपने वाहनों मकर, व कच्छप से युक्त बनायी जाती है।

तीर्थंकर, लांछन व उनके यक्ष और यक्षी

संख्या	तीर्थंकर	लांछन	यक्ष	यक्षी
1	ऋषभनाथ	बैल	गोमुख	चक्रेश्वरी
2	अजितनाथ	हाथी	महायक्ष	रोहिणी
3	सम्भवनाथ	घोड़ा	त्रिमुख	प्रज्ञप्ति
4	अभिनन्दननाथ	बन्दर	यक्षेश्वर	वज्रश्रृंखला
5	सुमतिनाथ	चक्रवाक	तुम्बरू	पुरूषदत्ता
6	पदमप्रभुनाथ	कमल	कुसुम	मनोवेगा
7	सुपार्श्वनाथ	स्वास्तिक	वरनन्दी	काली
8	चन्द्रप्रभुनाथ	चन्द्रमा	विजय	ज्वालामालिनी
9	सुविधि / पुष्पदन्त	मकर	अजित	महाकाली
10	शीतलनाथ	श्रीवत्स	ब्रह्मा	मानवी
11	श्रेयाँसनाथ	गरूड़ / गैंड़ा	ईश्वर	गौरी
12	बासुपूज्यनाथ	भैंसा	कुमार	गान्धारी
13	विमलनाथ	वराह	षमुख	वैरोटी
14	अनन्तनाथ	रीछ	पाताल	अनन्मति
15	धर्मनाथ	ब्रज	किन्नर	मानसी
16	शान्तिनाथ	मृग	गरूड़	महामानसी
17	कुन्थुनाथ	बकरा	गन्धर्व	विजया
18	अरहनाथ	मीन	खेन्द्र	अजिता
19	मल्लिनाथ	कुम्भ	कुबेर	अपराजिता
20	मुनिसुव्रत	कछुआ	वरूण	बहुरूपिणी
21	नामिनाथ	नीलोत्पल	भृकुटी	चामुण्डी
22	नेमि / अरिष्ट	शंख	गोमेध	अम्बिका
23	पार्श्वनाथ	सर्प	पार्श्व	पद्मावती
24	महावीर	सिंह	मातंग	सिद्धायिका

(मदनपुर एवं बानपुर का जैन धर्म सम्बन्धी मूर्ति शिल्प)

तीर्थंकर ऋषभनाथ (आदिनाथ)

जैन परम्परा के अनुसार ऋषभ मानव समाज के आदि व्यवस्थापक एवं वर्तमान अवसर्पिणी युग के प्रथम "जिन" हैं। प्रथम जिन होने के कारण उन्हें "आदिनाथ" भी कहा जाता है। महाराज नाभि ऋषभ के पिता व मरूदेवी उनकी माता है। अन्य जिन की माताओं ने गर्भधारण के समय जब कि पहले स्वप्न में "गज" को देखा था। ऋषभ की माता ने अपने प्रथम स्वप्न में "वृषभ" को देखा था।[55] सम्भवतया वृषभ का दर्शन इनके नामकरण व लांछन निर्माण की दृष्टि से महत्वपर्ण है। ऋषभ का लांछन वृषभ है। और यक्ष व यक्षी गौमुख व चक्रेष्वरी है।[56] ऋषभनाथ की प्राचीनतम मूर्ति कुषाण काल की जो मथुरा व चौसी में मिली है। इसमें ऋषभध्यान मुद्रा में व कायोत्सर्ग मुद्रा में बनाये गये हैं जो तीन या पाँच केशवल्लरी से सुषोभित है।[57] गुप्तकालीन ऋषभ की मूर्तियाँ मथुरा, चौसा व अकोटा में प्राप्त हुई है, इनमें अलंकृत प्रभामण्डल, व चाँवरधारियों से युक्त ऋषभ तीन या पाँच केषवल्लरियों से सुषोभित है। एक उदाहरण में पीठिका के लेख में ऋषभ नाम भी उत्कीर्ण है। ऋषभदेव की सर्वाधिक मूर्तियाँ उत्तर प्रदेश व मध्य प्रदेष में प्राप्त हैं, यहाँ जटाओं के साथ ही वृषभ–लांछन और यक्ष एवं यक्षी का नियमित चित्रण हुआ है। लांछन का सर्वप्रथम चित्रण इसी क्षेत्र में छवीं शती में हुआ है। मदनपुर में आदिनाथ एक कयोत्सर्ग मूर्ति प्राप्त है, जबकि बानपुर में आसनस्थ व कयोत्सर्ग प्रतिमाएँ देखी जा सकती है।

पंचमढ़ी की आदिनाथ प्रतिमा –

पंचगढी में नवनिर्मित आदिनाथ जिनालय की प्राचीन मूर्ति, आदिनाथ जिनालय में, भगवान आदिनाथ की कयोत्सर्गासन मुद्रा में लगभग 8 फिट ऊँची प्रतिमा है। जो कहीं ओर से लाकर यहाँ स्थापित की गयी है। इसके केश घुँघराले व कन्धों तक लटके हुए, आँखें अर्द्ध खुली, कान लम्बे, वक्ष पर श्रीवत्स, हाथ नीचे की ओर लम्बायमान खुले हुए हैं दोनों ओर दो इन्द्र हाथियों पर खड़े हुए बनाये गये हैं। जिनके हाथों में चँवर है। पादपीठ पर छोटा सा वृषभ बना है। यह मूर्ति पंचमढ़ी की मूर्तियों की अपेक्षा गठन में कहीं सुन्दर है। इस जिनालय के द्वार के ललाट बिम्ब में पद्मासन में तीर्थंकर की प्रतिमा है जिनके दोनों ओर कयोत्सर्ग मुद्रा में दो तीर्थंकर मूर्तियाँ बनी है।

तीर्थंकर शान्तिनाथ

शान्तिनाथ इस अवसर्पिणी के सोलहवें जिन हैं। हस्तिनापुर के शासन विश्वसेन उनके पिता और अधिरा उनकी माता है। शान्तिनाथ ने 2500 वर्ष तक चक्रवर्ती पद से सम्पूर्ण भारत पर शासन किया और इनके बाद दीक्षा ली। कठोर तपस्या करके हस्तिनापुर के सहस्त्रनाम उद्यान में नन्दीवृक्ष के नीचे केवल्य प्राप्त किया, सम्मेद शिखर इनकी निर्वाण स्थली है।[58] शान्तिनाथ का लांछन मृग है। और यक्ष व यक्षी गरूड़ व निर्वाणी है। दिगम्बर परम्परा ये यक्षी का नाम महामानसी है। सातवी शती से पूर्व शान्तिनाथ की कोई मूर्ति प्राप्त नही होती है। आठवीं शती में इनका लांछन व यक्ष–यक्षी का निरूपण होना शुरू हुआ। कई स्थानों पर इनके साथ सर्वानुभूति यक्ष एवं अम्बिका यक्षी बनाये गये हैं। देवगढ़, खजुराहों, मदनपुर, बानपुर, दुधई आदि स्थानों पर शान्तिनाथ की अनेक मूर्तियो प्राप्त है। जहाँ इनके लांछन "मृग" के साथ कई लेखों में इनका नाम भी दिया गया है।

शन्तिनाथ जिनालय की प्रतिमा

पंचमढ़ी का मुख्य जिनालय शान्तिनाथ का है। जिससे भगवान शान्तिनाथ की ग्यारह फिट ऊँची कयोत्सर्गासन मुद्रा, में मनोज्ञ प्रतिमा है।[59] चित्र संख्या 23 इसके केश घुघरालें, आँखें नासाग्र पर टिकी हुई, कान कन्धे तक लम्बे हैं, यह मूर्ति शिलाफ्ट पर गहराई तक कोर कर बनाई गयी है। अंग- प्रत्यंग की रचना सुन्दर है। वक्ष स्थल पर श्रीवत्स सौभायमान है। हथेलियों में चक्र बनाये गये है। यह प्रतिमा घुटनों के पास खण्डित है। जिसे जोड़ा गया लेकिन यह जोड़ स्पष्ट दिखता है। इसके दोनों ओर दो इन्द्र लगभग 3–3 फिट ऊँचाई दोनों हाथों के नीचे खड़े हुए बने है।[60] जिनके शीश पर मुकुट, गले में माला, कमर में मेखला व अधोवस्त्र बनाये गये है। यह प्रतिमा पत्थर की एक चौकी बना कर उस पर जीणोंद्वार के समय दीवार में चिनकर लगा दी गयी है। पत्थर की इस नवीन चौकी के नीचे एक आला बनाया गया जिसमें नीचे सिंहासन है व उसके ऊपर शिलालेख है। उसे पुताई के कारण पढ़ना बहुत कठिन है। इस लेख के अनुसार इसका प्रतिष्ठा काल फाल्गुन शुक्ल 10 सम्वत् 1024 है। प्रतिमा स्थानीय पत्थर से निर्मित है।

पंचमढी की प्रतिमाएँ

शान्तिनाथ जिनालय के सामने पंचमढी है। जिसमें एक ऊँचा मठ है उसके चारो ओर चार मठ है। इनमें तीर्थकरो को कयोत्गर्सासन 5–5 फिट ऊँची प्रतिमाएँ है।[61] जो जीर्णोद्वार

के समय दीवार से जोडकर खेड़ी की गई है। मध्य के मठ में भगवान महावीर की प्रतिमा है। आगे पूर्व की ओर शान्ति नाथ व पश्चिम की ओर चन्द्रप्रभु व पीछे पूर्व की ओर वासुपूज्या व पश्चिम की ओर नेमिनाथ के मठ है। पाँचो मूर्तियाँ स्थानीय धारीदार बादामी रंग के पत्थर से निर्मित हैं।

शान्तिनाथ की प्रतिमा के केश घुँघराले, कान लम्बे, पत्थर में डिजाइन के कारण मुख पर विषश प्रकार का भाव हृदय–स्थल पर श्रीवत्स बना है। लम्बे लटके हुए हाथो में चक्र बने है। शीश के पीछे प्रभामन्डल है, जिसके दोनो और दो हाथी बनाये गये है। पैरों के पास दोनों ओर खड़े हुए दो इन्द्र बने हुए है, जिनके सिर पर मुकुट, एक हाथ चँवर व वस्त्रों से विभूषित है। शान्तिनाथ की पादपीठ पर उनका लांछन "हिरण" बना है। वहीं पर लेख अंकित है। जिस पर सम्वत् 1622 स्पष्ट पढ़ा जा सकता है।

तीर्थंकर चन्द्रप्रभु

इस अवसर्पिणी के आठवें जिन है। जैन परम्परा के अनुसार गर्भकाल में माता की चन्द्रपान की इच्छा पूर्ण हुई, इसी कारण इनका नाम चन्द्र प्रभु पड़ा।[62] इनका लांछन "शशि" (चन्द्र) है। नवीं शती में चन्द्रप्रभु के लांछन व यक्ष, यक्षी का अंकन प्रारम्भ हुआ है। विदिशा में सर्वप्रथम चन्द्रप्रभु की मूर्ति 4 शताब्दी में प्राप्त हुई, जिस पर चन्द्रप्रभु का नाम अंकित है। इसके बाद नवीं शताब्दी के पूर्व की कोई मूर्ति चन्द्रप्रभु की प्राप्त नही हुई। 10 वीं व 11 वीं शती की लांछन युक्त दो प्रतिमाएँ राजकीय संग्रहालय, लखनऊ में है। ललितपुर के सिरोन खुर्द से 10 वीं शती की चन्द्रप्रभु की कयोत्सर्ग मुद्रा में मूर्ति प्राप्त है।[63] जिसमें उनके स्कन्धों पर जटा भी प्रदर्शित है। मदनपुर पंचमढी में चन्द्रप्रभु की एक मूर्ति कयोत्सर्ग आसन में प्राप्त है।[64] जबकि कयोत्सर्ग मुद्रा में बानपुर में एक चन्द्रप्रभु की मूर्ति प्राप्त है, जिसकी पादपीठ पर लांछन अंकित है।

पंचमढी में चन्द्रप्रभु की प्रतिमाः

भगवान चन्द्रप्रभु की मूर्ति में केष नीचे घुँघराले व बाकी पीछे जूड़े के समान है। आँख अर्धखुली, कान लम्बे बनाये गये है। पेट अधिक पतला व टांगे लम्बी है। हाथों में चक्र लिये है। पैरो के दोनों ओर दो इन्द्र बने है। इनके एक हाथ में चाँवर व दुसरा हाथ जंघा पर है। मुख्य मूर्ति के शीश के पीछे प्रभामण्डल है, जिसके दोनों ओर दो हाथी बने है। पादपीछ पर उनका लाँछन अर्धचन्द्र बना है। मूर्ति में चपटापन है।

तीर्थंकर महावीर

इस अवसर्पिणी के अन्तिम "जिन" है। महावीर का जन्म पटना के कुण्डल ग्राम में 599 ईसा पूर्व में हुआ था। पहले दो वर्षो तक महल में रहकर ही जैन धर्म का पालन किया और कयोत्सर्ग मुद्रा में तप किया। इस रूप के कारण ही उनकी जीवन्त–स्वामी की प्रतिमा उत्कीर्ण की गयी। 30 वर्षो तक महावीर विभिन्न स्थानों पर भ्रमण कर उपदेश देते रहें। 527 ईसवी पूर्व में पावापुरी में महावीर का निर्वाण हुआ।[65] महावीर का लांछन "सिंह" है प्राचीनतम मूर्ति कुषाण काल की प्राप्त है, जो मथुरा में मिली है व राजकीय सग्रहालय लखनऊ में संग्रहीत है। गुप्त काल की महावीर की एक मूर्ति का ज्ञान है जो वाराणसी में मिली है। गुप्तकाल से महावीर का लांछन का अंकन प्रारम्भ हुआ। लांछन व यक्ष–यक्षी से युक्त महावीर की मूर्तियाँ देवगढ से प्राप्त हुई है।[66] मदनपुर से महावीर की एक मूर्ति प्राप्त है जो लांछन युक्त है।

महावीर प्रतिमा

पंचमढी में मध्य के मठ में महावीर की मूर्ति है। यह कयोत्सर्ग–आसन केश घुँघराले, हाथ लम्बे व चक्र युक्त है। ह्रदय स्थल पर श्रीवत्स बना है। पादपीठ पर सिंह अंकित है। इस मूर्ति की कलात्मकता शेष चारों मूर्तियों से भी बहुत कम है। कुल मिलाकर यह मूर्ति बेडोल सी लगती हैं।

तीर्थंकर वासुपुज्या

इस अवसर्पिणी के 12 जिन है। वसुपूज्य के पुत्र होने के कारण इनका नामं वासुपूज्या पड़ा[67] इनका लांछन "महिष" है। इनका यक्ष कुमार व यक्षी गांधारी है। दसवीं शती में वासुपूज्या की मूर्ति के साथ लांछन व यक्ष–यक्षी का अंकन प्रारम्भ हुआ व वासुपूज्या की मूर्ति शहडोल से प्राप्त हुई है, जो वाराणसी संग्राहलय में संग्रहीत है। मदनपुर में वासुपूज्या की एक मूर्ति प्राप्त है।

वासुपूज्या–प्रतिमा

पंचमढी में वासुपूज्या की एक मूर्ति है जो कयोत्सर्ग मुद्रा में है चित्र संख्या 24 इस मूर्ति के केश घुँघराले हैं। कान अन्यमूर्ति के समान, आँखें अर्धखुली, दूसरी मूर्तियों से इस मूर्ति के कन्धे कम चौडे व हाथ छोटे है। इनके दोनो ओर दो इन्द्र बने है। शीश के पीछे

प्रभामण्डल है, जिसमें बाई ओर एक हाथी है। सम्भवतया दाहिनी ओर का हाथी खण्डित हो गया है। पादपीठ पर इनका लांछन "महिष" बना हुआ है तथा वही पर लेख अंकित है, जिस पर सम्वत् 1622 पड़ा हुआ हैं।

तीर्थंकर नेमिनाथ

नेमिनाथ या अरिष्टनेमि इस अवसर्पिणी के 22वें "जिन" है। कृष्ण व बलराम इनके चचेरे भाई कहे जाते है।[68] इसी सम्बन्ध के कारण मथुरा, देवगढ़ आदि में नेमि की मूर्तियों के साथ कृष्ण व बलराम बनाने की परम्परा बनी। नेमि का लाछंन "शंख" है और यक्ष–यक्षी गोमेध व अम्बिका है। प्राचीन परम्परा में इनका यक्ष "कुबेर" माना गया है। कुषाण काल की एक मूर्ति मथुरा संग्रहालय में संग्रहीत है। देवगढ़ में 10वीं 12वीं शती की नेमिनाथ के लांछन व यक्ष–यक्षी और अष्टपरिहार युक्त अनेक प्रतिमाएँ है। मदनपुर में नेमिनाथ की एक मूर्ति प्राप्त है।

नेमिनाथ प्रतिमा

मदनपुर में पंचमढ़ी की एक मूर्ति है, जो कयोत्सर्गासन में है। शेष मूर्तियों के सामने इस मूर्ति की कलात्मकता बहुत कमजोर है। गठन में चिपटापन है। इनमें न तो भाव ही है और न कलात्मक सौन्दर्य है।

पंचमढ़ी क्षेत्र में सग्रहीत मूर्तियाँ

पंचमढ़ी के इस क्षेत्र में अनेक खण्डित प्रतिमाएं संग्रहीत है चित्र संख्या–26 जो आस पास के जंगल व तालाब में मिली बताई जाती है।

इन मूर्तियों में सबसे सुन्दर मूर्ति भगवान शान्तिनाथ की है, यह प्रतिमा लगभग 6 फिट ऊँची है। केश घुँघराले हैं। आँखें अर्धखुली, नासिका व ठोड़ी खण्डित है। वक्ष–स्थल पर श्री वत्स बना है। दोनो हाथ मध्य से खण्डित हैं। पादपीठ पर लेख है व हिरण बना है। लांछन छूट गई हैं पैरो के दोनों और चांवरधारी स्त्री–पुरूष बने है। पादपीठ के दोनों ओर हाथ जोड़े राजा की आकृतियाँ है। शीश के दोनो ओर उड़ते हुए विधाधर हैं। अंग–प्रत्संग की गठन बहुत सुन्दर है। मूर्ति पर सुन्दर पालिश है, जिसकी चमक वर्षो से धूप व पानी को सहकर भी सुरक्षित है। मुख पर शान्ति व वैराग्य झलकता है। यह इस क्षेत्र की सबसे सुन्दर प्रतिमा है जो स्थानीय सलेटी पत्थर से निर्मित है।

इसी मूर्ति के पास ही एक ओर लगभग 4 फिट ऊँची हल्के बादामी रंग की तीर्थंकर प्रतिमा है, जिसके शीश व दोनों हाथ पूर्ण रूप से खण्डित है। पैर खण्डित है लेकिन पादपीठ पर ही रखे हुए है। गठन व पालिश की दृष्टि के यह मूर्ति भी बहुत सुन्दर बनी हुई है। वक्ष–स्थल पर श्रीवत्स स्पष्ट हैं।

इसके अतिरिक्त अनेक खण्डित मूर्तियाँ व मूर्तिखण्ड इस क्षेत्र में खुले में रखे हुए है। इनमें कुछ कलात्मक दृष्टिकोण से बहुत सुन्दर हैं, जबकि दूसरे बहुत चपटे है। उनमें सौन्दर्य नाम की चीज है ही नही लेकिन ऐतिहासिक दृष्टि से सभी मूर्तियाँ महत्वपूर्ण हो सकती है। इनकी पूर्ण सुरक्षा की आवश्यकता है, यद्यपि क्षेत्र कमेटी अपनी ओर से पूर्ण कोशिश कर रही है।

त्रिमूर्ति

जैन ग्रन्थों में त्रिमूर्ति या त्रिनिती जिन मूर्तियों के सम्बन्ध में कोई उल्लेख नहीं प्राप्त होता है। त्रिमूर्ति मूर्तियाँ 10वीं से 12वीं शती ई0 के मध्य उत्कीर्ण हुई है। इनके उदाहरण दिगम्बर स्थलों पर ही प्राप्त हुए है। त्रिमूर्तियों में तीन अलग–अलग जिनों की मूर्तियाँ एक साथ उत्कीर्ण रहती है।

खजुराहो, देवगढ़, मदनपुर, बानपुर आदि में अनेक त्रिमूर्तियाँ प्राप्त होती है, जिससे ऐसा प्रतीत होता है कि बुन्देलखण्ड क्षेत्र का ही इस प्रकार की मूर्तियाँ सर्व–प्रथम बनाने का श्रेय प्राप्त है। देवगढ़ में त्रिमूर्ति की संख्या लगभग 20 से अधिक है। लाक्षणिक विशेषताओं के आधार पर इन मूर्तियों को तीन भागों में बाँटा जा सकता है। पहले वर्ग में ऐसी मूर्तियाँ आती हैं जिनमें तीन जिन कायोत्सर्ग मुद्रा में निरूपित किये गये है। मदनपुर व बानपुर में ऐसी ही त्रिमूर्ति है। मदनपुर में मोदीमठ में एक व चम्मोमठ में दो त्रिमूर्ति प्राप्त है जबकि बानपुर में बड़े बाबा के मन्दिर में एक त्रिमूर्ति प्राप्त है। इनका आगे यथास्थान पर विवरण दिया गया है।

मोदी मठ की त्रिमूर्ति

सलेटी स्थानीय पत्थर से निर्मित त्रिमूर्ति शान्तिनाथ, कुन्थुनाथ व अरहनाथ की चित्र संख्या 32 है। मध्य से शन्तिनाथ 7 फिट ऊँचे खड्गासन मुद्रा में व दोनों ओर कुन्थुनाथ व अरहनाथ लगभग 5–5 फिट ऊँचे बनाये गये है। तीनों मूर्तियों के शीश के ऊपर त्रिक्षत्र हैं। केश घुँघराले, नेत्र अर्धनिमीलित, दृष्टि नासाग्र, कान कुछ लम्बे बने है। तीनों मूर्तियों के

पीछे कमल पत्र से सज्जित प्रभामण्डल है। हाथ लम्बायमान है। तीनों प्रतिमाओं के दोनो ओर दो–दो इन्द्र खड़े हुए हाथी पर खड़े हुए बनाये गये है, जिनके हाथों में चंवर है। तीनों मूर्तियाँ शिलापट पर है, जो जीर्णोद्वार के समय सीमेन्ट से जोड़कर दीवार में लगा दिये गये है। इनकी पादपीठ समतल है। उस पर एक बडा शिलालेख है लेकिन पुताई के कारण बहुत कम पढ़ा जा सकता है किन्तु पहली ही पंक्ति में इनकी स्थापना की तिथि फाल्गुन सुदी 4 सं0 1688 पढ़ी जा सकती है।

चतुर्विंशति–पट

चतुर्विंशति–जिन पट्टों के उदाहरण लगभग 10वीं शती से प्राप्त होते है। इन पट्टों पर 24 जिन मूर्तियों, सामान्य प्रतिहार्यो, लांछनों व कभी–कभी यक्ष–यक्षीयों से युक्त होती है। देवगढ़ में इस प्रकार का 11वीं शती का एक जिनपट प्राप्त है जो स्थानीय साहू सग्रहालय में सुरक्षित है। पटों पर जिन आकृतियों कयोत्सर्ग व ध्यान मुद्रा में उत्कीर्ण की जाती है। मदनपुर व बानपुर दोनों ही स्थानों पर एक–एक चतुर्विषति पट प्राप्त हुए है। जिनमें बानपुर का चतुर्विशति पट बहुत आकर्षक है।

बानपुर की चतुर्विशति–पट

अतिशय क्षेत्र बानपुर के प्राँगण में एक सुन्दर महत्वपूर्ण चतुर्विशति शिलापट चित्र संख्या 51 है जिस पर कुल मिलाकर लगभग 70 मूर्तियाँ उत्कीण है। यह लगभग 5 फिट लम्बाव 4 फिट चौड़ा है तथा खण्डित है। यह कलात्मक दृष्टि से बहुत सुन्दर है। मुख्य मूर्तियां गहराई तक कोरी गयी है। यह लाल पत्थर से निर्मित है। मध्य में पद्मासन मुद्रा में भगवान आदिनाथ की प्रतिमा है, जो एक सिंहासन पर बैठी है। उनका लांछन "वृषभ" खड़ी हुई अवस्था में स्पष्ट रूप से परिलक्षित है। केश कन्धों तक बिखरे हैं। अंग प्रत्यंगों के गठन में चारूता और कोमलता है। मुख पर पूर्णतः शान्ति व स्निग्धता है। नासिका कुछ खण्डित है। वक्षस्थल पर श्रीवत्स सुशोभित है। मस्तक के पीछे कलात्मक विकसित कमल का प्रभामण्डल है। इस मूर्ति के दोनों ओर सत्य फणावली युक्त कयोत्सर्गासन मुद्रा में दो तीर्थंकर प्रतिमाएँ उत्कीर्ण हैं। इनके केष घुँघराले, निमीलित नेत्र, दोनों ही मूर्तियों के हाथ व फणावली खण्डित है। वक्षस्थल पर श्रीवत्स सुषोभित है। ये दोनों मूर्तियाँ सिंहासन पर खड़ी हुई है। तीनों मुख्य मूर्तियों के ऊपर माला लिए हुए व मृदंग आदि बजाते हुए विद्याधर उड़ते हुए दर्शाये गये हैं। मुख्य मूर्तियों के दोनों ओर कयोत्सर्गासन व पद्मासन में तीर्थंकरों

की छोटी–छोटी मूर्तियाँ उत्कीर्ण हैं। नीचे सिंहासनों के दोनों ओर कुबेर यक्ष व चक्रेश्वरी उत्कीर्ण की गयी हैं। यह शिलापट खण्डित है। संयोजनों की दृष्टि से यह शिलापट तीन पक्षों में है। ऊपरी प्रथम पक्ष पर तीनों मुख्य मूर्तियाँ। द्वितीय पक्ष पर तीन–तीन तीर्थंकरों की प्रतिमाएँ हैं तथा अन्तिम व तीसरे पक्ष पर एकांकी कयोत्सर्ग तीर्थकर प्रतिमाएँ है। प्रथम व द्वितीय पक्ष पर सबसे नीचे तीन सिंहासन हैं तथा द्वितीय पक्ष पर कुबेर व चक्रेश्वरी का अंकन किया गया है।

मदनपुर अतिशय क्षेत्र पंचमढ़ी में एक अन्य चतुर्विंशति पट प्राप्त है चित्र संख्या 25 जो खण्डित है, जिस पर अब 13 मूर्तियाँ शेष हैं। शेष मूर्तियाँ खण्डित भाग के साथ नष्ट हो गयी है। प्राप्त मूर्तियाँ भी खण्डित हैं। इनमें एक मूर्ति पद्मासन में व शेष 12 मूर्तियाँ खड्गासन में हैं। इनकी गठन में चिपटापन है।

चम्पोमठ का कला–शिल्प

सौन्दर्य की दृष्टि से यह मठ व इसकी कला वैभव मदनपुर में प्राप्त सभी जैन मन्दिरों में सबसे कलात्मक व सुन्दर है चित्र संख्या 33। इनका जीर्णोद्वार न होने के कारण अपने मौलिक रूप में है। यद्यपि इसका शिखर व मूर्तियाँ भी खण्डित है। इस मन्दिर का प्रवेशद्वार अत्यन्त सुन्दरता से अलंकृत किया गया है। उस पर अंकित, यक्ष–यक्षिणियाँ, गंगा–यमुना, मदनिकाएँ, युग्म संगीत प्रधान दृश्य खजुराहो की याद दिलाते है। प्रवेष द्वार का तोरण तीन पंक्तियों में विभाजित हैं। सबसे ऊपर की पंक्ति में नवग्रह व शासन देवियाँ उत्कीर्ण की गयी हैं। अपनी स्थिति के कारण यह नवग्रह पट रूचिपूर्ण है। यहाँ सर्वप्रथम खड़े हुए अवस्था में सूर्य बने है, फिर एक कुलिका में बैठी हुई अम्बिका का प्रतिमा हैं। उसके पश्चात चन्द्रमा, मंगल व बुध बने है उसके पश्चात मध्य में दूसरी कुलिका है, ये चक्रेष्वरी यक्षिका का बैठी हुई मुद्रा में अंकन है उसके बाद तत्पश्चात वृहस्पति, शुक्र व शनि बनाये गये है फिर बांयी और की कुलिका में पद्मावती यक्षी का अंकन है उसके बाद राहू–केतू उत्कीर्ण किये गये है। खजुराहो, देवगढ़ या मदनपुर के कचहरी वाले नवग्रह पट पर जो नवग्रह व देवी–देवताओं के अंकन की योजना है, उसमें दोनों ओर के किनारों पर व मध्य देवी अथवा देवता बने है तथा उनके मध्य में नवग्रह बनाये गये हैं, लेकिन यहाँ उनकी योजना इस प्रकार है, सभी नवग्रह देव खड़े हुए है। द्विभुजी बने हैं। उनके बाँयें हाथ में कमण्डल है व दायाँ हाथ अभय मुद्रा में है। तीनों शासन देवियाँ चतुर्भुज बनाई गयी हैं। अम्बिका की गोद में बच्चे का अंकन व चक्रेष्वरी के पीछे के दोनों हाथों में चक्र स्पष्ट है जबकि शेष हाथों की मुद्रा अस्पष्ट सी है। मध्य की पंक्ति में, नीचे की पंक्ति में बनी कुलिकाओं के छत्र व कुछ अलंकरण बनाये

गये है। तीसरे सबसे नीचे की पंक्ति में तीन तीर्थंकर प्रतिमाएँ पद्मासन मुद्रा में उत्कीर्ण की गयी है। उनके मध्य में अलंकरण किये गये है।

द्वार पक्ष तीन भाग में बटा हुआ है। प्रथम पक्ष जो अन्दर की ओर है, उसमें नीचे की ओर गंगा व यमुना का सुन्दर अंकन है चित्र संख्या 35 उनके वाहन क्रमशः मकर व कच्छप पैरों के पास उत्कीर्ण है। ये सुन्दर मुकुट, माला, मेखला कंकण व पायजेब से सुशोभित है। इनके एक हाथ में घट व दूसरा हाथ जंघा पर रखा हुआ है। गंगा–यमुना के ऊपर की ओर नाग कन्याएँ फणावली युक्त बनी है। इनके मुखखण्डित है। शेष द्वार पक्ष ऊपर तक सुन्दर अंलकरण से अलंकृत है।

द्वार पक्ष का मध्य का भाग अधिक चौडा है। जिससे नीचे की ओर द्वारपालों का अंकन किया गया है। ये दो भुजा वाले व दोनों हाथों में कमलनाल कलिका सहित पकड़े हुए है। ये भी मुकुट, माला, कुण्डल, मेखला व पायजेबों से सजे हुए बनाये गये हैं। इनके पैरों के पास दोनों ओर दो सेवक बनाये गये है। क्षेत्रपाल के शीश के ऊपरी पक्ष पर सुन्दर अलंकरण है व कीर्तिमुख बने हैं। इसके ऊपर का द्वार पक्ष तीन–तीन भागों में बाँटा है जिसमें नृत्यरत युग्म बने है। इस द्वार के दोनों ओर कमल पत्रिकाओं का अलंकरण है। द्वारपक्ष का तीसरा पक्ष चौड़ाई में प्रथम पक्ष जितना ही है। इसमें नीचे की ओर आकर्षक मुद्रा में मदनिकाएँ उत्कीर्ण की गई हैं जो द्विभुजी है तथा एक हाथ में चँवर व दूसरा हाथ जंघा पर रखा गया है। द्वारपक्ष का ऊपरी भाग प्रथम द्वारा पक्ष के समान ही लहरदार अलंकरण से अलंकृत है।

द्वार पीठ (देहली) पर सुन्दर सिंह गज युद्ध कीर्तिमुख व आसनस्थ युगल बनाये गये है। प्रवेश द्वार से अन्दर गर्भालय 4 फिट गहरा है जिससे चार सीढ़ियाँ बनी है। अन्दर सुन्दर त्रिमूर्ति का अंकन है जो सलेटी बलुए पत्थर से निर्मित है। मध्य में शान्ति नाथ भगवान की कायोत्सर्ग मुद्रा में 9 फिट ऊँची प्रतिमा है जो अष्ट प्रतिहार्य युक्त है। इसकी दोनों भुजाएँ खण्डित हैं केश घुँघराले, आँखें अर्धनिमीलित दृष्टि नासिकाग्र, नासिका व कर्ण कुछ खण्डित है। शीश के पीछे गोल प्रभामण्डल है। हृदयस्थल पर श्रीर्वस सुशोभित है। इसके दोनों ओर 7–7 फिट ऊँची भगवान महावीर की प्रतिमाएँ कयोत्सर्ग मुद्रा में बनी हुई है। इनकी भुजाएँ भी खण्डित है, इनके केश भी घुँघराले, कान लम्बे, दृष्टिनासाग्र है। शीश के पीछे प्रभामण्डल है। उसके दोनों ओर उड़ते हुए विद्याधर व ऊपर हाथी बनाये गये है। तीन मूर्तियों के पैरों के पास 2 फिट 6 इंच, 2 फिट 6 इंच ऊँचे खड़े हुए 6 इन्द्र बनाये गये है जो कुछ खण्डित हैं। ये विभिन्न आभूषणों से अलंकृत है। इनके एक हाथ में चंवर है। दोनों महावीर की मूर्तियों के ऊपर दो लाल पत्थर की पद्मासन मुद्रा में तीर्थंकर प्रतिमाएँ हैं। दाहिनी ओर की

प्रतिमा भगवान चन्द्रप्रभु की है, उनका लांछन अर्धचन्द्र उनके सिंहासन पर स्पष्ट है। बायीं ओर की तीर्थंकर प्रतिमा दायी ओर की प्रतिमा से छोटी है, वह खण्डित है। चित्र संख्या 34 त्रिमूर्ति की पादपीठ पर शेर व हाथियों का सुन्दर अंकन है। त्रिमूर्ति की पादपीठ पर लेख है, जिसके अनुसार इनका प्रतिष्ठा काल फाल्गुन 10 सं0 1204 है।

मन्दिर की छत बहुत खराब होने के कारण ऊपर से बरसात का पानी आता है, जिससे मुख्य मूर्तियाँ पर पानी के निशान पड़ गये है। कलात्मक दृष्टि से ये मूर्तियाँ बहुत सुडौल व कलात्मक है। इनके अंग–प्रत्यंगों की गठन बहुत सुन्दर व सुअनुपातिक है।

इस मन्दिर के दक्षिण की ओर एक अर्धभग्न दक्षिण मुख मठ बना हुआ है। जिसकी छत नष्ट हो चुकी है व केवल दीवारें शेष हैं। इसमें शान्तिनाथ, कुन्थुनाथ व अरहनाथ की त्रिमूर्ति है। मध्य में शान्ति नाथ की मूर्ति कयोत्सर्गासन मुद्रा में लगभग 10 फिट ऊँची है तथा दोनों ओर की प्रतिमाएं 7–7 फिट ऊँची है। यह त्रिमूर्ति गठन व कलात्मक दृष्टिकोण से प्रथम मठ से कमजोर है। इसकी पाद पीठ पर भी लेख है जिसमें सं0 1204 पढ़ा जा सकता है।

खण्डित मठ की मूर्ति

चारों तरफ से पूर्णतया ध्वस्त मठ की मूर्ति आज भी अपने प्रस्तर खण्ड के सहारे घने जंगल की बीच सीधी खड़ी है। इस मूर्ति के दोनों हाथ पूर्णतया खण्डित हैं। चित्र संख्या 36

लगभग 7 फिट ऊँचो दिगम्बर कयोत्सर्ग मुद्रा में है। इसके केश घुँघराले हैं, नासिक व कान खण्डित है, आँखें अर्द्धनिमीलित हैं। हृदय स्थल पर श्रीवत्स शोभायमान है। अनुपात की दृष्टि से भी यह मूर्ति सुन्दर बन पड़ी है। मिट्टी में दबी होने के कारण इसकी प्रशस्ति को नहीं पढ़ा जा सकता है। खुले जंगल में अपनी साधना की सफलता पर जीव प्राणियों का मनोमुग्ध कर संसार की अनित्यता पर अपना वीतरागी रूप लिए संबोधित कर रही है।

दाना देवता की मूर्ति

बाबड़ी के पास एक खेत में एक विषाल मूर्ति पड़ी है, जो किसी तीर्थंकर की विशालतम मूर्ति है। यह मूर्ति भी खण्डित है। स्थानीय समाज इसे "दाना की मूर्ति" और इस खेत को "दाने का खेत" कहता है।

बुन्देलखण्ड में "दाना" उस प्रेत को कहते है जो अपने विविध प्रकार के स्वार्गो से मनुष्य को भयावह कर प्राणान्त कर देता है।

जैन–धर्म सम्बन्धी मूर्तिशिल्प बानपुर

बानपुर में बड़े बाबा के मन्दिर में स्थित विशाल त्रिमूर्ति है। जो धार्मिक व कलात्मक दोनों ही रूपों में विशिष्ट है। इसमें 18 ऊँची भगवान शान्तिनाथ की मूर्ति है तथा दोनो ओर कुन्थुनाथ व अरहनाथ की 7–7 फिट खड्गासन मूर्तियाँ शोभायमान हैं। यह देशी पत्थर से निर्मित पालिश युक्त है। तीनों ही मूर्तियों के केश कुंचित, कन्धे तक लम्बे कान, अर्धनिमीलित नेत्र हैं सुडोंल, तरूण, मुख पर शान्ति व वैराग्य का भाव है। हाथ लम्बे है। शरीर के अनुपात में पैरों की लम्बाई कुछ अधिक है। वक्ष पर श्री वत्स शोभायमान है। भगवान शान्तिनाथ की मूर्ति के पैरों के पास दोनों ओर चंवर लिये आकृतियाँ है। पादपीठ पर भी कुछ छोटी–छोटी आकृतियाँ दृष्टिगोचर होती है। हाथों के नीचे दोनों ओर दो छोटी–छोटी पद्मासन अवस्था में जिन प्रतिमाएं भी बनी है। जिन प्रतिमाओं और चांवरधारिणी मूर्तियों के मध्य दोनों ओर छोटे–छोटे दो शिला लेख है।[69] जो बहुत अस्पष्ट है, केवल एक लेख में सं0 1001 पढ़ा जा सकता है। पुरी मूर्ति एक ही शिला खण्ड से निर्मित है।

ऐसा प्रतीत होता है कि पूरे चन्देल खण्ड में विशाल मूर्ति बनाने की परम्परा थी। इसीलिए चाँदपुर,[70] दूधई,[71] देवगढ़,[72] आहार,[73] मदनपुर,[74] सेरोन,[75] आदि में भगवान शान्तिनाथ की ऐसी ही मूर्तियाँ बनी है।

बाँये ओर बनी कुन्थु नाथ की मूर्ति के केश छाती और बाहु तक बिखरे हुए हैं, जिसे देखकर प्रथम तीर्थंकर आदिनाथ की मूर्ति का आभाश होता है, लेकिन वर्तमान में इसे कुन्थनाथ की मूर्ति ही कहा जाता है, क्योंकि त्रिमूर्ति में शान्तिनाथ के साथ कुन्थुनाथ व अरहनाथ ही अधिकतर बने है।

मन्दिर संख्या–2 में अन्दर व बाहर दो प्रकोष्ठ हैं तथा दोनों में ही प्रतिमाएँ है। बाहर की प्रतिमा लगभग 8 ऊँची है। यह स्थानीय पत्थर से निर्मित है। केश घुँघराले, लम्बे कान, व लम्बी भुजाएँ है। अर्धनिमीलित नेत्र, नासिका खण्डित है। जिसे किसी समय सुधारने का असफल प्रयास किया गया है। वक्ष पर श्री वत्स स्पष्ट है, शीश के पीछे खण्डित प्रभामण्डल है। मूर्ति दिगम्बर, कयोत्सर्ग, कुछ भारी है। दोनों हाथों के नीचे शायद चाँवर धारिणी हो, जो नवनिर्माण के समय दब गयी हैं। पादपीठ कुछ खण्डित है। स्थानीय लोग इसे शान्तिनाथ की प्रतिमा कहते है।

आन्तरिक कोष्ठ में भी स्थानीय पत्थर में निर्मित लगभग 7" ऊँची प्रतिमा है। इसके केश घुँघराले, कान कन्धों तक लम्बे, हाथ कुछ अधिक लम्बे व पैर कुछ अधिक मोटे है। दोनों हाथों के नीचे दो छोटी पद्मासन मुद्रा में प्रतिमाएँ है। उनके नीचे दोनों ओर एक–एक युगल है जो सम्भवतया नमस्कार मुद्रा व चावर लिये हुए है। इस मूर्ति की पाद पीठ जमीन में दबी हुई है, इसीलिए इसकी पहचान करना कठिन है।

मन्दिर संख्या 1 से लगभग 1" 6" ऊँची पद्मासन मुद्रा में संगमरमर पत्थर से निर्मित भगवान ऋषभनाथ की प्रतिमा है, जिस पर सं0 1142 स्पष्ट रूप से अंकित है।

"सहत्रकूट चैत्यालय"

कला की दृष्टि से यह पूरा चैत्यालय की महत्वपूर्ण है इसकी मुख्य वेदी पर एक विशाल–कार्य स्तम्भ सर्वतोभद्र सहस्त्रकूट है। इसीलिए इस मन्दिर का नाम सहस्त्रकूट चैत्यालय है चित्र सं0 37 "कूट" का अर्थ है–पर्वत शिखर [76] एक सहस्त्र चैत्यों (प्रतिमाओं) का आलय स्थान जहाँ हो उसे "सहस्त्रकूट चैत्यालय" कहते है।

इस पर 1008–[77] छोटी–छोटी पद्मासन व कायोत्सर्गासन तीर्थंकरों की मूर्तियाँ अंकित है चित्र सं0 40 जो जिनेन्द्र देव के 1008 नामों का प्रतीक माना जाता है। यह स्तम्भ लगभग 8 ऊँची है, जो नीचे से चौड़ा तथा ऊपर कुछ पतला हो गया है यह सलेटी पत्थर से निर्मित है। चारों ओर मध्य में 3–3 बडी पद्मासन मुद्रा में तीर्थंकरों की प्रतिमाएँ हैं। यह स्तम्भ 3 वर्ग फुट का है। प्रत्येक दिशा में 252 छोटी बड़ी प्रतिमाएँ है। देवगढ़ में गन्दिर संख्या 5 में भी सहस्त्रकूट का भव्य रूप देखने की मिलता है। चित्र सं0 41 तथा देवगढ से 6 कि0 मी0 पश्चिम में अमनाचार में भी एक खण्डित सहस्त्रकूट है, ऐसा प्रतीत होता है कि इस क्षेत्र में यह प्रतीक बनाने की परम्परा काफी प्रचलित थी।

इस चैत्यालय के चारो ओर द्वार हैं और चारों ही द्वार कलात्मक है। चित्र सं0 38

पूर्वीद्वार

मन्दिर के पूर्व के तोरण पर ललाट बिम्ब में तीर्थंकर की प्रतिमा चित्र सं0 39 जो पद्मासन मुद्रा में है। जिसके पीछे पंचफणावली का छत्रय है। दोनों ओर चाँवर धारी खड़े है साथ ही दोनों ओर बहुत सुन्दर हाथियों का अंकन है। बाँयी ओर चक्रेश्वरी यक्षी का सुन्दर अंकन है। यह चार भुजाओं से युक्त है, जिसके पीछे के दोनों हाथों में चक्र है। सामने का

दक्षिणी हाथ वरद मुद्रा में है। यह मानवीकृत "गरूड" पर आरूढ़ है। दाहिनी ओर कुबेर का अंकन हैं। केश लम्बे, गले में माला व यज्ञोपवीत शोभायमान है।

ऊपर की पंक्ति में नवग्रह का सुन्दर वर्णन है जो बैठी हुई मुद्रा में अंकित है। इनके सभी के बाँये हाथ में कमण्डल व दाँया हाथ अभयमुद्रा में बने हैं। मध्य में पद्मासन मुद्रा में तीर्थंकर है, जिसके दोनों ओर चाँवरधारी खड़े है।

द्वारपक्षों पर नीचे गंगा–यमुना का अंकन है, उनके पीछे दोनों ओर मदनिकाएँ बनी है। बाहरी स्तम्भ पर द्वारपाल बनाये गये हैं। द्वार की चौकी पर दोनों ओर हाथियों को धकेलते हुए सिंह बने हैं। शेष द्वार पक्ष पर सुन्दर अंलकरण है। द्वार के दोनों ओर दो स्तम्भ है, जिन पर द्वार पाल बने है।

उत्तरी द्वार

उत्तरामुख द्वार के तोरण पर मध्य में ललाटबिम्ब पंचफणावली युक्त पद्मासन मुद्रा में तीर्थंकर बने हैं। दोनों ओर हाथियों को सुन्दर अंकन है। तोरण पर बाँयी ओर द्विभुजी यक्ष का अंकन है जिसकी बाँयी ओर गोद में एक शिशु बना हैं।[78] दाँये हाथ में नाग पकड़े हुए है।[79] दाहिनी ओर चतुर्भुज यक्षी का अंकन हुआ है, जिनका वाहन अस्पष्ट है। अगले बाये हाथ में कमण्डलु व दाँया हाथ वरद मुद्रा में है। ऊपरी पंक्ति में उड़ते हुए विद्याधरों का अंकन है, जिनके मध्य में पद्मासन मुद्रा में तीर्थंकर का अंकन है, जिसके दोनों ओर चाँवर धारी खड़े है।

यहाँ भी द्वार पक्ष पर नीचे गंगा–यमुना व नायिका का अंकन है व बाहरी स्तम्भ पर द्वार पाल उत्कीर्ण किये गये है, जो चतुर्भुज है।

नीचे चौकी पर हाथियों व सिंहो का अंकन है।

पश्चिमी द्वार

पश्चिमोन्मुख इस द्वार के तोरण पर भी ललाट बिम्ब पर तीर्थंकर की पद्मासन मुद्रा में प्रतिमा उत्कीर्ण है। दोनों ओर हाथी उत्कीर्ण किये गये हैं तथा तोरण के दोनों सिरों पर कयोत्सर्गासन मुद्रा में तीर्थंकर प्रतिमाएँ अंकित हैं।

ऊपर की पंक्ति में नवग्रह का अंकन है जो बैठी हुई मुद्रा में है, जिनके बाँये हाथ में कमण्डलु व दाँया हाथ अभय मुद्रा में है। इनके मध्य में भी पद्मासन मुद्रा में तीर्थंकर बने

हैं व दोनों ओर चांवरधारी खड़े है द्वार पक्षो पर अलंकरण है। नीचे वहीं गंगा–यमुना व नायिकाओं का अंकन है।

द्वार चौकी पर हाथी व शेर उत्कीर्ण है। वे द्वार के बराबर के खम्भों पर द्वारपाल अंकित किये गये है। इन्हीं स्तम्भों पर ऊपर कीर्तिमुख बने है।

दक्षिणी द्वार

दक्षिणी मुख द्वार के ललाट बिम्ब पर पद्मासन मुद्रा में तीर्थंकर अंकित हैं। यह प्रतिमा शेष तीनों द्वारों की प्रतिमाओं से बड़ी है, इनके दोनों ओर चाँवरधारी खड़े हैं व सिंर के दोनों ओर दो विद्याधरों का अंकन है। दोनों ओर यक्ष व यक्षी का सुन्दर अंकन किया गया है।

चारों द्वारों के बाहर बरामदों के बाहरी ओर दो–दो कालत्मक स्तम्भ है। जिन पर चारों ओर ऊपर व नीचे सुन्दर घटपल्लव अंलकृत हैं। ऊपरी अंलकरण के नीचे चारों ओर ही घटावली युक्त कीर्तिमुख उत्कीर्ण किये गये हैं। मध्य में ये स्तम्भ अष्ठपहल हैं, जबकि ऊपर व नीचे वर्गाकार है।

''बानपुर के अष्ट दिक्पाल''

विभिन्न दिशाओं के "स्वामी दिक्पाल" के नाम से प्रसिद्ध हैं। दिशाओं के स्वामी दिक्पालों या लोकपालों का पूजन देवताओं के रूप में भी लोक प्रिय था।[80] प्राचीन परम्पराओं के अनुसार इन दिक्पालों के नाम और संख्या में भेद है। जैन ग्रन्थों में दस दिक्पालों का उल्लेख मिलता है। तथा जैन परम्परा में भी दिक्पालों की संख्या दस बतायी गयी है।

कुछ विद्वान दिक्पालों की कल्पना का आधार वैदिक संहिता को मानते है।[81] वैदिक देववाद में इन देवताओं को महत्वपूर्ण स्थान प्राप्त था।[82] सभी दिक्पाल वैदिक देवता भी हैं किन्तु पुराण काल आते–आते देवों में परिवर्तन हो गया। वैदिक देवों का स्थान गौण हो गया और वे मात्र दिक्पालों की श्रेणी में आ गये। प्रारम्भ में चार दिक्पालों की गणना की जाती थी, बाद में इनकी संख्या बढ़कर आठ हो गयी।

जैन की प्रारम्भिक सूची में चार लोकपाल या दिक्पालों का नाम मिलता है। तिलोयपणन्ती में उल्लेख है कि भवन वासी देवों के इन्द्रे में सोम, यम, वरूण और धनद नाम के चार लोकपाल थे। जंबूदीप पष्फन्ति संग्रह में सोधमकल्प के नगरों की चार दिशाओं में यम, वरूण, सोम और कुबेर इन चार लोकपालों के निवास का उल्लेख है। इस प्रकार सोम या चन्द्र को लोकपाल मानने की जैन मान्यता अधिक प्राचीन जान पड़ती है। जैन शास्त्रों

के दश दिक्पाल थोड़े भिन्न हैं वे बाद के हिन्दू धर्म ग्रन्थों द्वारा भी स्वीकार किये गये हैं। उनके अनुसार इन्द्र पूर्व के, अग्नि द० पू० के यम द० के नैऋर्ति द० पू० के वरूण प० के, वायु, उ० प०, के कुबेर उ० के, ईशान उ० पू० के, ब्रह्मा ऊपर के भाग के तथा नाग नीचे के भाग के स्वामी है।

लेकिन दिगम्बर संम्प्रदाय ब्रह्मा व नाग इन दो को नहीं मानता व उनके स्थान पर ब्राह्मण धर्म द्वारा मान्य लोकपालों को मानता है। विष्णुधर्मोतर पुराण में चतुर्भुज लोकपालों की कल्पना की थी। अपराजितपृच्छा और रूपमण्डन जैसे ग्रन्थों में चतुर्भुज दिक्पालों की परम्परा का निर्वहन किया है। किन्तु अग्निपुराण, मानसोल्लास और वृहत्संहिता आदि से ज्ञान होता है कि दिक्पालों के द्विभुज होने की मान्यता अधिक प्राचीन है। जैन परम्परा में भी दिक्पालों को द्विभुज अधिक माना गया है।

दिक्पालों की प्रतिमा निरूपण से सम्बन्धित प्रारम्भिक उल्लेख "निर्वाण कलिका" व "प्रतिष्ठासार संग्रह" में है, पर जैन मन्दिरों पर इनका उत्कीर्णन लगभग 9वीं शता० ई० में ही प्रारम्भ हुआ। यद्यपि जैन ग्रन्थों में दस दिक्पालों का उल्लेख मिलता है। पर जैन शिल्प में अष्टदिकपालों का अंकन ही लोक प्रिय था। जब हम बानपुर के अतिशय क्षेत्र में बने "सहस्त्रकूट" जिनालय पर उत्कीर्ण दिक्पालों पर दृष्टिपात करते हैं तो हम पाते हैं कि जैन मन्दिर पर बनने के बाद भी उनमें हिन्दू दिक्पालों में बताई विशेषताएँ हैं। उत्कीर्ण दिक्पालों की संख्या आठ ही है। सभी दिक्पाल खड़े हुए, चतुर्भुज आयुधों व हस्त मुद्राओं व अपने–अपने वाहनों के साथ उत्कीर्ण ही है। सभी दिक्पाल खड़े हुए, चतुर्भुज विभिन्न आयुधों व हस्त मुद्राओं व अपने–अपने वाहनों के साथ उत्कीर्ण है।

अध्ययन से ऐसा पाते है कि बानपुर में उत्कीर्ण दिक्पालों के आयुध व वाहन पूर्णतया जैन ग्रन्थानुसार नहीं है। जैसे कुबेर के साथ मेष का अंकन। दिक्पालों का स्थान परिवर्तन है।

बानपुर के अष्ट दिक्पाल की मूर्तियाँ, सुन्दर, सुडोल, कलात्मक हैं। ये मूर्तियाँ देशी पत्थर से ही निर्मित है। ये 12 "चौड़े व 36 ऊँचे" पत्थरों पर कोरी गयी है।

इन्द्र

इन्द्र पूर्वी दिक्प्रदेश के दिक्पाल हैं। वेदों में इन्द्र अत्यन्त महत्वपूर्ण देव माने गये है। वैष्णव पुराणों में इन्द्र के कई रूपों का वर्णन है। विष्णुधर्मोत्तर[34] में चार भुजा वाले, कमल, वज्र व अंकुश लिए ऐरावत पर आरूढ़ है। रूप मण्डन में अंकुश और कुण्ठी धारण करने

वाला बताया गया है। कुछ ग्रन्थों में इन्द्र की चार भुजाओं व तीन नेत्र वाला बताया गया है।

जिनमें वक्ष कमण्डल, वज्र व अंकुष लिए व एक अन्य हाथ वरद मुद्रा में बताया गया है।

जैन ग्रन्थों में भी इन्द्र के जिस रूप का वर्णन किया गया है वह ब्राह्मण ग्रन्थों से बहुत मिलता है।[85] इन्द्र की हजार आँखों की कल्पना जैनों में भी पहुँची। इसीलिए तीसरी आँख का प्रतीक वहाँ भी बनाया गया[86] बानपुर के इन्द्र चित्र सं0 42 खड़े हुए, चतुर्भुज, जटामुकुट, माला व यज्ञोपवीत पहने कमर में मेखला पहने है। उनका वाहन ऐरावत दक्षिणी ओर बैठे हुए उत्कीर्ण किया गया है। चारों भुजाओं में आयुध की स्थिति निम्न प्रकार हैं।

सा0	द0	अभय	सा0 बा0 कमण्डल
पी0	द0	वज्र	पी0 बा0 कमलकलिका

यहाँ इन्द्र त्रिनेत्र बनाये गये है।

बानपुर में ही बड़े बाबा के मन्दिर में एक इन्द्र की लगभग 5 ऊँची प्रतिमा रखी है।

"अग्नि"

अग्नि देवों के दूत है। देवों में इन्हें सप्त जिहवा चमकते दाँत, चार नेत्र, हजार सींग तथा धूम्र पताका धारण करने वाला बताया है।[87] अग्नि पुराण में चार भुजाओं वाले, अक्षय–माला, कमण्डल व शक्ति धारण किये सप्त ज्वाला वाले व बकरे पर बैठे है।

आगच्छने, शक्युिक्तः छागस्थ, बलसंयुतः[88]

रूपमण्डन में इन्हे शक्ति, कमण्डलु धारी मेषपर आरूढ़ ज्वालापुंज से घिरा हुआ बताया हैं।

अपराजितपृच्छा में भी इसी रूप का वर्णन किया गया हैं।[89] शिल्परत्न में उन्हें स्वर्ण के समान वर्ण वाले, यज्ञोपवीत धारण किये, मेषारूढ लम्बी दाढ़ी, अक्षयमाला व कमण्डलुधारी, सप्त ज्वालाशीषों वाला बताया है।[90] दक्षिण–पूर्व दिशा के स्वामी अग्नि का रूप जैन ग्रन्थों में अधिकतर ब्राह्मण ग्रन्थों से ही मिलता है। आचार दिनकर के अनुसार, "अग्नि के हाथों में धनुष बाण होता है। जबकि निर्वाणकलिका में उन्हें मेषारूढ शक्ति लिए सप्त शिखा वाला बताया है।

अग्निमग्निवणं मेष वाहन सप्तशिख शक्तिपाणी।

बानपुर के अग्नि खड़ें हुए, चतुर्भुज, लम्बी दाढ़ी, युक्त, माला व यज्ञोपवीन पहने, मुकुट, कंकण व मेखला धारण किये बनाये गये हैं। चित्र सं0 43 बानपुर के अग्नि की सबसे प्रमुख विषेषता उनका वाहन "मेष में हैं। जो उनके वामहस्त की ओर पुरूष वेष में बनाया गया है तथा जिसका मुख मेषका व हाथ जोड़े हुए है। यह अपने में अनोखा उदाहरण है। इनका कारण सम्भवतया यह हो सकता है कि वहाँ के शिल्पकार ने कुबेर को भी मेषवाही बनाया है। अतः कुबेर में मेष से अग्नि के मेष को अलग दिखाने के लिए उसने मेष का मानवी करण कर दिया।

यम

मृत्यु के देवता यम दक्षिण दिशा के दिक्पाल हैं। वेदों में यम का महत्वपूर्ण स्थान बताया गया है।

वृहतसंहिता में यम दण्डधारी व महिषारूढ़ बताये गये है।

दण्डी यमो महिषगो : वृ0स0 58/9/57

शिल्प संग्रह में नीले चमक वाला, दण्ड, पाश तथा धनुष धारण किये विशाल महिष पर आरूढ़ बताया गया है। अग्निपुराण में उन्हें महिषारूढ़ व दण्डधारी बताया गया है। जबकि मत्स्य पुराण में हरिणवाही[91] कहा गया है। अपराजितपृच्छ।[92] में यम को लेखनी, पुस्तक व कुक्कुटधारी बताया है।

जैन ग्रन्थों में दिगम्बर व श्वेताम्बर में यम दण्डधारी व महिषारूढ़ बताये गये है। ब्रहामण ग्रन्थों के समान ही जैन ग्रन्थों में उनकी पत्नी छाया उनके साथ रहती है। उनके दूसरे आयुध के सम्बन्ध में कुछ भेद व्यक्त किये गये है। आशाधर में "दण्ड" के साथ "धनुष" व नेमिचन्द्र में "दण्ड" के साथ "नाग" का उल्लेख हैं।

बानपुर के यम चित्र सं0 44 खड़े हुए, चतुर्भुज, किरीट मुकुट, कुण्डल, माला, यज्ञोपवीत, मेखला, कंकण व नुपूर पहने दिखलाये गये है उनका वाहन महिष, पैरों में पीछे की ओर दक्षिण हाथ बैठे हुए बना है। वे कपाल व दण्डधारी है उनके चारों हाथों की स्थिति निम्न प्रकार है –

सा0	दा0	कपाल	सा0 वा0 खण्डित दण्ड
पी0	दा0	पूर्णतया खण्डित	पि0 वा0 (2)

निऋति

पाप अथवा दोष के देवता नेऋत्य वैदिक कालीन देवता है। ये दक्षिण पश्चिम दिशा के स्वामी कहे गये हैं। विष्णुधर्मोत्तर पुराण में इनका रूप भिन्न माना गया है। भयानक मुखवाले, दो भुजा, काले रंग व काले वस्त्र पहने हाथ में तलवार लिए व ऊँट की सवारी पर रहते है।[93]

"नेऋतः खड्गवान करे" अ0 पु0 51 × 14

अग्नि पुराण में खड्गवान करें कह कर खड्ग को इनका आयुध बतलाया है। "भट्टाचार्य महादेव सम्भवतः "करें" के स्थान पर ''खरे" पाठ देखकर निऋति का वाहन "खर" मानते है। अपराजितपृच्छा[94] व रूपमण्डन में इनका रूप बड़ा भयानक बताया गया है, तथा रूपमण्डन में निऋति श्रवान वाही कहे गये है। आगम में इनके वाहन भिन्न–भिन्न बताये गये हैं। अंशुमदमेदागम के अनुसार "भद्रपीठ पर, "सुप्रभेदागम" में "सिंह पर बताये गये है।[95] निर्णाण कलिका में इन्हें "खड़गधारी व "लाश" पर आरूढ़ बताया है।[96] तो आचार दिनकर में "बुद मुगदरधारी व "प्रेत आरूढ़ बतलाया गया है।[97] दिगम्बर परम्परा में इन्हें "रीछ" पर आरूढ़ और "गदाधारी बताया गया है। यह विचार पूर्ण रूप से जैन परम्परा का सृजन है ।[98] इनका ब्राह्मण ग्रन्थों में कहीं भी जिक्र नही है। बानपुर के निऋति चित्र सं0 45 को जब हम देखते है तो इसे हम जैन ग्रन्थ परम्परा से बिल्कुल भिन्न पाते है। यहाँ वे न तो व्याघचर्म ओढ़े हैं, न गदाधारी है, न रीछ पर आरूढ़ है, बल्कि बिल्कुल नवीन रूप में है।

यहाँ वे खड़े हुए, पूर्णतया नग्न, केवल मोटा यज्ञोपवीत पहले, कानों में कुण्डल, व जटामुकुट धारी है। हाथों में तलवार व नरमुण्ड और कमल कलिका लिए हुए है। उनका वाहन भी कुछ भिन्न है, जो उनके दाहिने और पैरों के पीछे खड़ा है। जो देखने में गधे जैसा लगता है अभी रहस्य का विषय है। शायद यह "जंगली भैसा है।

स0	दा0	खड्ग	सा0 वा0 नरमुण्ड
पी0	दा0		पी0 वा0 कमलकालिका

वरूण

वैदिक काल में वरूण की गणना देवत्रयी इन्द्र, वरूण, अग्नि के मध्य की जाती थी[99]। वे जल के साथ ऋतु के देवता माने जाते थे तथा हाथ में "पाश" धारण करते थें। पुराण

काल में वरूण का देवपरिवार में महत्व कम हो गय, वे केवल पश्चिम दिशा के स्वामी मात्र रह गये। वृ0 स0 में इन्हें "हंस आरूढ़ व पाशधारी बताया गया हैं।

वरूण जलचरों के स्वामी हैं। समुद्र इनका निवास स्थान है। ये हीरे मोती पहने, धवलवर्ण, मकरवाही व पाशधारी है।[100] अपराजित पृच्छा व रूपमण्डन में वरूण को चतुर्भुज, कमल, पाश, कमण्डलु व वरद मुद्रा में बताया गया है जबकि विष्णुधर्मोत्तर पुराण में इन्हें कमल, शंख, पाष व रत्न पात्र लिए हुए बताया गया है तथा उनका वाहन मकर बताया गया है। जैन धर्म में वरूण का रूप बहुत कुछ ब्राह्मण धर्म ग्रन्थों से हो मिलता हुआ है।[101] बानपुर में वरूण देव चित्र सं0 46 को पश्चिमोत्तर दिशा में बनाया गया है। उनका वाहन "मकर" उनके बाँये पैरों के पीछे दर्षाया गया है। वे खड़े हुए चतुर्भुज, रत्न जड़ित मुकुट, कानों में कुण्डल, हार, यज्ञोपवीत कमर में मेखला हाथों में बाजु बन्द व कंकण पहने लहरों का वस्त्र धारण किये हुए पाश, कमण्डलू, रत्न पात्र धारण किये हुए है। उनके दक्षिणी ओर हाथ जोड़े हुए एक नारी आकृति बैठी हुई मुद्रा में उत्कीर्ण है। उनके हस्त मुद्राओं की स्थिति निम्न प्रकार है।

दा0 सा0	वरद	वा0 सा0	कमण्डल
दा0 पी0	नागपाश	वा0 पी0	रत्नपात्र

इस प्रकार हम देखते हैं कि बानपुर के वरूण वि0 ध0 से काफी मिलते है।

वायु

ये भी वैदिक देवता है इनकी उत्पति विश्व पुरूष के प्राणों से बतायी गयी है। ये युवा व शक्तिशाली बताये गये है। विष्णुधर्मोत्तर पुराण में नीलवर्ण वायु से भरे वस्त्र व द्विभुजा वाले बताये गये है, इनका मुख खुला हुआ व केश बिखरे हुए रहते हैं। अपराजित पृच्छा में वायु चार भुजा वाले, ध्वज पताका तथा कमण्डल लिए रहते है, तथा मृग वाहन पर आरूढ़ रहते हैं। रूप मंडन में भी इनके इसी रूप का वर्णन किया गया है।[102] सभी जैन ग्रन्थ इन्हें मृग पर आरूढ़ मानते है। श्वेताम्बर परम्परा में इन्हें बज्र धारण किये हुए बताया गया है, जबकि दिगम्बर इन्हें "काष्त अस्त्र" लिए हुए मानते है।[103] सभी जैन इन्हें उत्तर पश्चिम दिशा का दिक्पाल मानते हैं। जैन वायु, हाथ में "वज्र" या काष्ठ अस्त्र के कारण ब्राह्मण वायु से अलग है, तथा यह जैन विचारधारा का अपना सृजन है। एक विचारधारा के अनुसार ये अपने सीधे हाथ में अंकुश लिए रहते है।[104]

बानपुर में वायु चित्र सं0 47 की पश्चिम दिशा में बनाया गया है, इनका "मृग" दौड़ते हुए इनके दाहिनी ओर उत्कीर्ण है। शरीर सुडौल, सुन्दर, खडे हुए, चतुर्भुज, जटा मुकुट,

कुण्डल, मातियो की माला, हार यज्ञोपवीत, सुन्दर मेखला व हाथों में कंकण पहने हैं। उनका बाँया पैर आधा खण्डित है। हाथ में उड़ता वस्त्र पकड़े व अंकुश के समान अस्त्र लिए है।

हाथों की स्थिति निम्न प्रकार है–

अ0 दा0 खड़ित अभय	अ0 वा0 जंघा पर रखा है।
पी0 दा0 वस्त्र पकड़े हुए	पी0 वा0 अंकुश ?

कुबेर

कुबेर उत्तर दिशा के दिक्पाल माने गये है। ये यक्षों के अधिपति कहे गये हैं, तथा धन के स्वामी होने के कारण धनद कहे जाते है। वृ0 सं0 में इन्हें किरीटमुकुट धारण करने वाला व नरवाहन वाला कहा गया है। उत्तर दिशा के स्वामी होने के कारण ये उत्तरी वेषभूषा धारण करते है, वे चमकता हुआ कवच व पेट पर लटकता हुआ हार पहनते हैं। विष्णुधर्मोत्तर पुराण में इन्हें चतुर्भुज लम्बोदर व नरवाहन वाला शक्ति व गदा धारण किए हुए वर्णित किया गया है।[105] कुबेर इन्द्र के कोषाध्यक्ष है तथा हाथ में नकुलक व गदा रखते हैं, इनका पेट बड़ा रहता है व नरवाहन है, यही रूप जैन ग्रन्थों ने भी स्वीकार किया है। अग्निपुराण[106] व अंशमुद्भेदागम् में इन्हें मेषवाही बताया गया है। रूपमण्डन में इन्हें हाथी पर आरूढ़ व गदा, नकुलक, कमण्डलु व फल लिए हुए वर्णित किया गया है।[107] अग्निपुराण, अषाधर व निर्वाणकलिका में भी इन्हें गदाधारी बताया गया है।

बानपुर में कुबेर चित्र सं0 48 को उत्तर दिषा में खड़े हुए लम्बोदर, मणिमुकुट, गले में हार व माला, वक्ष पर कवच कमर में सुन्दर मेखला, मोतियों का यज्ञोपवीत, हाथों में कंरण पहने हुए बनाया गया है। यहाँ इनका वाहन आगम व अग्निपुराण में वर्णित मेष बनाया गया है, जो इनके दाहिनी ओर पैरों के पीछे खड़ा हुआ है। हाथों में नकुलक लिए हुए है।

हाथों की स्थिति निम्न प्रकार है।

आा0 दा0 खण्डित–अभय	अ0 वा0 – नकुलक
पी0 दा0 पूर्णतया खण्डित	पि0 बा0 – खण्डित

ईशान

ईशान उत्तर पूर्व दिशा के दिक्पाल हैं। ये शिव का विशिष्ट रूप है। मतस्य पुराण में त्रिशूलधारी, त्रिनेत्र वृषभ पर आरूढ़ बतलाया गया है। अग्निपुराण में जटाधारी वृषभ पर आरूढ़ वर्णित है। अपराजित पृच्छा व रूपमण्डन में इन्हें धवलवर्ण, त्रिशूलधारी, नाग लिए

हुए वृषभ पर आरूढ़ बताया गया है।[108] शिल्परत्न में वृषभवाही, त्रिनेत्र, जटामुकुट, त्रिशूल व मणि कुण्डल धारी है। निर्वाण कलिका में वृषभवाहन, त्रिनेत्र व शूल लिए वर्णित है।[109] दिगम्बर ग्रंथो में इनके हाथ में कपाल का वर्णन किया गया है। कहीं–कहीं जैन ग्रन्थों में कपाल, सर्प व पिनाक लिए हुए बताया गया है।[110]

बानपुर में ईशान चित्र सं0 49 सुन्दर, सुड़ोल, चतुर्भुज, त्रिनेत्री, जटाजूट मुकुट, मण्किुन्डल, माला, यज्ञोपवीत व सुन्दर मेखला से विभूषित हैं। उनका वाहन वृषभ दाहिनी ओर खड़ा हुआ है वे उसका मुख ऊपर की ओर उठा हुआ उत्कीर्ण है। बाँयी ओर एक छाटी खड़ी अवस्था में पुरूष आकृति उत्कीर्ण है। जिसका मुख खण्डित है। एक हाथ कटि पर हैं। गले में माला व यज्ञोपवीत पहने है।

हाथ की स्थिति निम्न प्रकार है –

अ0 दा0 – अक्षयमालं युक्त वरद

पि0 दा0 – खण्डित हैं, अवषेश से प्रतीत होता है कि इसमें त्रिशूल धारण किये हैं।

अ0 बा0 – कोहनी तक खण्डित, किन्तु अवशेष से ऐसा लगता है इस हाथ में सर्पधारण किये हैं।

पि0 वा0 पूर्णतया खंड़ित

इस प्रकार हम देखते हैं कि बानपुर की अष्टदिक्पाल प्रतिमाएँ जैन ग्रन्थों के स्थान पर ब्राह्मण ग्रन्थों के आधार पर ज्यादा उत्कीर्ण की गयी हैं और कहीं–कहीं तो ऐसा प्रतीत होता है कि बानपुर के शिल्पी ने अपनी इच्छानुसार या फिर किसी ऐसे ग्रन्थ पर आधारित जो अब अप्राप्त है से प्रेरित होकर इन मूर्तियों का निर्माण किया है। एक बात पूर्णरूप से स्पष्ट है कि वहाँ के कलाकार किसी धर्म विशेष से पूर्णतया बंधे न थे, वे धार्मिक कम कलाकार अधिक थे। वहाँ की कला को देखकर ऐसा लगता है कि बानुपर के कलाकारों का धर्म कला ही था, तथा उसी से प्रेरित होकर उन्होंने इतनी सुन्दर व कलात्मक मूर्तियों का निर्माण किया होगा।

मदनपुर की दिक्पाल प्रतिमाएँ

मदनपुर में कचहरी के चारों ओर बिखरे हुए प्रस्तर खंड़ों में कुछ दिक्पाल प्रतिमाएँ प्राप्त हैं। एक प्रस्तर खण्ड पर, जो बड़ी कचहरी के पश्चिमी द्वार के बिल्कुल नीचे पड़ा हुआ है, जिस पर दो दिक्पालों की मूर्तियाँ उत्कीर्ण है। इनमें एक मूर्ति तो बहुत खण्डित है, लेकिन एक मूर्ति पूर्णतया स्पष्ट है। यह ईशान दिक्पाल की मूर्ति है। यह खड़ी हुई मुद्रा में लगभग

36"× 12" के आकार की है यह चतुर्भुज है, बाँये हाथ में नाग है वे दाँये हाथ में त्रिशूल है। दायाँ समान्य हाथ कुछ खंडित है तथा बाँया सामान्य हाथ अस्पष्ट है। ये मुकुट कुण डल, माला, मेखला व कंकण से अलंकृत है। पैरों के पास दोनों ओर दो छोटी–छोटी मानव आकृतियाँ बनी है, जो खण्डित है। शेष प्रस्तर खण्ड पर सुन्दर अलंकरण किया हुआ है।

लगभग इतने ही आकार के एक ओर खण्ड पर एक अन्य द्विभुजी प्रतिमा है, जिसके दोनों हाथ व पैरों के पास का भाग खण्डित है। जिसके कारण इस प्रतिमा की पहचान नहीं की जा सकती है, लेकिन आकर प्रकार में यह प्रतिमा खण्ड उपरोक्त प्रतिमा खण्ड से काफी मिलता है अतः सम्भावना है कि यह भी किसी अन्य दिक्पाल की मूर्ति ही है। इस खण्ड का दूसरा भाग जमीन की ओर पड़े होने के कारण छिपा हुआ है। जिस पर एक अन्य दिक्पाल की मूर्ति है।

ऐसा प्रतीत होता है कि इस मन्दिर के गर्भ गृह के चारों ओर अष्ट दिक्पाल प्रतिमाएँ थीं जो अब गर्भ गृह खण्डित होने के कारण खण्डित होकर बिखर गयी है।

मदनपुर के एक स्कूल के आँगन में एक बहुत सुन्दर एंव कलात्मक स्तम्भ रखा हुआ है, चित्र सं0 28 जो लगभग पाँच फुट ऊँचा है, उसका अंलकरण बहुत आकर्षक है। ऊपर की ओर सुन्दर घटपल्लव उत्कीर्ण है। बीच में अर्धवृत्ताकार आकार में कलात्मक अलंकरण किया गया है। नीचे के भाग में लगभग दो फुट ऊँची खड़े हुए ईशान दिक्पाल की मूर्ति है जो द्विभुजी है। इनकी बाँये हाथ में नागेन्द्र हैं, दाँया हाथ खण्डित है। ये जटा–जूट मुकुट हार, माला व मेखला से अलंकृत है। बाँया पैर अर्धखण्डित है, दाये पैर के पास इनका वाहन "वृष" बैठा हुआ उत्कीर्ण है, जिसका मुख खण्डित है। मूर्ति के दोनों ओर छोटे–छोटे स्तम्भ उत्कीर्ण किये गये हैं, जिसके ऊपरी भाग में सुन्दर अलंकरण किया गया है। स्तम्भ के नीचे के भाग में ही ईशान मूर्ति के दाँयी ओर चाँवरधारी नायिका की आकृति बनी हुई है, जिसके दोनों पैर अर्धखण्डित है।

अतिशय क्षेत्र बानपुर में संग्रहीत मूर्तियाँ चित्र सं. 26

क्षेत्रीय प्रांगण में अनेक महत्वपूर्ण शिलाखण्ड यत्र–तत्र पड़े हैं जो अधिकतक आस–पास के जंगल से प्रबन्ध समिति ने एकत्रित करके इस क्षेत्र में रख दिये हैं। यहाँ भी ये महत्वपूर्ण मूर्तिया खुले में पड़ी हैं जिससे मौसम की समस्त प्रहार इस पर दीर्घकाल से होता रहा है। इसी कारण कुछ का बाहय रूप विकृत हो गया है, इनमें कुछ मूर्तियाँ बहुत सुन्दर व महत्वपूर्ण है।

एक सुन्दर कलापूर्ण शिलापट जिस पर पद्मासन मुद्रा में भगवान आदि नाथ की प्रतिमा है जो लगभग 5 ऊँची व 2 6" चौड़ी है। इसके हाथ व पैर खण्डित हैं। केश कन्धों तक बिखरे हैं। मुखाँग यद्यपि काल के प्रकोप से विदीर्ण हो गये हैं फिर भी मुख पर शान्ति स्पष्ट परिलक्षित है पीछे सुन्दर उभारदार कमल पत्र से सुसज्जित प्रभामण्डल है। ये ऊँचे सिंहासन पर स्थित है, जिसके दक्षिणी ओर गोमुख यक्ष का अंकन स्पष्ट है। दोनों ओर चाँवरधारी बने है। जिनके मुख खण्डित हैं। उनके पीछे दोनों ओर दो स्तम्भों का निर्माण किया गया है, जो कलात्मक है उन पर ऊपर की ओर तीर्थकरों की छोटी–छोटी प्रतिमाए उत्कीर्ण हैं। सबसे ऊपर दोनों ओर विद्याधर युगलों का सुन्दर अंकन है। दोनों किनारों पर छोटी–छोटी तीर्थंकरों की कयोत्सर्ग व पद्मासन प्रतिमाए उत्कीर्ण हैं। सिंहासन पर सुन्दर कीर्तिमुख का अंकन हुआ है। यह शिलापट भी लाल पत्थर का है तथा कलात्मक दृष्टि से बहुत महत्वपूर्ण है।

इसी के पास बाँयी ओर एक ओर शिलापट है। जिस पर कयोत्सर्ग मुद्रा में भगवान आदिनाथ हैं। उनका शीष पूर्णतया खण्डित हैं। सिंहासन भी अर्धखण्डित है। कन्धे तक बिखरे हुए केषों से प्रतिमा की पहचान की जा सकती है। दोनों ओर चाँवरधारी व नायिकाएँ उत्कीर्ण है। सिंहासन के एक ओर मुगदरधारी कुबेर बनाये गये है। यह शिलापट बाँयी ओर से अधिक खण्डित है। यह भी लाल पत्थर से निर्मित हैं।

यहीं एक ओर शिलापट आदिनाथ शिलापट के दाँये ओर रखा हैं। ऊँचाई में यह लगभग 4 ऊँचा है व 2 चौड़ा है। इस पर भगवान चन्द्र प्रभु की कयोत्सर्गोसन मुद्रा में गहराई तक कोरी गयी प्रतिमा है। इस का शीष भी खण्डित है। पादपीठ पर उत्कीर्ण अर्धचन्द्र से इसकी पहचान की जा सकती है, दोनों ओर चाँवरधारी बने हैं। सिंहासन के दोनों ओर यक्ष व यक्षिणी की प्रतिमाएँ उत्कीर्ण हैं। इस प्रतिमाए के अंग प्रत्यंग इसने कलात्मक नहीं हैं जितने आदिनाथ शिलापट पर उत्कीर्ण प्रतिमा के हैं, यह भी लाल पत्थर से निर्मित की गयी है।

मन्दिर संख्या 3 के बाह्य भित्ति पर एक आले में एक सुन्दर शिलापट जड़ा है। जिस पर भगवान आदिनाथ की सुन्दर पद्मासन मुद्रा में प्रतिमा है। केश ऊपर बँधे हुए, कान लम्बे, आँख निम्नलित हैं, नासिक ठुड़ी कुछ खण्डित हैं। यह ऊँचे सिंहासन पर बैठे हैं जिस पर बैठे हुए वृषभ का अंकन है।

तीर्थंकर पार्श्व नाथ

इस अवसर्पिणी के 23वें जिन है। पार्ष्वानाथ को जैन धर्म का वास्तविक संस्थापक माना गया है। मेद्यमाल ने पार्ष्व की तपस्या भंग करने के लिए तरह–तरह के उपाय किये। अतिवृष्टि समय धरगेन्द्र नाग ने पार्श्व को चारों ओर से धेरकर अपने फणों पर उठा लिया और उसकी पत्नि पद्मावती ने शीर्ष भाग में वज्रमय छात्र–छाया की थी। इस परम्परा से ही पार्श्व के शीश पर सप्तसर्पफणी के छत्र का प्रदर्षन की परम्परा है। 100 वर्ष की अवस्था में सम्मेद शिखर पर पार्श्व ने निर्वाण पर प्राप्त किया। पार्श्व का लांछन सर्प है और यक्ष व यक्षी पार्श्व पद्यावती हैं। पीठिका पर सर्प लांछन की परम्परा लोक प्रिय नहीं है सिर के ऊपर सप्तसर्पफणों को छत्र सदैव प्रदर्शित किया जाता है। पार्श्व की प्राचीनतम मूर्ति पहली शती पू0 की है। इसमें पार्श्व सर्पफणों के छत्र से युक्त है। कुषाण काल के ऋषभ के बाद पार्श्व की ही मूर्तियाँ सर्वाधिक मिली हैं देवगढ़ में नवीं से गयारहवीं शती के मध्य की पार्श्व की अनेक मूर्तियाँ प्राप्त हैं। देवगढ़ की सभी मूर्तियों में सर्प की कुण्डलियाँ पार्श्व के घुटने या चरणों तक प्रसारित हैं। कुछ उदाहरणों में पार्श्व सर्प की कुण्डली विराजमान है।

बानपुर में पार्ष्वनाथ मूर्ति

बानपुर के नेय मन्दिर के एक आले में पार्ष्व नाथ की एक छोटी मूर्ति रखी है। जो गाँव से किसी नींव की खुदाई में प्राप्त हुई है इसकी माप 18'' × 9'' है इरामे पार्श्व कयोत्सर्गासन में खड़े हैं। शीश पर रापासर्पफणावली का छत्र है। जिसकी कुण्डली पीछे की ओर पैरों तक बनी हई है। दोनों ओर दो इन्द्रु चाँवर लिए हुए बनाये गये हैं। सर्पफणावली के दोनों ओर विद्याधर बने है। जिसमें बायीं ओर का भाग खण्डित है पूरी मूर्ति एक 18'' × 9'' के शिलापट पर उत्कीर्ण है।

धार्मेतर मूर्तियाँ

अनेकानेक ऐसी मूर्तियाँ, जिनका सम्बन्ध पूजा पाठ व धर्भ से नहीं रहा है, प्राचीन काल से ही बनती चली आयी हैं। इनका उद्देश्य तत्कालीन समाजिक अभिव्यक्ति, सज्जा, व अलंकरण मूलरूप से रहा है।

युद्ध आखेट, परिवार के दृष्य, गुरू–शिष्य, कार्यरत श्रमिक, संगीत मंडलियाँ, नृत्यरत नर–नारियाँ, अप्सरायें, सुर–सुन्दरियाँ, मिथुन–युगल, शार्दूल, पशु–पक्षी, आदि का चित्रण परम्परा से ही चला आ रहा है।

चन्देल कालीन मूर्ति शिल्प में ऐसी मूर्तियाँ व्यापक रूप से उत्कीर्ण की गयी हैं। खजुराहों व देवगढ़ में ऐसी मूर्तियों का अंकन व्यापक रूप से देखने को मिलता है।

मदनपुर व बानपुर में यद्यपि ऐसा अंकन कम हुआ है, लेकिन वहाँ की मूर्ति–कला भी ऐसे अंकन से आछूती नही रही है। मदनपुर में "छोटी कचहरी" के पश्चिमी द्वार पर चँवर लिये हुए दो सुन्दर नायिकाओं को देख सकते हैं। चित्रं सं0 17 जो सर्वोत्कृष्ट वस्त्राभूषणों से अलंकृत हैं। उनकी भगिमा आकर्षक है। वे हार, माला, सुन्दर चौड़ी मेखला, कंकण, नुपूर आदि से सुसज्जित हैं। छोटी कचहरी के बाहर की ओर उत्तर दीवार के छज्जे पर छोटे–छोटे पैनलों में प्रेमी युगल विभिन्न मुद्राओं में बने है। मन्दिरों पर इनका अंकन भौतिक संसार में उठकर आध्यात्मिक धरातल पर पहुँची हुई–प्रगाठ तन्मयता और आनन्दातिरेक की अभिव्यक्ति है।

चम्पोमठ के द्वार पक्षों पर भी हम ऐसे ही प्रेमी युगल देख सकते है। जो सम्भवतया नृत्य मुद्रा में दर्शाये गये है। वहीं द्वार की पाद–पीठ पर आस–पास युगल बैठे हुए बने हैं। मदनपुर, बानपुर का मूर्तिकार खजुराहो के मूर्तिकार की तरह स्वछन्द तो न हो सका, लेकिन उसने अपने इस भावों को अल्प रूप में ही सही पर अभिव्यक्त किया हैं।

बानपुर से सहस्त्र कूट जिनालय के द्वार पक्ष पर मदनिकाओं को देखा जा सकता है। ऐसी ही मदनिकायें हम चम्पोमठ के द्वार पर भी देख सकते है। जो आकर्षक मुद्राओं में उत्कीर्ण की गयी हैं। बानपुर व मदनपुर दोनों ही स्थानों पर "जिन" मूर्तियों पादपीठ पर अर्चना करते हुए स्त्री पुरूष या राजा रानियों का अंकन भी देखा जा सकता हैं मदनपुर में कचहरी, चम्पोमठ व बानपुर में सहस्त्रकूट जिनालय पर सिंहों व गजों का सुन्दर अंकन किया गया है। चम्पोमठ के द्वार की पाद पीठ पर सिंह गज युद्ध चिताकर्षक है, तो बानपुर के जिनालय के चारों द्वारों के पादपीठ पर गजों को धकेलते हुए सिंह बनाये गये है। शार्दुल का अंकन हमारी मूर्तिकला में बहुत समय से होता आया है। इसे व्याल, वराल, तथा विरालिका भी कहा गया है। यह कला में प्रदर्षित कल्पित पशु है। जो प्रधानतः उग्र सश्रृंग सिंह के रूप में चित्रित हुआ है। अप्सराओं की भाँति शार्दुल के पीछे भी गहन लाक्षणिकता छिपी हुई हैं बानपुर में शिखर के नीचे देव कलिकाओं के दोनों ओर शार्दुलों का सुन्दर अंकन किया गया है।

शोभन

मानव जीवन का इतिहास जितना प्राचीन है, उसका स्वयं को सजाने का इतिहास भी उससे कहीं कम नही है। छाल व पत्तों से शरीर के ढ़कने के पीछे भी यही भावना थी। ज्यों–ज्यों मानव के जीवन का विकास हुआ, उसकी यह रूचि जीवन के प्रत्येक क्षेत्र में परिलक्षित होने लगी। कला मानव जीवन की चेरी रही है। उसका मानव से निकट का सम्बन्ध रहा है। कला उसकी स्वाभाविक व सज्जात्मक अभिरूचि की अभिव्यक्ति रही है। अतः ज्यों–ज्यों कला का विकास हुआ मनुष्य की सज्जात्मक रूचि का भी विकास हुआ; चाहे व चित्रकला हो, मूर्तिकला या स्थापत्य, सज्जा उसका आवश्यक अंग बन गये। प्रागैतिहासिक काल से लेकर वर्तमान काल तक इसके सुन्दर उदाहरण चँहू ओर देखने को मिलते हैं। मूर्तिकला में चपटे धरातल की अप्रियता को दूर करने व शेष स्थान का पूर्ण करने के लिए सज्जात्मक शिल्पन किया गया। स्थापत्य जब विकास की चरम सीमाओं का स्पर्श कर रहा था तब उसके स्तम्भों, द्वार पक्षों, तोरणों, गवाक्षों, देवकुलिकाओं और भित्तियों पर अलंकरण की आवश्यकता हुई। इन अलंकरणों में प्रारम्भ में पत्रावली, रचना, पशु–पक्षियों के अंकन आदि प्राकृतिक तथा आखेट आदि सामाजिक दृष्यों का स्थान मिला। इसके पश्चात युग्मों और मण्डलियों का अंकन बढ़ाया। 10वीं से 13वीं शताब्दी तक मदनिकाओं, अप्सराओं और सुर सुन्द्रियों के अकंन बहुत लोकप्रिय हुए। इन्हें प्रसाधन, पत्रलेखन क्रीड़ा आदि के बहाने अनेक प्रकार की मुद्राओं में प्रदर्शित किया जाने लगा। खजुराहों, कोणार्क आदि में यह देखा जा सकता है मदनपुर एवं बानपुर की मूर्तिकला व चित्रकला में सज्जात्मक तत्वों का बहुत सुन्दर ढंग से कलाकार ने उपयोग किया है। यहाँ उसने प्रकृति से प्रेरित होकर जहाँ प्राकृतिक अलंकरणों, कमल पुष्प, बेल आदि का सुन्दर अंकन किया है वहीं पर ज्यामितीय सज्जात्मक तत्वों का भी भरपूर उपयोग किया है।

हिन्दुओं का सर्वोत्तम एंव पवित्र सज्जात्मक चिन्ह कमल है। जिसको बहुत सी आकृतियों में दर्शाया गया है, तथा इसकी शास्त्रों में पदम् नाम दिया गया है। इसका मुख कुछ आकृतियों में अर्धविकसित दिखाया गया है तथा कुछ में पूर्ण विकसित गुप्तकालीन शिल्प में इसका बहुत प्रयोग मिलता है। तथा चन्देल काल में भी इसका बहुत प्रयोग हुआ है।

सज्जा का दूसरा साधन "वृक्ष" रहा है जिसका तना लहरदार लाईनों में ओर पत्तियाँ व फूल भी विभिन्न प्रकार की शैलियों में उत्कीर्ण किये गये है। त्रिकोण विभिन्न प्रकार से शिल्पन हैं जिसमें प्रत्येक में तीन फूल या तीन पंक्तियाँ चित्रित की गयी हैं। पंक्ति बुद्ध

कमल के फूलों का अंकन बहुत सुन्दर हुआ है, जिसमें एकान्तर कमल गोल आकृति में बने हैं। खड़ी हुई नलिनियों की पंक्तियाँ जो खिली हुई हैं और प्रायः प्रवेशद्वार पर शिल्पित की गयी हैं। घोड़े की नाल वाली एक विशेष आकृति का शिल्पन प्रायः शिखर को सज्जित करने के लिए किया गया है, जिसका उदाहरण बानपुर के सहस्त्रकूट जिनालय में स्पष्ट है। कुछ छोटे अभिप्राय जो माला के दानों के समान पंक्तिबद्ध हैं। छोटे–छोटे खाली स्थानों को भरने के लिए प्रयोग किये गये है। स्तम्भों को सजाने के लिए घट पल्लव, घंटावली, कीर्तिमुख, आदि का प्रयोग हुआ है तो द्वार पक्षों पर लहरदार सज्जात्मक "राम–रेखा" 1 काशिल्पन है। एक ही अभिप्राय को कई–कई प्रकार से प्रयोग किया गया है तथा एक ही प्रकार के प्रतीक से बहुत सी बातों का आभास प्राप्त हो जाता है। कमल एक स्थान पर केवल पंखड़ियों के समूह में है, जबकि दूसरे स्थान पर केवल वलयाकृति में था कर्ण के आधार पर चतुष्कोणीय फूल जिसमें चार ही पंक्तियाँ हैं, कहीं बहुत खड़ा वृत्ताकार पूर्ण विकसित कमल है, जो मुख्य आकृति के नीचे, मध्य में या किसी छत के मध्य में दिखाया गया है जैसा मदनपुर की "बड़ी कचहरी" के दोनों ओर के छोटे कमरों की छत में स्पष्ट है।

स्तम्भों के आधार पृष्ठ पर यह कमल की पंक्तियाँ भव्य रूप में चित्रित की गयी है, जो अधिक गहरी नहीं है और केवल लहरदार है। यह अभिनय मदनपुर में स्पष्ट देखने को मिलता है। एक पंक्ति जो दीवार पर या खम्भों पर है या धरातल पर सर्पिया चित्र है। जो बहुत सुन्दर तरीके से ऊपर उठता है और पृष्ठ भाग में ओझल होता हुआ दिखाया गया है, जिसमें पंक्तियाँ है, खिले हुए फूल हैं, जो गोलाई के रिक्त स्थानों की पूर्ति कर रहे है। मदनपुर के बड़ी कचहरी के पश्चिमी द्वार पर, बाह्य भिति पर व बानपुर जिनालय के द्वार पक्ष पर स्पष्ट रूप से परिलक्षित होता है। विभिन्न वृतिय–शित्पन जो बहुत छोटे स्थानों पर किये गये हैं, बहुत आकर्षक है। जिनमें छोटे वृतीय फूल, पत्तियाँ, चतुष्कोणीय आयत आदि हैं, जो पूरे अलंकरण को बहुत आकर्षक बना देते हैं। घोडे की नाल की आकृतियों के रूपीय पंखड़ियों के फूल हैं और माला के दानों के समान उनकी व्यवस्था की गयी है। इन सज्जात्मक अलंकरणों के साथ–साथ ही कुछ विशेष प्रकार के अभिप्राय या प्रतीकों का प्रयोग भी शोभन के रूप में किया गया है, जिनमें कीर्तिमुख, कीचक, शार्दुल, सिंह, हाथी, घटपल्लव व घंटावली आदि बनाये गये हैं। कीर्तिमुख एक सज्जात्मक तत्व है, जिसका अंकन स्तम्भों, तोरणों व छतों में किया गया है। इस तत्व के अंकन के पीछे टोने टोटके का रहस्य छिपा रहता है। वर्तमान में भी इस प्रकार के मुख बनाकर नये भवनों में लगा दिये जाते हैं। कीर्तिमुखो से मालाएँ, लड़ियाँ, घंटावली, तथा श्रृखलाए आदि झूलती हुई दिखाई जाती हैं। मदनपुर व बानपुर में इसका खूब प्रयोग किया गया है। मदनपुर में बड़ी कचहरी

की छत में चारों ओर व बाह्य भित्ति पर, चम्पोमठ के मुख्य द्वार के चरण पीठ पर तथा बानपुर में स्तम्भों के ऊपरी भाग में धटपल्लव के नीचे कीर्तिमुख बनाये गये हैं, जो बहुत सुन्दर व कल्पना मिश्रित हुए हैं जिसमें मुख से घंटावली व श्रृंखलाओं झूलती हुई अंकित है।

कीचक का प्रयोग भी सज्जात्मक तत्व के रूप में किया गया है इसका आलेखन ऐसे मनुष्य की आकृर्ति में होता है जो स्तम्भ शीर्ष पर बैठकर अपनी पीठ पर समूची छत का भार वहन कर रहे है। मदनपुर में दोनों ही कचहरियों के खम्भों पर इसका प्रयोग अत्यन्त सुन्दरता से किया गया है। जहाँ प्रत्येक खम्भे पर चारों ओर चार भार–वाही या कीचक बनाये गये हैं। यहाँ बड़ी कचहरी के पूर्वी द्वार पर गणेष मुखी कीचक का अंकन विशेष रूप से दर्शनीय है। शार्दुल का अंकन बानपुर के सहस्त्रकूट जिनालय की शिखर की निचले भाग पर जहाँ देव कुलिकाएं बनी हैं देवियों की कुलिकाओं के दोनों ओर हुआ है। इससे पशु का मुख बना होता है यह बहुत बलिष्ठ बनाया जाता है। कुद विद्वान इसे वासनाओं का प्रतीक व कुछ इसे विशुद्ध आलंकारिक मानते है।

घटपल्लवों का अंकन बानपुर में विशेष रूप से स्तम्भों पर दोनों ओर ऊपर व नीचे तथा प्रत्येक स्तम्भ के चारों ओर हुआ है। इसमें एक घट के मुख से सुन्दर पुष्प व पल्लव निकल कर दोनों ओर लटकते हुए तथा फैले हुए बनाये गये है।

मूर्तियां का सुन्दर बनाने के लिए भी अलंकरणों का उपयोग किया गया है, जिसमें मुख्यतयाः गहनों को शोभन का माध्यम बनाया गया है। यद्यपि जैन–कला में तीर्थंकरों की मूर्तियों पर श्रीवत्स के अतिरिक्त कोई गहना नही होता। लेकिन अन्य देवी, देवताओं यक्ष, यक्षियों, दिक्पाल, क्षेत्रपाल, तथा ब्राह्मण–धर्म में तो सभी देवी देवताओं को गहनों से सजाने की परम्परा प्राचीन काल से ही चली आयी है। इसमें सुन्दर कलात्मक मुकुट, गले में माला, नेकलेस, हाथों में कंकण व बाजूबंद, कमर में बहुत सुन्दर मेखला जिसमें लटकती हुई श्रृंखलाएं, पैरों में नुपुर व पायजेब, कानों में कुण्डल, आदि का प्रयोग मदनपुर में बहुत सुन्दर ढंग से किया गया है। तीर्थंकरों के अतिरिक्त कोई भी ऐसी मूर्ति प्राप्त नहीं है जिस पर गहनों से अलंकरण न किया गया हो।

चन्देल कालीन कला में सज्जात्मक प्रतीकों का शिल्प कला में बहुत समृद्ध व कलात्मक प्रयोग है, किन्तु गुप्त काल के काल प्रतीको की मान्यता को प्राप्त नही कर सकी गुप्त कालीन दशावतार मन्दिर के प्रवेश द्वार पर जो इन सज्जाओं का अद्‌भुत मिश्रण मिलता है, उसमें मूर्तियों के साथ ऐसी एकात्मकता है जो ऐसा प्रतीत होता है कि सर्वोत्कृष्ट कला एक रूचि के परिचायक है और किसी सर्वोच्च शिल्पकार द्वार शिल्पित की गयी हैं।

1. ''देशानुरूपभूषवेषालकारमूर्तिः कार्या'' वृहस्संहिता 59.2
2. के0 एस0 सरस्वती ए सर्वे ऑफ इण्डिया स्कल्पचर, पृ0–151
3. ए0 के0 कुमार स्वामी– हिस्ट्री ऑफ इण्डिया एण्ड इन्डोनेशियन आर्ट, पृ0–92
4. वासुदेव शरण अग्रवाल–मथुरा कला, पृ0–14
5. जे0 एन0 बनर्जी–डेवलमेन्ट ऑफ हिन्दू आइकनोग्राफी, पृ0–93
6. वही वही पृ0–95
7. वासुदेव शरण अग्रवाल मथुरा कला, पृ0–18 व, पृ0–59
8. अपराजितपृच्छा –219 / 1–9
9. बलराम श्रीवास्तव – रूपमण्डन– सूत्रधार–मोतीलाल बनारसीदास, पृ0–56
10. पी0 सी0 मुखर्जी रि0 आ0 ऐन्टी0 इन डि0 ललितपुर, खण्ड –1 पृ0–30
11. विष्णुधर्मोत्तरपुराण –3 / 55
12. अपराजित पृच्छा –213 / 25–27
13. रूपमण्डन –4 / 27–39
14. बलराम श्रीवास्तव रूपमण्डन सूत्रधार अध्याय– 2 श्लोक–07
15. गोपीनाथ राव–एलीमेन्ट ऑफ आइकनोग्राफी भाग–01 खण्ड–, पृ0–379–80
16. दुर्गासप्तसती –देवी महात्मय–8 / 13–14
17. बलराम श्रीवास्तव रूपमण्डन सूत्रधार, पृ0–94
18. वासुदेव शरण अग्रवाल–कैटलाग ऑफ ब्रहमनीकल ईमेज इन मथुरा आर्ट, पृ0–59
19. सम्पूर्णानन्द–हिन्दू देव परिवार का विकास, पृ0–147
20. जे0 एन0 बनर्जी– डेवलपमेन्ट ऑफ हिन्दू आईकनोग्राफी, पृ0–356
21. अपराजितपृच्छा–212 / 35–37
22. बलराम श्रीवास्तव रूपमण्डन सूत्रधार, पृ0–77
23. वासुदेव शरण अग्रवाल–मथुरा कला, पृ0–74
24. एस0 डी0 त्रिवेद्वी – स्कल्पचरर्स इन दा झाँसी म्यूजियम, पृ0–59
25. जे0 एन0 बनर्जी – डेवलपमेन्ट हिन्दू आइकनोग्राफी, पृ0–144
26. भगवन्त सहाय– आइकनोग्राफी ऑफ माइनर हिन्दू एवं बुद्धिष्ट डाईटी, पृ0–74
27. जे0 एन0 बनर्जी, डेवलपमेन्ट आइकनोग्राफी, पृ0–345
28. गोपीनाथ राव, एलिमैन्ट आफ आइकनोग्राफी, खण्ड–2, पृ0–274
29. जे0 एन0 बनर्जी, डेवलपमेन्ट ऑफ आइकनोग्राफी, पृ0–535
30. बलराम श्रीवास्तव रूपमण्डन सूत्रधार, पृ0–181

31. कनिंघम – आक्र0 सर्वे0 रि0, खण्ड–21, पृ0–173
32. इशा बसन्ती जोशी उत्तर प्रदेश डि0 गजे0 झाँसी 1965, पृ0–328
33. एवं चिरंतमाणंकटिटमाण पडिमाणं–वसुनंदिश्रावकाचार, 446
34. उमाकान्त परमानन्द शाह–स्टडीज इन जैन आर्ट, पृ0–4
35. बलभद्र जैन – भारत के दिगम्बर जैन तीर्थ–ज्ञान पी0 प्रकाशन, पृ0–15
36. काशी प्रसाद जयसवाल–कलिंग चक्रवर्ती महाराज खारवेल के शिलालेख का विवरण –नागरी प्रचारिणी पत्रिका भाग–08, अंक–3, पृ0–16
37. काशी प्रसाद जयसवाल –जैन इमेजीज ऑफ मौर्य पिरीयड, खण्ड–23, भाग–1, पृ0–130–132
38. वासुदेव शरण अग्रवाल – इण्डियन आर्ट, पृ0–230
39. भाग चन्द जैन–देवगढ़ की जैनकला, पृ0–65
40. अभिधानचिन्तमणि – देवधिदेवकाण्ड, पृ0–24–25
41. तिलोयपण्णत्ति –4 / 316–19
42. वे महान आत्माएँ जिनका मोक्ष प्राप्त करना निश्चित है।
43. तिलोयपण्णत्ति –4 / 1276
44. वही, 9 / 1474
45. तिलोयपण्णत्ति महाधिकार 4, प्रवचन सारोद्धार द्वार–7, गाथा 290–92
46. वातोद्धत्ता जटास्तस्य रेजुराकुलमूर्तयः रविषेणकृत–पद्म पुराण
47. आर्के0 रार्वे0 इण्डिया–वार्षिक –1925–26, पृ0–125
48. प्रतिष्ठासार संग्रह–5 / 72 / –74,346–47,1 / 7279
49. अभिधान चिन्तमणि –1 / 7–48
50. कुमार स्वामी – यक्षज, भाग–1, पृ0–36–37
51. वसुनन्दी –5 / 112
52. यू0 पी0 शाह – यक्षाज वरशिप इन अर्लीजन लिटरेचर खण्ड–अं, पृ0–71
53. प्रतिष्ठा तिलक, पृ0–115–16
54. आचार दिनकर–उदय–33, पृ0–210
55. अर्वोवृर्षभलाछनमभूद भगवतों जनन्या च चतुर्दशानां स्वप्नानामादावृषभै दृष्टसतने ऋषभः अभिज्ञान चिन्तामणि
56. बी0 सी0 भट्टाचार्य–दा जैन आइकनोग्राफी, पृ0–35
57. मथुरा म्यूजियम कैटलाग, पृ0–67

58. बी0 सी0 भट्टचार्य दा जैन अइकनोग्राफी, पृ0–51
59. समस्त ललितपुर क्षेत्र में भगवान शान्तिनाथ की ऊँची प्रतिमा बनाने की परम्परा थी, चाँदपुर 16 फिट,दुधई 14 फिट, बानपुर 15 फिट, आहार 18 फिट, सिरोन 14 फिट
60. बलभद्र जैन ने यहा शान्तिनाथ की मूर्ति के दोनो ओर कुन्थुनाथ व आरहनाथ की मूर्तियाँ बताई है। जो यहा नही है यहा दोनो ओर इन्द्र बने है जिनकी ऊँचाई 3,3 फिट है। बलभद्र जैन, भारत के दिगम्बर जैन तीर्थ, खण्ड–1, पृ0–204
61. बी0 सी0 भट्टचार्य दा जैना आइकनोग्राफी, पृ0–44
62. गर्भत्ये देव्याः चन्द्रपानदोहदो भूदिति चन्द्रप्रभः हेमचन्द्र
63. जो राजकीय संग्रहालय झाँसी में प्रदर्शित है।
64. बी0 सी0 भट्टाचार्य दा जैना आइकनोग्राफी, पृ0–44·
65. वही वही वही , पृ0–61
66. देवगढ़ के महावीर मन्दिर में स्थित सलेटी पत्थर की महावीर की प्रतिमा विशेष दर्शनीय हैं।
67. वसुपूज्यनृर्पतरेय वासुपूज्य –अभि0 चिन्तामणि
68. बी0 सी0 भट्टाचार्य –दा जैना आइकनोग्राफी, पृ0–58
69. पी0 सी0 मुखर्जी रि0 एटि0 डि0 ललितपुर खण्ड–1, पृ0–30
70. ऊँचाई 16 फिट
71. 3 फिट
72. 6 फिट
73. 12 फिट
74. 11 फिट
75. 14 फिट 4 इंच है।
76. कूट–पर्वत श्रृंग
    अ. तारानाथ भट्टाचार्य, वाचस्पत्यम्–तृतीयभाग–वाराणसी 1962, पृ0–2162
    ब. कूटोवस्त्री शिखर कूंटगम–अमर सिंह–अमर कोष–का0 2 वर्ग श्लोक –4, पृ0–121
    स. द्वारकाप्रसाद चतुर्वेद्वी –संस्कृत शब्दार्थ को स्तुभ–इलाहाबाद – 1957, पृ0–343
77. तीर्थंकर शरीर में 108 मुख्य और 900 सामान्य लक्षण शास्त्रों की दृष्टि से माने गये हैं दे0 जिनसेन–महापुराण – पूर्व –15 श्लोक –37–44
78. देवगढ़ के मन्दिर सं0 24 में जड़ी मूर्तियों में धरणेन्द्र के गोद में बालक का अंकन हुआ है।
79. अ0 दे0 पं0 आशाधर –प्र0 सं0 3–151 ब द0 नेमिचन्द्रदेव –प्र0 ति0, पृ0 338
80. बी0 सी0 भट्टाचार्य –दा जैना आइकनोग्राफी, पृ0–108
81. जे0 एन0 बनर्जी–डेवलपमेन्ट हिन्दू आइकनोग्राफी, पृ0–521
82. गोपीनाथ राव–एलीमेन्ट ऑफ आइकनोग्राफी भाग–02– ''ए0 हि0 आ0 ''वा0 भा0–2, पृ0–515

83. जंबूद्वीप पष्णन्ति संग्रहो उद्देश्य 11, पृ0–216–217
84. विष्णुधर्मोत्तरपुरण 50/04–5
85. गोपीनाथ राव–एलीमेन्ट ऑफ आइकनोग्राफी भाग–02, पृ0–518
86. बी0 सी0 भट्टाचार्य –दा0 जैना आइकनोग्राफी, पृ0–109
87. ऋग्वेद 3/20/2, 5/2/3, 1/31/13, 6/02/18
88. अग्निपुराण 56/19
89. इन्दूमती, प्रतिमा विज्ञान, पृ0–328
90. शिल्प रत्न 13/09/10
91. मतस्य पुराण 261/12/14
92. अपराजितपृच्छा 213/11
93. विष्णुधर्मोत्तरपुराण 57/1–2
94. बी0 सी0 भट्टचार्य– इण्डिया इमेज , पृ0–30
95. गोपीनाथ राव–एलीमेन्ट ऑफ आइकनोग्राफी भाग–02, पृ0–528
96. नेऋति हरितवर्ण शववाहन खड्गपाणि–निर्वाणकलिका
97. धूम्रवणीय व्याघ्रचर्मवृताय गुद्ररहस्ताय प्रेत वाहनाय–आचार दिनकर
98. बी0 सी0 भट्टाचार्य– दा जैना आइकनोग्राफी, पृ0–111
99. गोपीनाथ राव–एलीमेन्ट ऑफ आइकनोग्राफी भाग–02, पृ0–529
100. वरूण धवलवर्ण मकर वाहन पाशायणिम्–निर्वाण कलिका
101. बी0 सी0 भट्टाचार्य– दा0 जैना आइकनोग्राफी, पृ0–112
102. अपराजित पृच्छा 213/14 रूपमण्डन 2/36
103. बी0 सी0 भट्टाचार्य– दा0 जैना आइकनोग्राफी, पृ0–112–13
104. गोपीनाथ राव –एलीमेन्ट ऑफ आइकनोग्राफी, भाग–02, पृ0–533
105. लम्बोदरश्यतु बांहु बाम पिंगललोचनः।
उदीश्यवेशः कवचीहार मालार्पितोदरः।। वि0 ध0–53/3–4–5–6
106. कुबेर मेषसस्थितम् , अग्निपुराण –51/15
107. गोपीनाथ राव–एलीमेन्ट ऑफ आइकनोग्राफी भाग–02, पृ0–537
108. वरं तथा त्रिशूलच नागेन्द्र बीजपूरकम्ः
विभ्राणों वृषभारूढ़ ईशानों धवलधुतिः ।। रूपमण्डन 2/38
109. ईशानधवलवर्ण वृषवाहन त्रिनेत्रशूलपाणि । निर्वाण कलिका
110. बी0 सी0 भट्टाचार्य– दा0 जैना आइकनोग्राफी, पृ0–115

3

देली चित्रकला मदनपुर-बानपुर

भित्ति चित्र कला का इतिहास

चित्र कला का इतिहास उतना ही पुराना है जितना स्वतः मानव का। जब से मानव ने प्रकृति प्रांगण में आँखें खोली हैं तभी से अपने आस–पास की वस्तुओं को अंकित करने का प्रयास करता रहा है। यही कारण है कि भारत ही नहीं, संसार भर में गुहाओं की भित्तियों पर प्रागैतिहासिक काल के चित्र उपलब्ध होते हैं। चित्रण के इतिहास में उन चित्रों के निर्माणं के लिए उसके पास सबसे पहला आधार उन गुफाओं व शैलाश्रयों की भित्तियाँ ही थीं, जिनमें वह रहता था। भारत में विन्ध्य पर्वत की निर्जन पहाड़ियों की गुहाओं में आदि मानव की कला चेतना के दर्शन होते हैं।

भारतीय साहित्य में भित्ति–चित्रण के अनेक उल्लेख प्राप्त होते हैं, जिससे प्रमाणित होता हैं कि पुराण काल में भी कथाओं के आधार पर चित्र बनाये जाते थे। स्कन्द पुराण में ऐसे स्थलों का वर्णन है, जहाँ भवनों में चित्रण किया हुआ था।[1] विश्वकर्मा देवताओं की स्थापत्य कला के निर्माण हैं, उन्हीं के समान वायु व ऐश्वर्य वाले हैं और चित्रगुप्त जो यम के सेवक हैं और उनके लेखा रखने वाले इत्यादि के चित्र वे प्रारम्भिक चित्र हैं जो विकासोन्मुख कला के प्रतीक हैं।[2] चित्रगुप्त का शाब्दिक अर्थ चित्र निर्माता, आलेख का शाब्दिक अर्थ किसी के जीवन को क्रमबद्ध रूप से प्रस्तुत करना हैं। बाल्मिकि रामायण में उल्लेख हैं कि कैकेयी का राज प्रासाद चित्रगृहों से सुशोभित था तथा राम के राज प्रासाद में भित्तिचित्र उत्कीर्ण थे।[3] लंका का तोरण बेलबूटों से सुसज्जित था ''महाउम्मंग जातक'' में ऐसे विशाल

भूमि–गृह का उल्लेख है, जिसमें निपुण चित्रकारों ने अनेक प्रकार के चित्र निर्मित किये थे। चित्रशाला की भित्ति पर अनेक रूचि भेद के चित्र बनाये जाते थे। वाण ने इन्हें दर्शित विश्व सा चित्रभित्ति कहा है।[4]

कालिदास रघुवंश में ध्वस्त अयोध्यानगरी में "भित्तिचित्रों" या चित्रों से सजी भित्तियों का वर्णन करते हैं। विष्णुधर्मोत्तर पुराण का चित्रसूत्र, भोज रचित समराँगण सूत्रधार, सोमेश्वर रचित मानसोल्लास, नग्नजित का चित्र लक्षण, यशोधर पंडित की "जय मंगला" कुमार द्वारा रचित शिल्परत्न आदि प्राचीन ग्रन्थों में भित्तिचित्रों का प्रचुर मात्रा में तकनीकी ज्ञान उपलब्ध हैं। हेमचन्द्राचार्य के "त्रिषष्टिश्लाका पुरूषचरित" में राजभवन की भित्तियों पर चित्रों का उल्लेख हैं।

प्रागैतिहासिक काल के चित्रों के पश्चात् भारतीय कला के प्राचीनतम चित्रों के प्राप्त उदाहरण जोगीमारा लगभग तीसरी या दूसरी शताब्दी ई0 पू0 के हैं किन्तु वे इतनी बुरी अवस्था में हैं कि उनके मूल रूप का पता नहीं चल सकता। ई0 सन् तथा उसके बाद से चित्रों की संख्या बढ़ने लगती हैं, जो गुप्त काल में अपने विकास की चरम सीमा पर पहुँच जाती हैं। अजन्ता के भित्तिचित्र किसी भी प्राचीन सभ्यता की चित्रकला के प्राप्त महत्तम उदाहरणों में अन्यतम हैं। अजन्ता के अतिरिक्त गुप्तकालीन चित्रकला के अन्य उदाहरण बाग व बादामी की गुफाओं में प्राप्त हैं। ये सभी चित्र गुफाओं की भित्तियों में बनाये गये हैं। यद्यपि आज ये चित्र अपने जीवन के अन्तिम साँस गिन रहे हैं पर भारतीय चित्रकला की उत्कृष्टता घोषित करने के लिए पर्याप्त हैं।

आठवीं नवीं शताब्दी में अजन्ता की चित्रकला के कुछ गुण सुरक्षित रूप से दक्षिणी भारत में जैन चित्रकला से ओत–प्रोत सित्तनवासल की गुफा में देखे जा सकते हैं। जहाँ छत के मध्य में एक कमल का फूल है तथा उसके दोनों ओर उड़ते हुए या हवा में तैरते हुए गन्धर्व बनाये गये हैं। यद्यपि यहाँ अजन्ता कला के कुछ आदर्श टिमटिमा रहे थे लेकिन चित्रकला की एक शैली भी यहाँ देखने को मिल रही थी जिसने अजन्ता में ही अन्तिम समय में अपना प्रभाव दिखाना ही शुरू कर दिया था, जिसमें रूप प्रतिमा के समान स्थिर नजर आने लगा था, अब कला में एक नई शैली का विकास हो रहा था जिसे कुछ विद्वान कला का ह्रास भी कहते हैं। अजन्ता के सबसे अन्तिम चित्रकार के तूलिका रख देने के पश्चात् भारत से भित्ति चित्र कला समाप्त हो गयी यह कहना उचित नहीं होगा। क्योंकि सित्तनवासल व कुछ अन्य स्थानों पर हमें इसके उदाहरण देखने को मिलते हैं तथा नवीं शताब्दी में ही भित्ति चित्रकला का पुर्नउत्थान "एलोरा" के मन्दिर में देखने को मिलता है, जहाँ जैन गुफा, जो इन्द्र सभा कहलाती है, में छत में अजन्ता व सित्तनवासल के समान

उड़ते हुए युगल दृष्टिगोचर होते हैं, जो जैन दर्शन के अनुसार अर्ध देवी शक्तियाँ हैं। कैलाश मन्दिर के स्तम्भों व छत में हम आठवीं से 12वीं शताब्दी तक के चित्र देख सकते हैं, जबकि गुजरात में 12वीं शताब्दी में जैन चित्र हस्तलिखित ग्रन्थों पर बनने लगे थे।[5]

उत्तर मध्य काल में भित्ति चित्र बहुत कम बने, इसके दो कारण मुख्यतः देखने में आते है। एक तो आक्रमणों के कारण भवनों को धराशाही करने की प्रवृत्ति ने कलाकारों को भित्ति चित्रण से विमुख किया तथा दूसरे चित्रकारों को ताड़पत्र जैसा सरल आधार मिल गया था। सोलहवीं शताब्दी के अन्तिम दशकों में राजस्थानी तथा गुजराती भित्ति चित्रण के उदाहरण प्रायः उपलब्ध होते है।[6]

यद्यपि एक संदर्भ के अनुसार जलालुद्दीन खिलजी (1290–96 ई0) ने "झेन" राजस्थान के किले में भित्ति चित्र देखे थे, जो उसके द्वारा नष्ट कर दिये गये थे।

इसी प्रकार नालन्दा विश्वविद्यालय की भित्तियों के चित्रित होने के सन्दर्भ भी ग्रन्थों में प्राप्त होती हैं।[7] तथा वहाँ हाल में हुई खुदाई में भवनों में चित्र प्राप्त हुए हैं।

उत्तर भारत में इस काल में भित्ति चित्र मदनपुर जिला ललितपुर में छोटी कचहरी (विष्णु मन्दिर[8]) की छत में प्राप्त होते है, जो चन्देल राजा मदन वर्मा (1130 से 1165 ई0)[9] के समय के माने जाते हैं। ये चित्र अजन्ता व सित्तनवासल की भित्ति चित्र व गुजरात की ताड़ पत्रीय चित्रकला के बीच की कड़ी कहे जा सकते हैं। छत में अजन्ता व "एलोरा" के समान मध्य में बड़ा कमल है व दोनों ओर उड़ते हुए गन्धर्व बनाये गये हैं जो रूप की दृष्टि से एलोरा के जैन गुहा के चित्रों के बहुत निकट हैं, जो जैन चित्रकला से बहुत मिलते है।

इस प्रकार हम देखते हैं कि जैन चित्रकला न केवल अपनी समृद्ध थाती के लिए, अपितु प्राचीनता के लिए भी प्रसिद्ध है। भारतीय चित्रकला की समस्त शैलियों में 15वीं शताब्दी ई0 पूर्व के जितने चित्र प्राप्त हैं उसमें मुख्य तथा प्राचीनता जैन चित्रों की है। प्राचीन महत्व के ये जैन चित्र दिगम्बर जैनियों से सम्बद्ध है, जिन्होंने अपने सम्प्रदाय सम्बन्धि ग्रन्थों को चित्रित करवाने में बड़ी रूचि ली थी। ऐतिहासिक विकास क्रम की दृष्टि से 10वीं शताब्दी ई0 से लेकर 15वीं शताब्दी ई0 तक चित्रकला परम्परा को जीवित बनाये रखने के लिए जैन कलाकारों का सर्वाधिक योगदान रहा।

अपभ्रंश शैली (जैन शैली) के चित्रों के साथ विकसित होने वाली राजस्थानी शैली ने भित्ति चित्रण के लिए पुनः नये आयाम खोल दिये और राजमहलों, मन्दिरों, हवेलियों, छतरियों की भित्तियों पर भी चित्रण गौरत्व का चिन्ह माना जाने लगा। प्रायः समस्त राजस्थान व बुन्देलखं डमें कारीगर जयपुर आदि से भित्ति तैयार करने जाया करते थे, तथा वहाँ के स्थानीय कलाकारों के सहयोग से चित्र निर्माण करते थे, जिससे क्षेत्रीय लोकतत्व

और चित्रकार की व्यक्तिगत योग्यता का अन्तर हमें समस्त क्षेत्र में देखने को मिल जाता हैं। 16वीं व 17वीं शताब्दी के भित्तिचित्र दतिया, तालबेहट आदि के महलों व मन्दिर में प्राप्त हैं। जहाँ हमें स्थानीय भित्ति चित्रों में मुगल शैली का प्रभाव भी दिखाई देता है। परिवेश और आकृतियों के नैसर्गिक छायाँकन की चित्रकला मूलतया चन्देलों से विकसित हुई है।

राजनीतिक इतिहास के अनुसार छठीं शताब्दी के आरम्भ में विध्योत्तर भारत का ह्रासयुग आरम्भ हो जाता हैं। संस्कृति के सभी अंगो में ओजस्विता का अभाव हो जाता है अतः चित्रकला भी दुरावस्था की ओर लुढ़क चली थी। भित्ति चित्रों का जमाना सम्भवतः पूर्व मध्यकाल के साथ बीत चुका था। बेरूल में बने भित्तिचित्रों के अतिरिक्त इस काल के ओर कोई विशिष्ट उदाहरण नहीं मिलते हैं। अपने यहाँ छोटे चित्रों का विधान भी सर्वथा भित्ति चित्रों पर अवलम्बित है, किन्तु भित्तिचित्रों के उत्कर्ष और प्रमुखता का युग पूर्व मध्यकाल तक ही मानना पड़ेगा।

10वीं शताब्दी के पूर्व परवर्ती काल के पुस्तक चित्र ही मुख्यता प्राप्त हैं। शैली के अनुसार इनके दो भेद हैं। ये पोथियाँ बढ़िया ताड़ पात्र (राजताल) पर लिखी जाती थी। इन पर बुद्ध की जीवनी व जातक कथाओं के दृश्य रहते थे। जिनमें रंग लाल, नीला, सफेद, काला आदि प्रयोग होते थे। इन चित्रों में अजन्ता की परम्परा स्पष्ट रूप से दिखती है। वहीं स्निग्ध माँसल आकृतियाँ, वहीं चारू भंगीमाएँ और प्रवाह मान रेखाएँ, पृष्ठिका में सुन्दर थोड़े वृक्ष, रंग–विधान आकर्षक, इनमें भित्ति चित्रों की सभी विशेषताएँ हैं। चूँकि इन सभी चित्रित ग्रन्थों में पाल संवत् व पाल राजाओं का उल्लेख मिलता है, जिनका साम्राज्य पूर्वी भारत में था, अतः इस शैली को पाल शैली कहा गया। यद्यपि इस शैली में अजन्ता की परम्परा विशेषताएँ सजीव रूप से पाई जाती हैं, फिर भी ह्रास की विशेषताएँ भी दिखाई पड़ती है। ध्यानों का निश्चित रूप, अंगों, मुद्राओं में अकड़, लम्बी नाक, सवाचश्म चेहरों की अधिकता अतिरिक्त लम्बी नाक व परली आँख कथित जैन शैली के चित्रों की भाँति चेहरे की सीमा के बाहर निकली हुई नहीं होती, फिर भी पाल शैली के सवा चश्म उक्त आलेखनों में बहुत मिलते हैं। इस प्रकार बौद्ध चित्रकला भित्तियों से पालशैली के ताड़पत्रीय ग्रन्थों पर उतर आयी।

अपभ्रँश शैली

दक्षिण भारत के मन्दिरों में बने भित्तिचित्रों से यह स्पष्ट होता है कि पूर्व मध्य काल में ही चित्रण शैली में विकार के थोड़े–थोड़े चिन्ह प्रकट होने लगे थे। गुजरात में चित्रण परम्परा में यह विकार बहुत अधिक दृष्टिगत होने लगा। मुसलमानों के आक्रमण के बाद भी गुजरात

में व्यापार जैन सम्प्रदाय के हाथों में रहा अतः जैनों ने सुरक्षा की दृष्टि से चित्रितग्रन्थ बनवाने प्रारम्भ कर दिये। इस कारण से जैन उपाश्रयों, मन्दिरों व ज्ञान भण्ड़ारों में सचित्र ग्रन्थों को भेंट करने की परिपाटी में वृद्धि हो गयी। मुसलमानों के आक्रमणों से त्रस्त बौद्ध चित्रकार पूर्वी भारत में चले गये, अतः अच्छे चित्रकारों का अभाव व चित्र की अधिक माँगो के कारण शैली में गिरावट आ गयी, फिर भी जैन मन्दिर बने, उनमें मूर्तियाँ बनी, उनमें अतिभंग, गौणीय तराश, वक्षस्थलों का अत्यधिक कन्दूक सदृश उभार, नाक लम्बी व नुकीली व आँखे लम्बी कोरी गयीं। जैन तीर्थंकरों की प्रतिमाओं में शीशे व चाँदी से बनी हुई आँखे ऊपर से जड़ी जाती थीं। मूर्तिकला का यह अतिशय वाला रूप, अपरिपक्व चितेरे ने ताड़पत्र जैसे छोटे व आलेख्य स्थान में नुकीले निब की सहायता से काली रेखाओं में धर्म–प्रयण जनता के लिए बनायें ग्रन्थों की सज्जा हेतु उतारना आरम्भ कर दिये। उनके द्वारा बनाये गये चित्रों में ऊँचा ललाट, आँखे चश्मों के फ्रेम के सदृश्य, परली आँख का पूर्ण चित्रण, पतला दुबला शरीर, भावों का अभाव, हस्तमुद्राएँ कमजोर, वृक्ष व पशुओं का सांकेतिक अंकन जैसी विशेषताएँ उभर कर आयीं। गिरावट के ये चिन्ह एलोरा, सित्तनवासल व तिरूमलाई के चित्रों में प्रकट होने लगे।[10] उत्तर प्रदेश में ललितपुर में मेहरौनी तहसील से 50 कि0 मी0 दूर मदनपुर की आल्हा–ऊदल की बैठक (विष्णु मन्दिर) में 12वीं शती के अन्तिम दशक के चित्र अपभ्रंश शैली[11] में मिलते हैं। इस शैली का नामकरण पहले जैन शैली दिया गया। इसका कारण यह था कि उस समय तक इस शैली के चित्रों का परिचय केवल जैन पोथियों में मिलता था। कम से कम हमारे देश में कला कभी भी सम्प्रदाय–परक नहीं रही है। शुंग, कुषाण व गुप्त एवं मध्यकाल की मूर्ति, वास्तु व चित्रकला में कोई भी संप्रदाय परक विभेद नहीं पाया गया। यह अलग बात है कि उन संप्रदाय विरोध की विशेषताओं के कारण उनकी आकृतियों में एकाध निजस्व हो, किन्तु उनका व्यापक रूप एक हैं।

यही सिद्धान्त तथा–कथित जैन कला के विषय में भी लागू होता है। सित्तनवासल के जैन चित्र अंजता व वाघ के चित्रों से बिल्कुल भिन्न नहीं हैं। यह बात अवश्य हैं कि उक्त हजार, आठ सौ वर्ष तक जैन सम्प्रदाय का प्रभाव देश के एक बहुत बड़े हिस्से पर व्यापत था। फलतः इस काल के अधिकांश चित्र ग्रन्थ जैन सम्प्रदाय के ही हैं। इसका कारण यह रहा कि जैन धर्म व धार्मिकता में सदैव अद्वितीय रहे। इन चित्रों में ह्रास का एक कारण यह भी रहा कि उन चित्रित ग्रन्थों की माँग अधिक होने लगी। अतः कार्य जल्दी प्रस्तुत किया जाने लगा, किन्तु उक्त प्रभाव का यह तात्पर्य नहीं कि एक अलग जैन शैली रही हो। चित्रकला पर जैन प्रभाव केवल इस रूप में पड़ा कि व्रत–तपस्या वाले इस मत में प्रयुक्त होने के कारण अनेक शक्तियों तक इस चित्रकला का रूप बहुत कुछ निगृहीत रहा।

जैन शैली का समर्थन कुछ विद्वान यह मानकर भी करते थे कि ये चित्र साधुओं ने बनाये, लेकिन ऐसा मानने की गुंजाइश नहीं पायी जाती। ये चित्र कृपढ़ चित्रकारों ने भी बनाये हैं। इस शैली के उत्साही खोजी "श्री सारा भाई नवाब" को 15वीं शती के दो चित्रकारों के नाम भी मिले हैं (भारतीय विधा 1945) जिनसे यह स्पष्ट होता है कि ये चित्रकार जैन नहीं थे। जैन ग्रन्थों के अतिरिक्त कितने ही चित्रित अजैन ग्रन्थ भी मिले हैं। जिनमें बाल गोपाल स्तुति, गीत गोविन्द, दुर्गासप्तसती, रति रहस्य आदि मे इस शैली के दर्शन होते हैं। कला ह्रास का मुख्य केन्द्र गुजरात था, लेकिन इसका तात्पर्य यह नहीं कि यह वहाँ की शैली "गुजरात शैली" थी। गुजरात उस समय जैन सम्प्रदाय का मुख्य केन्द्र था। इन चित्रों का आलेखन कोई नया उत्थान नहीं था। प्राचीन शैली की विकृति मात्र है, जो अपभ्रंश ही एक ऐसा शब्द है जिसके द्वारा उन विकृतियों की समुचित अभिधा ही नहीं, व्यंजना भी हो सकती है।[12]

गिरावट वाले चिन्ह किसी एक क्षेत्र में ही नहीं, बल्कि प्रायः सम्पूर्ण भारत के चित्र सृजन में थे। यथार्थ में यह समय राजनैतिक और सांस्कृतिक मूल्यों के ह्रास का था। यही अधःपतन साहित्य के क्षेत्र में भी था। साहित्य गिरावट के लिए अपभ्रंश शब्द का व्यवहार प्रायः सभी विद्वान स्वीकार कर चुके थे। अतः प्रसिद्ध साहित्य सेवी व कला मनीषी रायकृष्ण दास ने इस गिरावट वाली शैली का नाम "अपभ्रंश शैली" रख दिया, जिसमें प्रान्तीय व सम्प्रदाय वाली गंध नहीं थी। अपभ्रंश वाले नाम को प्रायः सभी विद्वान स्वीकार करने लगे हैं।[13]

इस शैली का एक सुन्दर उदाहरण मदनपुर के विष्णु मन्दिर में देखने को मिलता हैं। जहाँ चन्देलकालीन विष्णु मन्दिर में तथा–कथित जैन शैली के चित्र हैं।[14] यदि यह शैली मात्र जैन शैली होती तो इसके चित्र ब्राह्मण सम्प्रदाय के इस मन्दिर में क्यों बनते। वास्तव में यह एक तत्कालीन शैली बन गयी थी, जिसमें इस काल का प्रत्येक चित्रकार कार्यरत था। वह जैन था न ब्राह्मण न बौद्ध वह मात्र चित्रकार था तथा चित्रण करना उसका कार्य था। वह कार्य चाहे जैन पोथियों में हो अथवा मदनपुर का विष्णु मन्दिर।

अपभ्रंज़ 'जैन' चित्र्कला का रचना विधान

शैली एवं संरचना की दृष्टि से जैन चित्रकला का अपना पृथक महत्व है। उसका चक्षु–चित्रण उसकी विशिष्टता का द्योतक है, जो कि प्रत्येक दर्शक को सहज ही में आकर्षित कर लेता है। जैन चित्रकला का यह चक्षु–चित्रण वस्तुतः जैन मूर्तिशिल्प का प्रभाव है, जिसे

कि विशेष रूप से जैन प्रतिमाओं में देखा जा सकता है। उसका प्रभाव राजपूत तथा मुगल शैलियों पर भी परिलक्षित हुआ। रंगों एवं रेखाओं के संयोजन में जैन कलाकारों की सजगता प्रशंसनीय है। ताड़पत्रों पर अंकित चित्रों में प्रधानता पीले रंग का प्रयोग किया गया है। यद्यपि स्वर्ण रंग को भी संयोजित किया गया है। मदनपुर के भित्ति चित्र में भी पीले रंग की प्रधानता स्पष्ट परिलक्षित होती है। कागज चित्रों की पृष्ठभूमि पीले तथा लाल रंग की हैं और वस्त्र चित्रों पर उनके छोटे–छोटे चिन्ह अंकित कर दिये गये हैं। मदनपुर के चित्रकार ने भी उसी परम्परा के वशीभूत होकर (क्योंकि जिस समय मदनपुर के चित्र बने, चित्रकार ताड़पत्र आदि पर चित्र बनाने लगा था) पृष्ठ भूमि पीले रंग से ही बनाई हैं।

जैन चित्रकला में धोतियों की सज्जा अत्यन्त आकर्षक है। आरम्भिक चित्रों में जैन साधुओं के वस्त्रों को मोती जैसी श्वेत या स्वर्णिम रंग में दिखलाया गया है। पुरूषों के वस्त्रों में धोती, दुपट्टा और कटिपट प्रमुख हैं। इसी प्रकार स्त्रियों के चित्रों में चोली, चुन्नर, रंगीन धोती और कटिपट का प्रयोग किया गया है। आभूषणों में मालाओं तथा मुकुटों की प्रधानता है। स्त्रियाँ माथे पर टिकुली, कानों में कुण्डल और बाहों में बाजूबन्द पहिने हैं। प्रायः सभी जैन चित्र लम्बी रत्न मालाओं से अलंकृत हैं।

जैन चित्रों की आकृति एक चश्म, डेढ़ चश्म या दो चश्म है। एक चश्म या डेढ़ चश्म वाले चित्रों में ठोड़ी सेव की तरह बाहर की ओर उभरी हुई है और उसके नीचे की रेखा में गौरव, गर्व तथा स्वाभिमान को प्रकट करने के उद्देश्य से झोल दे दिया गया है। दो चश्म आकार के खड़े हुए जैन मुनियों की ठोढ़ी पर त्रिशूल की भाँति तीन रेखाएँ अंकित हैं। भावों तथा नयनों का फैलाव समान है। एक चश्म व डेढ़ चश्म चेहरों में नासिका शुक–चँचु की भाँति नुकीली है और अनुपात में अधिक लम्बी है। नेत्र उठे हुए तथा बाहर की ओर उभरे हुए है। उनकी लम्बाई कर्ण प्रदेश को स्पर्श करती है। नेत्रों तथा नासिका के अंकन में जैन चित्रकारों की विशेष कुशलता देखने को मिलती हैं।

जैन चित्रकला तथा हिन्दू चित्रकला का विशेष रूप से राजपूत चित्रकला के साथ सम्बन्ध था। गुजरात की श्वेताम्बर कलम से जैन चित्रकला की उत्पत्ति हुई थी। राजपूताना तथा मध्य भारत में संर्वागीण विकास प्राप्त करने के पश्चात् कालान्तर में वह राजपूत कलम में समा गयी। जैन कलाकार राजपूत कलम की ओर लगभग 15वीं शती से ही आकर्षित होने लग गये और बाद में मुगल चित्रकला के ईरानी शिल्प के बढ़ते हुए प्रभाव से वह भी अछूती न रह सकी। फलतः राजपूत चित्रकला की बढ़ती हुई समृद्धि में जैन चित्रकला की परिणति हो गयी। इस रूप में जैन चित्रकला, राजपूत चित्रकला के साथ निरन्तर सम्पर्क स्थापित करती गयी। किन्तु कुछ बातों में दोनों में भिन्नता बनी रही। हिन्दू–राजपूत कला

जब स्थूल मांसलता की ओर अग्रसर हुई और उसमें रागरागिनी, नखशिख तथा बारहमासा आदि विषयक चित्रों का अम्बार लगने लगा, तब भी जैन कला अपनी परम्परागत धार्मिकता में अड़िग बनी रही। अंत में जैन चित्रकला ने अपना उत्तराधिकार राजपूत कलम को सौंपकर इतिहास में अपनी गौरवशाली परम्परा को सुरक्षित कर दिया।

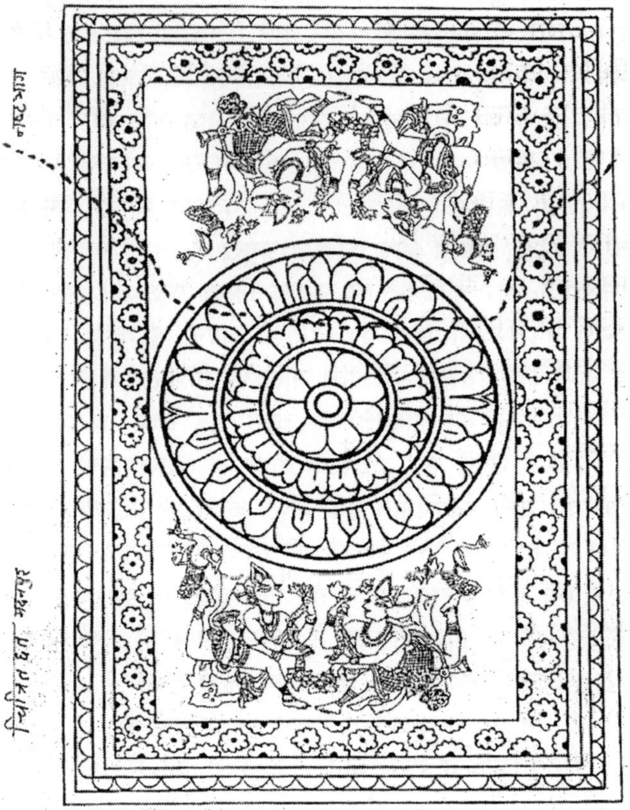

चित्र संख्या–03 मदनपुर में प्राप्त चित्र

मदनपुर विष्णु मन्दिर (छोटी कचहरी) के दक्षिण ओर के खुले हुए छज्जे की छत (सीलिंग) में चित्र बने हुए हैं, जो कथा चित्र हैं। पी0 सी0 मुखर्जी के अनुसार व धर्म पर आधारित हैं। वास्तव में यह सभी पंचतन्त्र[15] की कथाओं पर आधारित कथाचित्र हैं चित्र सं0 56 जो आकार में छोटे लघु चित्रों के समान हैं। ये चित्र संख्या में 14 हैं।[16] सभी चित्र बहुत हल्के व धुँधले हैं। मध्य से पश्चिमी की ओर के चित्र तो बहुत ही अस्पष्ट हो गये हैं। लगभग 100 वर्षो पूर्व जब पी0 सी0 मुखर्जी ने इस जनपद का सर्वेक्षण किया था उस समय सम्भवतया अधिक स्पष्ट होंगे। इस छज्जे के बाहरी ओर एक दूसरा भवन बड़ी कचहरी शिव मन्दिर[17] है शायद उसके कारण वर्षा उन पर अपना पूरा प्रहार न कर सकी, जिससे ये चित्र कुछ सुरक्षित है। क्योंकि उत्तरीछज्जे की छत जिसमें सम्भवतया उस समय चित्र बने होंगे पूर्णतया नष्ट हो चुके हैं। कहीं कहीं कोई धब्बा मात्र ही नजर आता है। स्टेला क्रेमरिश ने इन चित्रों को बारहवीं सदी[18] का माना हैं। जबकि आर0 ए0 अग्रवाल

ने इन्हें 14वीं शती[19] का माना है। इसी मन्दिर की छत में एक बहुत बड़ा चित्र है, जो कि पूर्वी ओर से लगभग आधा समाप्त हो गया है तथा पश्चिमी और तत्कालीन चित्रकला के इतिहास की कहानी स्वयं कहता है। यह चित्र मन्दिर की छत (सीलिंग) को सजाने के उद्देश्य से बनाया गया होगा। इसके मध्य में बहुत बड़ा पूर्ण विकसित कमल व दो गंधर्व हाथों में माला लिए हुए बनाये गये हैं।

छत की सज्जा के लिए बनाये गये मुख्य चित्र में मध्य में एक बहुत बड़ा कमल का चित्रित किया गया है। जो पूर्ण विकसित बनाया गया है। कमल के पूर्ण विकसित रूप को तीन गोलों में एक साथ अर्थात पंक्तियों के तीन क्रम में अलंकृत रूप में दर्शित किया गया है। कमल के अन्तिम बाह्म पंक्ति में गहरे रंग से एक अन्य अलंकरण किया गया है। इस कमल पुष्प के दोनों ओर दो–दो गन्धर्व बनाये गये हैं, जिनमें से पश्चिमी दिशा की दोनों आकृतियाँ पूर्णतया स्पष्ट देखी जा सकती हैं। ये कोणीय उड़ती हुई व हाथों में माला लिए हुए हैं, जो मध्यकालीन जैन ताड़चित्र शैली के समान शरीर से चिपके हुए वस्त्रों से सुशोभित हैं। उनकी नाक नुकीली व लम्बी हैं। परली आँख गाल के पार निकली हुए परवल के समान है। जैसी की मध्यकालीन अपभ्रंश या जैन कला में चित्रित की जाती थी। दोनों ओर मोर व पुष्पों का अलंकरण किया गया है। दोनों आकृतियों के शीश पर मुकुट हैं। ये लम्बी अंलकृत मालाएँ पहने हुए हैं। हाथों में अलंकरण व बाजू बन्द व पैरों में पायजेब आदि सुशोभित हो रही है। वस्त्र बहुत अलंकृत बनाये गये है दाहिने ओर की आकृति के शरीर में कत्थई रंग भरा गया है, जबकि बांये ओर की आकृति के शरीर का रंग पृष्ठभूमि के रंग से ही मिलता हुआ है। गहरे रंग से इनका रेखांकन किया गया है। छत का बाहरी वार्डर गोलों व अर्धगोलों के अलंकरण से अंलकृत किया गया है।

पंचतन्त्र[20] की कथाओं पर आधारित चित्र वृतान्त–

कथा चित्रों में प्रथम कथा चित्र दो भागों में है। ऊपर वाले कथा चित्र में एक व्यक्ति लेटा हुआ है तथा उसके पास एक नाग मरा हुआ पड़ा है। पी0 सी0 मुखर्जी ने इसे एक आदमी लेटा हुआ है तथा इसे साँप ने काट खाया है, लिखा हैं।[21] जो गलत है क्योंकि ये पंचतन्त्र की किसी भी कथा से साम्य नहीं रखता है। स्टेला क्रैमरिश ने भी कुछ ऐसा ही वर्णन किया है।[22] वास्तव में यह व्यक्ति सोकर उठा है। जिसकी आँखें खुली हुई है तथा उसके पास साँप मरा हुआ पड़ा है। पंचतन्त्र की कथा ब्राह्मण कर्कटक–कथा चित्र संख्या–7 [23] पर आधारित है। जिसके अनुसार "किसी नगर में एक ब्रह्मदत्त नामक ब्राह्मण रहता था एक दिन किसी आवश्यक कार्य से जब वह बाहर जाने लगा तो उसकी माता ने कहा–बेटे

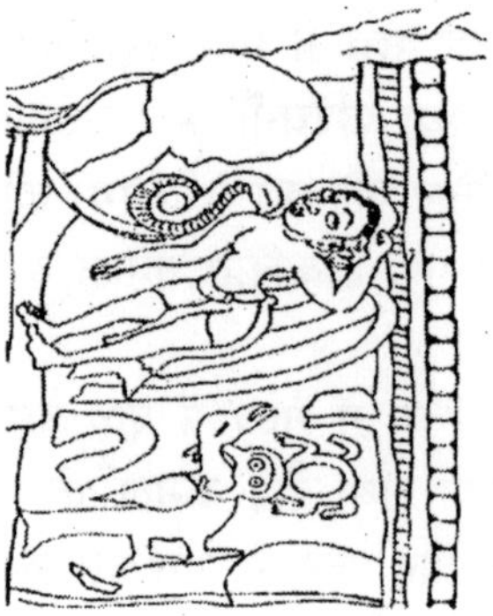
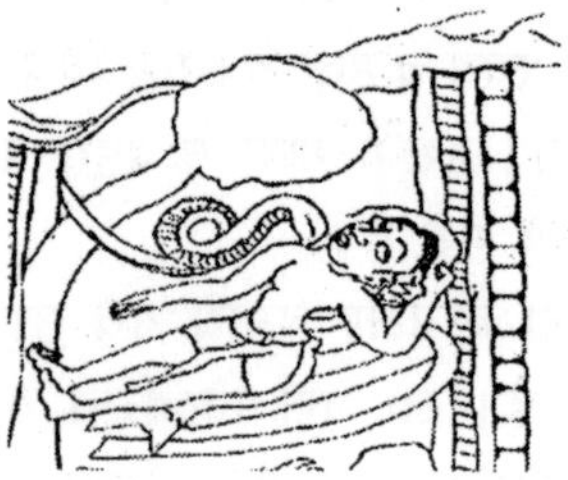

अकेले मत जाओं, कोई साथी खोज लो। उसने उत्तर दिया आप भयभीत न हो, कुछ कार्य वश मैं एकाकी जा रहा हूँ। माँ ने उसके दृढ़ निश्चय को समझकर बावड़ी से एक केकड़ा लाकर बेटे को दे दिया। उसने उसे कपूर की डिबिया में बन्द करके रख लिया और चल दिया।

कुछ दूर जाकर ग्रीष्म काल की भीषण गर्मी से व्याकुल व मध्य रास्ते में वृक्ष के नीचे सो गया। इसी बीच वृक्ष की कोटर से निकलकर एक साँप उस ब्राह्मण के पास आया। कपूर की सुगन्धि से स्वाभाविक रूचि के कारण सर्प ने उस ब्राह्मण को छोड़कर लोभवश उस कपूर की डिबिया को निगलने का प्रयास किया है। कपूर की डिबिया में रखे केकडे ने बाहर निकलकर सर्प को मार डाला। जब ब्राह्मण की नींद खुली तो उसने अपने पास मरा हुआ सर्प पड़ा देखा, उस सर्प को देखकर सोचने लगा इसे केकडे ने ही मारा है। इसी कथा पर आधारित प्रथम चित्र का कथानक है। इस चित्र मे एक व्यक्ति लेटा हुआ है। जिसकी कमर में एक अधोवस्त्र है। शेष शरीर नग्न है अतः यह ब्राह्मण ही हो सकता है, कोई धनिक नहीं। उसके पास ऊपर की ओर एक सर्प मरा हुआ पड़ा है।

पीछे की ओर वृक्ष का चित्रण किया गया हैं चित्र के पृष्ठ भाग में हल्का, पीला रंग लगाया गया है। मनुष्य, कपड़ा, सर्प व पेड़ का तना पीले (यलो आकर) रंग से बना है जिसमें काले रंग से रेखांकन किया गया है। सर्प के ऊपरी भाग में कुछ कत्थई रंग का आभास होता है तथा पेड़ की पत्तियों पर हरे रंग का प्रभाव स्पष्ट परिलक्षित होता है। आदमी की नाक नुकीली व लम्बी, परली आँख चेहरे से बाहर की ओर पूरी बनी हुई है। चेहरे पर हल्की दाढ़ी का अंकन है। वक्ष कोणीय उभार दार है। कमर अधिक पतली, हाथ–पैरों का अंकन समानुपातिक है।

☼ ☼ ☼

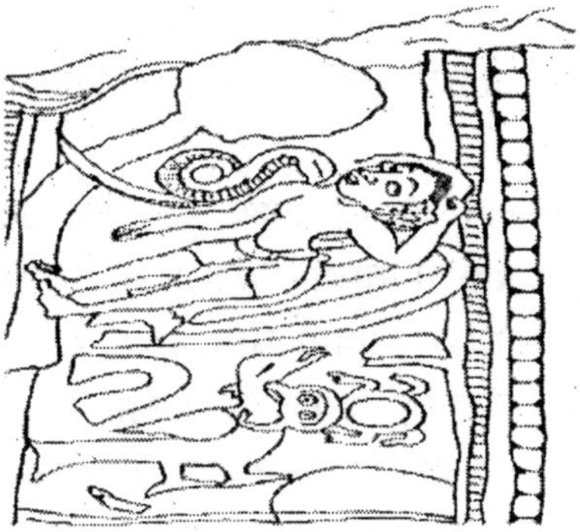

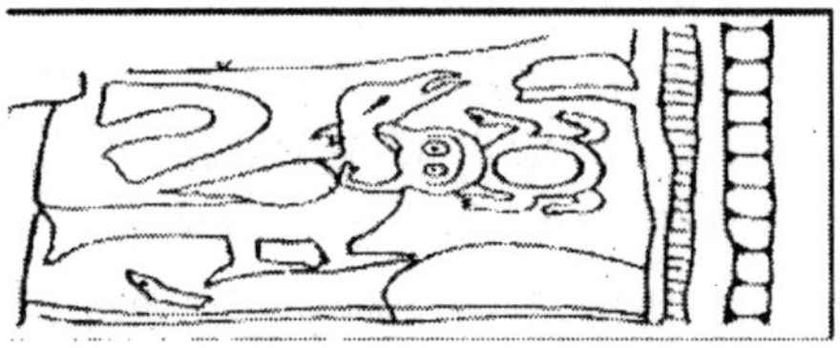

इसी प्रथम भाग के निचले भाग में दूसरी कथा चित्रित की गयी है, इस कथा का सम्बन्ध भी केकड़ा (कंर्कट) से है। यद्यपि यह कथा प्रथम तन्त्र से ली गयी है तथा उपरोक्त चित्रित कथा पंचम तंत्र से है। सम्भवतया दोनों कथाओं का सम्बन्ध कर्कट नामक जीव से होने के कारण एक भाग को दो भागो में बाँट कर साथ–साथ दो कथा चित्र बना दिये गये है। इस कथा चित्र का कथानक प्रथम तंन्त्र ''मित्र भेद'' की कथा नं0 7 बक–कर्कट–कथा[24] से लिया गया है। चित्र संख्या 7 इस चित्र में एक कर्कट केकड़ा एक चिड़िया (बक) की गर्दन को अपने तेज जबड़ो में पकड़े हुऐ है।

पी0 सी0 मुखर्जी ने इसे एक पानी की चिड़िया पर एक उकाब झपट रहा है।[25] लिखा है। स्टेला क्रमरिश ने भी इसका वर्णन लगभग इसी कथानुसार किया है, कथानक सार इस प्रकार है। किसी वन में अनेक जलपुष्पों से सनाधित एक विशाल सरोवर था, उसमें निवास करने वाला एक बक वृद्धावस्था के कारण मछली मारने में असमर्थ था। भूख से व्याकुल वह सरोवर के किनारे अश्रु–प्रवाह धारा से रो रहा था। एक कर्कट अन्य जलचरों के साथ जाकर पूछने लगा मामा आप क्यों रो रहे है, भोजनादि का प्रबन्ध नहीं कर रहे हैं। इस पर बक ने कहा ''मुझे वैराग्य हो गया है।'' कर्कट के कारण पूछने पर उसने कहा देवताओं के प्रकोप से कुछ समय बाद भीषण अनावृष्टि होगी। यह तालाब सूख जायेगा। सभी जलचर विनष्ट हो जायेंगे। मैं उनका विनाशात्मक वियोग देखने में असमर्थ हूँ। इसीलिए आज मरण का व्रत लेकर बैठा हूँ। इससे सभी छोटे जलचर भयभीत होकर पूछने लगे ''मामा'' कोई उपाय बताओ, जिससे हमारी रक्षा हो सकती हो। बक ने कहा, इस जलाशय से थोड़ी दूर एक बहुत गहरा जलाशय है, जो चौबीस वर्षो की अनावृष्टि से भी नहीं सूखेगा, यदि कोई मेरी पीठ पर चढ़े तो मैं उसे वहाँ पहुँचा सकता हूँ। सभी ने बक का विश्वास कर लिया।

वह दुष्ट बक क्रमशः उनकी अपनी पीठ पर बैठाकर जलाशय से थोड़ी दूर स्थित शिला पर ले जाकर पटक देता ओर अपनी इच्छानुसार भोजन करके पुनः जलाशय पर आकर कपोल कल्पित समाचार सुनाता।

किसी दिन कर्कट ने कहा मामा प्रथम प्रेमालाप तो मेरे साथ हुआ था, आप मुझे छोड़कर दूसरों को मुझसे पहले क्यों ले जा रहे हैं। बक ने सोचा–''कई दिन से मछली का माँस खा रहा हूँ, आज इसे ग्रहण करूँगा।'' यह सोचकर अपनी पीठ पर चढ़ा, वधशिला की ओर चल दिया, शिला पर स्थित अस्थि–पर्वत देखकर कर्कट ने समझ लिया की ये मछलियों की हड्डियाँ हैं। अतः बक से कहने लगा ''जलाशय कितनी दूर है,'' बक हँसकर बोला–''यह तो मेरी जीविका का साधन मात्र है''। तुम अपने इष्टदेव को स्मरण कर लो। इसी शिला पर पटक कर तुम्हें खा जाऊँगा। बक के यह कहते ही कर्कट ने अपने दोनों दाँतो से उस बक की भृणाल के समान ग्रीवा इस प्रकार पकड़कर दबायी कि वह मर गया तथा बक की ग्रीवा को लेकर सरोवर के पास धीरे–धीरे आ गया और बाकी जानवरों से सारी कथा सुनायी।

चित्र में एक बड़े पंछी की गर्दन एक कर्कट द्वारा पकड़ी हुई दिखाई गयी है। इस पंछी की चोंच लम्बी पंजे बड़े बनाये गये हैं तथा यह गहरे कत्थई रंग से रंगा गया है तथा काले रंग से इसका बाह्म रेखांकन किया गया है। केकड़ा सुनहरी पीले रंग से बना है, जिसके चार पैर बनाये गये हैं। शरीर गोल है व मुँह बड़ा बनाया गया है। जिस पर दोनों आँखे स्पष्ट व गोल बनाई गयी हैं तथा यह अपने बड़े दाँतेदार जबड़ों से बक की गर्दन दबा रहा है। चित्रकार ने बक की चोंच थोड़ी खोलकर उसका भाव चित्रित करने की कोशिश की है तथा केकड़े की गोल आँखों में छोटी सी पुतली बनाकर उसका चेहरा कुछ क्रोधी सा बनाने का प्रयास किया है तथा जिसमें चित्रकार सफल भी हुआ है। बक के पैरों के पास गहरे सुनहरी पीले रंग से गोल, शायद शिलाखंड बनाया गया है। चित्र का पृष्ठ भाग हल्के पीले रंग से चित्रित किया गया है।

☼ ☼ ☼

दूसरा भाग भी प्रथम भाग की तरह दो भागों में ऊपर नीचे बँटा हुआ हैं तथा दोनों में ही दो कथाचित्र हैं। अलग–अलग कथाओं के कथानक पर चित्रित हैं। ऊपर वाले भाग में जिसे पी0 सी0 मुखर्जी ने भी तीसरा चित्र कहा है।[26] वानर–चटक दम्पत्ति कथा[27] के कथानक पर आधारित है चित्र सं0 08 जिसमें नीचे एक बन्दर बैठा हुआ चित्रित किया गया

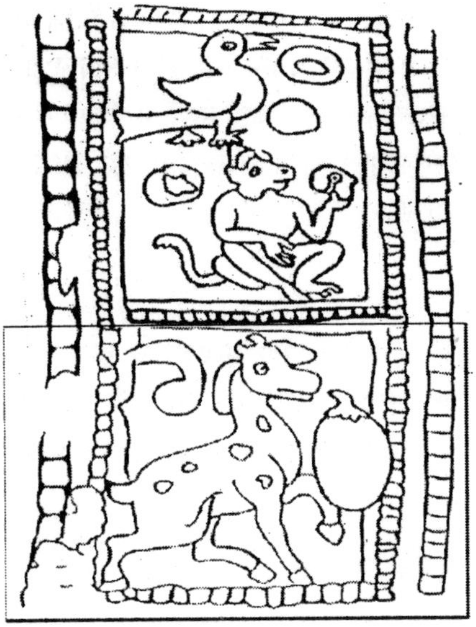

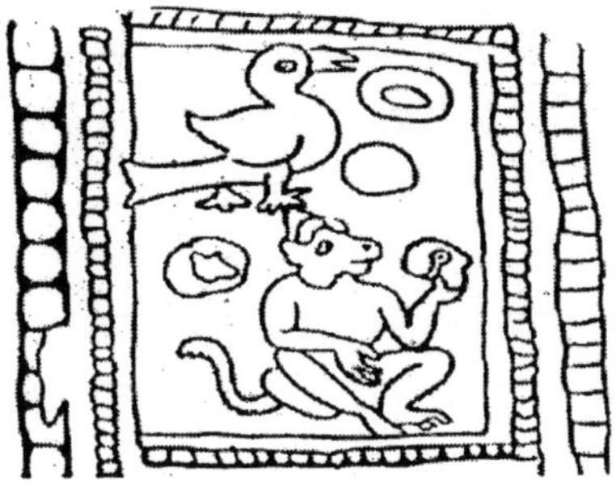

है तथा ऊपर एक चिड़िया चटक बनाई गई है। स्टेला जी ने भी इस चित्र को इस कथा पर आधारित बताया है।

कथानक सार निम्न प्रकार हैः–

किसी वन में एक चटक दम्पत्ति वृक्ष पर घोंसला बनाकर रहते थे। तभी हेमन्त काल में मन्द–मन्द वृष्टि होने लगी। इसी समय शीतल वायु से पीड़ित होकर एक वानर वहाँ आया और वृक्ष के नीचे बैठ गया। ठंड के कारण ठिठुर गया था और काँप रहा था। उसकी इस दशा को देखकर चटक ने कहा–''भद्र पुरूष समान होकर भी इस शीत में क्यों काँप रहे हो ? अरे मूर्ख अपने रहने योग्य एक गृह क्यो नहीं बना लेते हे, चटक की बात सुनकर वह क्रुद्ध हो गया उसने मन में सोचा ''कि यह मेरा उपहास उड़ा रही है। अपने को बहुत होशियार समझ रही है। क्यों ने इसे मार कर मैं आज इसका चहकना ही बन्द कर दूँ।'' यह विचार कर उस वानर ने वृक्ष पर चढ़कर उस नीड़ को छिन्न–भिन्न कर डाला और चिड़िया को घरहीन कर दिया। इसीलिए कहा गया है, ''प्रत्येक व्यक्ति को उपदेश नहीं देना चाहिए''।

चित्रकार ने इस चित्र का चित्रण बहुत सुन्दर किया है। उसने नीचे बन्दर को बैठा हुआ दिखाया है जिसके हाथ में नीड़ का एक भाग है तथा ऊपर नीड़ हीन चटक ही घर के बिना बैठा हुआ चित्रित किया है। इस चित्र की पृष्ठ भूमि भी वन्य चित्रों के समान हल्के

पीले रंग से बनी है। बन्दर को गहरे पीले (यलो आकर) से बनाया गया है। चिड़िया को कुछ ओर गहरे रंग से भरकर बन्दर व चिड़िया का रेखांकन काले रंग से किया गया है। बन्दर का शरीरानुपात व उसके बैठने ढंग बहुत सुन्दर बना है। वह हाथ में लिए नीड़ के भाग को ध्यान से देख रहा है सम्भवतया उसमें उसे अपनी जीत नजर आ रही है, जबकि ऊपर चटक कुछ परेशान मुद्रा में चित्रित किया गया है।

☼ ☼ ☼

नीचे का भाग एक अन्य कथानक पर आधारित है। पी0 सी0 मुखर्जी ने इसे न जाने, कैसे घोड़े का[28] चित्र लिख दिया है। यह चित्र एक सुन्दर बकरी का चित्र है, जो सामने रखे फल पर तेजी से लपक रही है। यह चित्र "चन्द्रभूपति कथा[29] प्रथम खण्ड पर आधारित है चित्र सं0 08 जिसका कथा सार निम्न प्रकार है–

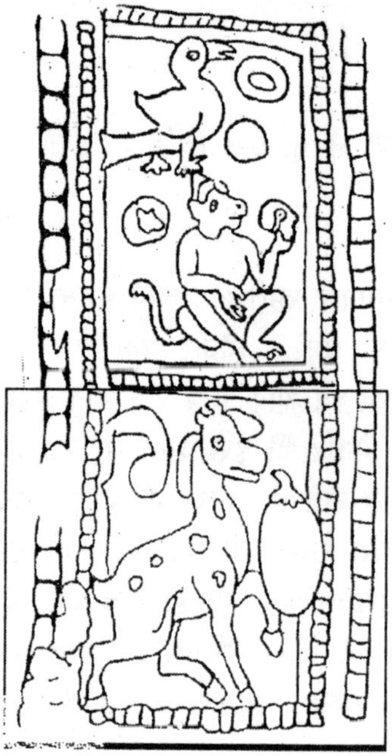

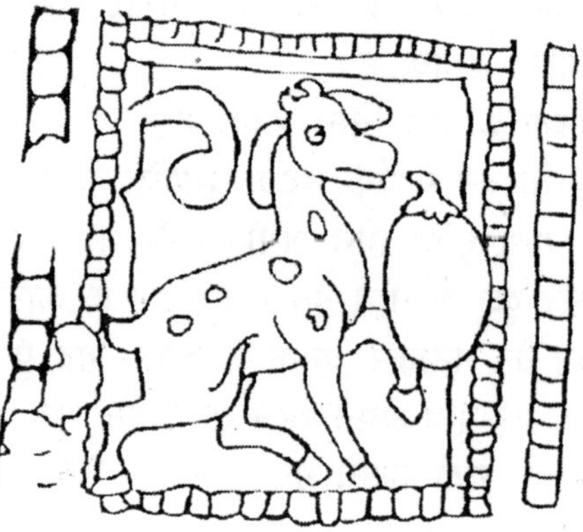

"किसी नगर में एक चन्द्र नाम का राजा रहता था। उसके पुत्रों की बन्दरों के साथ खेलने में विशेष रूचि थी। अतः बन्दरों के झुण्ड को खाद्य देकर पोषण किया जाता था। वानरों के झुण्ड का यूथप नामक वानर बृहस्पति नीतिशास्त्र का ज्ञाता था, तथा नीति सम्मत

आचरण करता था। राजा ने छोटे राजकुमारों के चढ़ने के लिए भेड़ो का झुण्ड पाल रखा था। उनमें से एक भेड़ अपनी जिहवा चपलता के कारण रात–दिन अवसर मिलने पर निडर भोजनालय में घुस जाया करती थी और जो कुछ पाती, खा जाती थी। भण्डारी उसे देखते ही लकड़ी, बर्तन जो कुछ पाता, तुरन्त मार दिया करता था।

वानरों के यूथप ने जब देखा तो उसे बड़ी चिन्ता हुई। उसने मन में विचार किया "कि भेड़ और भण्डारी के मध्य कलह वानरों के विनाश का कारण होगा"। क्योंकि किसी दिन यह भण्डारी कुछ न मिलने पर आग युक्त लकड़ी ही भेड को मार देगा, ऊन युक्त भेड़ जलने के कारण पार्श्ववर्ती अश्वशाला की ओर दौड़ेगी, वहाँ रखी सूखी घास में आग लग जायेगी। फलतः घोड़े जल जायेंगे।" शालिहोज में लिखा है कि घोड़े के जलने का घाव बन्दर की चर्बी से ठीक होता है अतः उसने समस्त वानरों से यह वृतान्त सुनाकर कहा कि जिस गृह मे नित्य अकारण कलह होता हो उसे जीवित रहने की इच्छा रखने वाले व्यक्ति को तत्काल छोड़ देना चाहिए। यह कहकर वह यूथप तो वन चला गया। एक दिन ऐसा ही हुआ और वानरों का राजा ने मार डालने का आदेश दे दिया।

इस चित्र में पृष्ठ भूमि में वही हल्का पीला रंग लगा हुआ है। बकरी गहरे पीले सुनहरे रंग से बनी है, जो एक फल की ओर चपलता से लपक रही है। बकरी का अंग–प्रत्यंग बहुत सुन्दर व लयपूर्ण चित्रित किया गया है। छोटे–छोटे सींग, लम्बे लटके हुए कान व स्पष्ट बनी आँखों के चित्रण से बकरी बहुत भावपूर्ण व चंचल बनी हुई प्रतीत होती हैं।

☼ ☼ ☼

इस फलक पट का तृतीय खण्ड कथा चित्र पाँच सबसे अधिक रंगीन लगता है चित्र सं0 9 इसमें एक नारी आकृति बैठी हुई तथा अपने हाथ से कुछ इशारा कर रही है तथा उसके सामने एक पुरूष खंडा है जिसके शरीर पर वस्त्र के रूप में लँगोटी मात्र है। सिर पर लम्बी चोटी है। एक हाथ में कमण्डल के समान पात्र है। देखने में यह साधु के समान लगता है। पी0 सी0 मुखर्जी ने इसे पति–पत्नि कहा है उनके अनुसार "पत्नि बैठी हुई व पति खड़े हुए[30] बना है।

स्टेला क्रमरिश ने इस चित्र में खड़े व्यक्ति की कोई गरीब व्यक्ति बताया है। जो अपने सीधे हाथ में चिड़िया व उलटे हाथ में जाल पकड़े है[31] लेकिन ऐसा नहीं हैं। यह व्यक्ति ब्राह्मण के समान वेशधारी है। तथा उल्टे हाथ में जाल न होकर कमण्डल ही हैं।

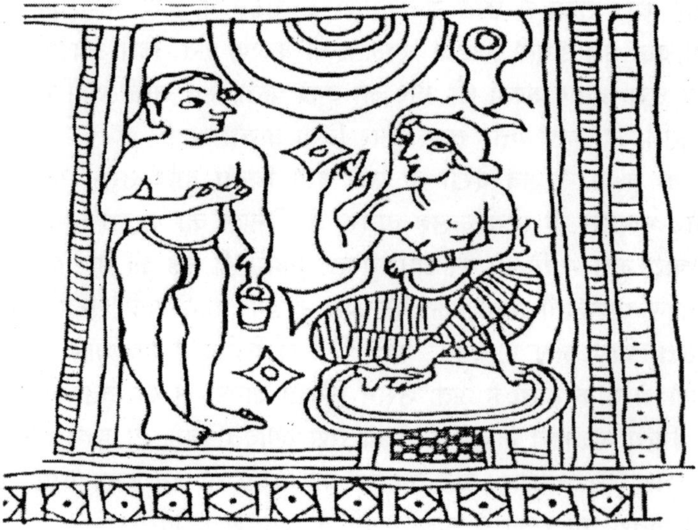

यह चित्र अब प्राप्त पंचतन्त्र की किसी भी कथा पर आधारित नहीं है। सम्भवतया उस समय कोई कथा प्रचलित रही होगी जो अब अप्राप्त हैं। लेकिन यह चित्र सभी चित्रों में बहुत स्पष्ट व सुन्दर है।

☼ ☼ ☼

पैनल के चतुर्थ खण्ड में कथा चित्र छः है। जिसमें एक बड़े वृक्ष का अंकन है तथा एक पुरूष उसके सामने दौड़ती मुद्रा में बना है। यह चित्र ''मन्थर कौलिक कथा'' के कथानक पर आधारित है। चित्र सं0 10 जिसके अनुसार किसी नगर में गन्धर नामक एक जुलाहा रहता था। एक दिन वस्त्र निर्माण करते समय उसके सभी उपकरण टूट गये। कुल्हाड़ी लेकर वह वन में लकड़ी काटने के लिए निकला, इधर–उधर घूमते हुए जब वह समुन्द्र के किनारे पहुँचा तो उसने शीशम के एक वृक्ष को देखा, वह खड़ा व पर्याप्त समझक़र उस पेड़ को काटने लगा। उस वृक्ष पर एक यक्ष रहता था, उसने जुलाहे से कहा मैं इस वृक्ष पर निवास करता हूँ, अतः तुम इसे नहीं काट सकते।

कौलिक ने कहा– ''महाशय में क्या कर सकता हूँ? वस्त्र बनने के लिए आवश्यक काष्टोपकरणों के अभाव में मेरा सम्पूर्ण परिवार भूखों मर रहा है, आप कृपया कहीं और चले जायें। इस पर यक्ष ने कहा तुम कोई वरदान माँग लो और वृक्ष को न काटो। इस पर कौलिक ने कहा ''मैं घर जाकर अपने मित्र व पत्नि से पूछ कर आता हूँ, आप लौटने पर

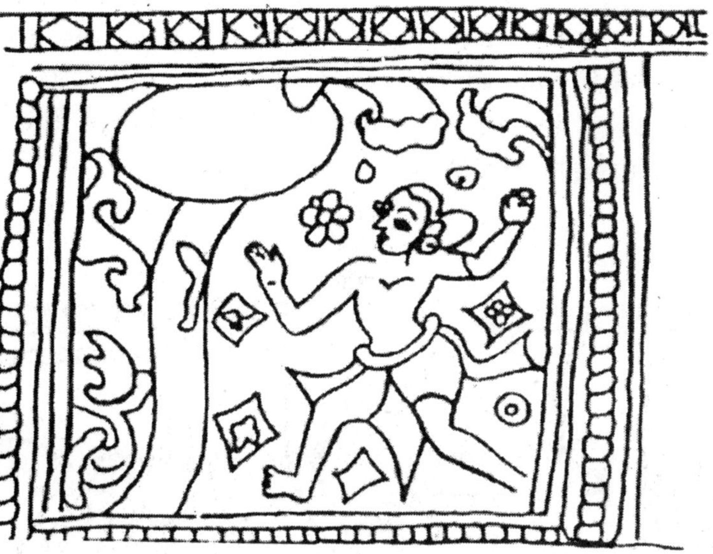

वरदान दीजिए।'' रास्ते में उसने अपने मित्र नापित से वृतान्त कहा तो मित्र ने कहा कि ''मित्र तुम राज्य माँग लो। तुम राजा बन जाना, मैं मंत्री बन जाऊँगा। हम दोनों राज्य सुख से भोगेगे।'' घर जाकर उसने अपनी पत्नि से वृतान्त कहा तो पत्नि ने कहा ''राज्य कष्ट कारक होता है, नाई को क्या बुद्धि होती है, आप उसकी बात न मानें। तुम वरदान में दो और हाथ व एक सिर ओर माँग लो, इससे तुम दुगना कपड़ा बुन सकोगे और हम सुखपूर्वक रहेंगे''। कौलिक ने यक्ष से जाकर यही वरदान माँग लिया। वह प्रसन्न होकर जब घर लौटने लगा तो मार्ग में लोगों ने राक्षस समझकर उसे लाठियों से मार दिया।[32]

इस चित्र में वृक्ष के यक्ष व कौलिक का वार्तालाप चित्रित किया गया है। चित्र में बायीं ओर एक वृक्ष का चित्रण है जिस पर एक बहुत धुँधली सी आकृति सम्भवतया यक्ष की है, चित्रित की गयी है। दायीं ओर एक पुरूष की आकृति एक विशेष मुद्रा में बनाई गयी है, जिसका एक पैर आगे तथा दूसरा पैर पीछे है। दोनों हाथों की स्थिति सामने की मुद्रा जैसी है। वह अपने एक हाथ में कोई छोटा सा उपकरण सम्भवतया कुल्हाड़ी लेकर पेड़ पर प्रहार करने के लिए आतुर प्रतीत होता हैं।

पुरूष के शरीर पर कमर में धोती के समान वस्त्र बना है जो ऊपर को उड़ता सा प्रतीत होता है। शरीर को सम्भवतया साँवला बनाने के लिए उसमें हल्का कत्थई रंग भरा गया है। आँख चेहरे के पार निकली हुई अपभ्रंश शैली के समान बनी हुई है। सिर पर केश

पीछे को बँधे हैं। धोती व पेड़ में वही गहरा मटियाला पीला (यलो आकर) रंग भरा गया है, जिसका रेखांकन कत्थई रंग से किया गया प्रतीत होता है पृष्ठ भाग हल्के पीले रंग से बनाया गया है। खाली स्थान पर कुछ अलंकरण बनाने का प्रयत्न किया गया है। पेड़ के ऊपरी भाग का आभास मात्र गोल सी आकृति से दिया गया है। पूर्ण चित्र अपने कथानक को स्पष्ट करता सा प्रतीत होता है।

☼ ☼ ☼

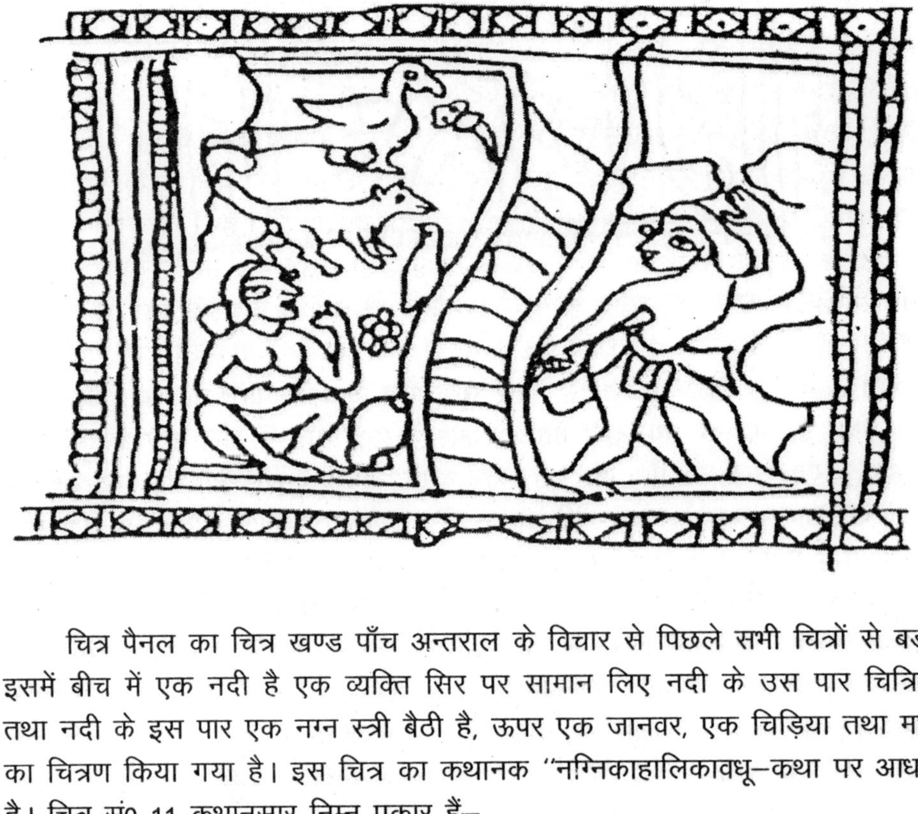

चित्र पैनल का चित्र खण्ड पाँच अन्तराल के विचार से पिछले सभी चित्रों से बड़ा है इसमें बीच में एक नदी है एक व्यक्ति सिर पर सामान लिए नदी के उस पार चित्रित है तथा नदी के इस पार एक नग्न स्त्री बैठी है, ऊपर एक जानवर, एक चिड़िया तथा मछली का चित्रण किया गया है। इस चित्र का कथानक "नग्निकाहालिकावधू–कथा पर आधारित है। चित्र सं0 11 कथानुसार निम्न प्रकार हैं–

किसी स्थान पर किसान दम्पत्ति निवास करते थे। किसान की स्त्री अपने पति की वृद्धावस्था के कारण सतत पर पुरूषगमन की चिन्ता में लगी रहती थी। एक दिन किसी ठग ने उसे घर से निकलते हुए देख लिया। जब वह एकान्त में पहुँच गयी तो उसके समीप

जाकर उससे कहा "सुभगे मेरी स्त्री मर चुकी है, मैं तुम पर आसक्त हो गया हूँ। इस प्रकार उस ठग ने उस दुष्चरिता स्त्री को अपने जाल में फँसा लिया। स्त्री ने कहा मेरे पति के पास बहुत सा धन है वह बुद्धु है। मैं उसका धन लेकर आती हूँ फिर तुम्हारे साथ अन्यत्र चलकर अपनी इच्छानुसार आनन्द लूँगी। दूसरे दिन अपने पति का सम्पूर्ण धन लेकर वह सांकेतिक स्थान पर चली गयी। ठग यह देखकर बहुत प्रसन्न हुआ, और स्त्री को आगे करके जल्दी–जल्दी वहाँ से चल दिया। दोनों भागते हुए प्रायः दो योजन चले आने के बाद मार्ग में एक नदी पड़ी। ठग ने सोचा इस स्त्री को लेकर में क्या करूगाँ। मेरे लिए यह कोई अनर्थ भी खड़ा कर सकती है, अतः मैं इसके धन को लेकर चल दूँ"। इस प्रकार निश्चय करके उसने स्त्री से कहा–प्रिये, यह नदी गहरी है। इसे पार करना कठिन है, अतः पहले मैं गठरी उस पार रख आता हूँ फिर तुम्हें पीठ पर बैठाकर ले चलूँगा और दोनों नदी पार कर लेगें। "ठग के कहने पर उस स्त्री ने अपने पहने हुऐ समस्त वस्त्र व गहने भी उतार कर गठरी में बाँध दिये। तदन्तर वह धूर्त उसकी गठरी लेकर नदी पार करके भाग गया, तथा वह स्त्री नदी किनारे बैठी हुई उस धूर्त की प्रतिक्षा करती रही। इसी बीच एक श्रृगाली मुँह में माँस का टूकड़ा दबाये आ पहुँची। तीर पर आते ही उसने एक मछली जल से बाहर निकली बैठी हुई देखी, उसे देखते ही वह माँस का टुकड़ा जमीन पर रखकर मछली की ओर दौड़ पड़ी।

इसी मध्य एक गिद्ध आकाश से उतर उस माँस के टुकड़े को उठा ले गया, इधर मछली श्रृगाली को अपनी ओर आती देखकर जल में घुस गयी। निष्फल व निराश श्रृगाली को देखकर स्त्री ने कहा "तुम्हारे माँस को तो गिद्ध ले गया, तथा मछली पानी में चली गयी। दोनों को खोकर अब किसको देख रही हो"? इस व्यंग वचन को सुन श्रृगाली चिढ़ गयी और पति, धन व उपपति को खोकर बैठी उस किसान स्त्री का उपहास करती हुई बोली "अरे नग्निके तुम तो मुझ से भी अधिक विदुषी मूर्ख हो, क्योंकि न तो तुम्हें पति ही मिला न जार ही अपना हो सका और धन भी हाथ से निकल गया। तुम किसकी राह देख रही हो?

प्रस्तुत चित्र फलक में नदी के पार जाता हुआ व्यक्ति जिसके सिर पर भार है, उस स्त्री का उपपति है। नदी के इस पार वह नग्नावस्था में किसान स्त्री बैठी है। उसके ऊपर श्रृगाली है तथा नदी किनारे मछली है व ऊपर श्रृगाली का माँस लेने आया गिद्ध चित्रित है। पुरूष के शरीर में लाल रंग भरा गया है। उसकी कमर में धोती बँधी है व नदी पार करके स्त्री की और देख रहा है। शायद अपने जीत व स्त्री की मूर्खता पर आशवस्त है। उसका एक हाथ सिर पर गठरी पकड़े है। सिर पर लम्बे बाल है आँखे मुख के पार निकली हुई है। चेहरे पर मूँछे बनाई गयी हैं। स्त्री आकृति नग्न बनायी गयी है। उसके शरीर में

मटियाला पीला रंग भरकर काली रेखा का रेखांकन किया गया है। केश लम्बे है। वह नदी के पार देख रही है। इसके मुख की रचना भी अपभ्रंश शैली के अनुसार है। श्रृगाली, गिद्ध व मछली भी मटियाले रंग से बने हैं। पृष्ठभूमि हल्के पीले रंग से बनाई गयी है। नदी कुछ चौड़ी व लहर दार बनीं है इसमें वही गहरा पीला रंग लगाया गया है। पूरा चित्र अपने कथानक को स्पष्ट करता है।

☼☼☼

कथा चित्र आठ पंचतन्त्र की सबसे बड़ी कहानी "दूतीजम्बूकाषाढ़भूति–कथा" पर आधारित है इस कथा का कथानक तीन भागों में विभाजित है। यह चित्र भी दो भागों में विभाजित है। दोनों चित्रों का लगभग डेढ़ भाग उनके नीचे लगे मूर्ति शिल्प से छिपा हुआ है, जिससे उस चित्र को समझना कुछ कठिन है। लेकिन कहानी अध्ययन तथा पी0 सी0 मुखर्जी के 100 वर्ष पूर्व देखे चित्र व उनके द्वारा बनाये गये रेखाचित्र के आधार पर यह तथ्य सामने आता है कि यह चित्र उपरोक्त कथा के द्वितीय व तृतीय कथानक खंड पर आधारित है। प्रथम चित्र तृतीय खंड पर आधारित है जो लगभग 2/3 भाग छिपा हुआ है। इसमें एक स्त्री आकृति अपने दोनों हाथ ऊपर उठाये हुए बनाई गई है। जिसका वक्षस्थल तक का भाग दिखाई देता है। यह हाथ ऊपर उठाये हुए रोती हुई तथा अपने पति को प्रताड़ित करती स्त्री है दूसरे खंड में एक पुरूष अपनी स्त्री को पीट रहा है। इस चित्र में स्त्री का चित्र तो स्पष्ट है पर पुरूष के दोनों हाथ व मुख ही दिखाई दे रहा है शेष चित्र मूर्ति शिल्प से छिपा है। कथानक सार निम्न प्रकार हैं–

किसी निर्जन स्थान में देवशर्मा नामक सन्यासी मठ में रहता था, उसके पास पर्याप्त धनराशि थी। वह किसी का विश्वास नहीं करता था। एक धूर्त आषाढ़भूति ने इस द्रव्य को अपहरण करने का विचार किया। अतः वह सन्यासी का शिष्य बन गया तथा अपने सेवा भाव से सन्यासी का विश्वास पात्र हो गया। एक दिन सन्यासी अपने शिष्य के साथ समस्त धन सहित कहीं जा रहा था। रास्ते में सन्यासी ने आषाढ़भूति से कहा मैं शौच से निवृत्त होकर आता हूँ, तुम सावधानी पूर्वक देखते रहना"। सन्यासी के जाते ही वह धूर्त उसका धन लेकर अन्यत्र चला गया सन्यासी जब वापिस आया तो उसे कुछ भी नहीं मिला। यह कथानक का प्रथम खंड हैं।

बहुत देर तक विलाप करने के पश्चात् वह सन्यासी धीरे–धीरे चलने लगा। सूर्यास्त के समय उसको एक ग्राम मिला। उस ग्राम में एक जुलाहा दम्पत्ति शराब पीने समीप के नगर जा रहा था। मार्ग में सन्यासी के आतिथ्य माँगने पर उसने अपनी स्त्री को सन्यासी

के साथ वापस घर समझाकर भेज दिया कि वह सन्यासी का सम्मान पूर्वक सत्कार करें। घर जाकर स्त्री ने सन्यासी को एक टूटी खाट पर सोने को कहकर, अपने जार पति के साथ जाने के लिए श्रृंगार आदि कर घर से निकल कर चलने लगी, तभी उसका पति लौट आया। पति को देखकर वह स्त्री तुरन्त वापस आकर घर में बैठ गयी तथा समस्त श्रृंगार साधन भी उतार दिये, लेकिन उसके पति ने उसे बाहर देख लिया था। अपनी पत्नि के व्याभिचार पूर्ण आचरण से वह पहले ही अनभिज्ञ न था, अतः आते ही उसने अपनी पत्नि से बाहर जाने का कारण पूछा, न बताने पर उसने अपनी पत्नि को पीटा व घर में बाँध दिया। चित्र के द्वितीय खंड में कथानक का यही भाग चित्रित किया गया है, जिसमें वह जुलाहा पति अपनी व्याभिचारिणी पत्नि को पीट रहा है। यह इस कथानक का द्वितीय खंड है–

इस स्त्री की एक और व्याभिचारिणी सखी नापति थी वह इस स्त्री के जार का संदेश लेकर आयी। स्त्री को बँधा देखकर उसने उसे खोल दिया। वह अपने जार पति के पास चली गयी व नापति उसके स्थान पर बँध गयी। इसी बीच जुलाहे की आँखे खुल गयी। उसने अपनी पत्नि से बात करनी चाहीं, लेकिन नापति डर से नहीं बोली। जुलाहे ने समझा की यह अभी भी क्रोध में है। कई बार न बोलने पर जुलाहे ने नापति की नाक काट दी, और फिर सो गया। जब नापति की सखी वापिस आयीं तो नापति ने कहा "मुझे छोड़ दें, नहीं तो मेरा पति जाग जायेगा इसने मेरी नाक काट दी है। तथा वह यह विचार करती हुई कि सुबह अपने पति से क्या कहेगी अपने घर चली गयी। सुबह नापति का पति जब आया तो जल्दी कार्य होने के कारण वह बाहर से ही अपनी पत्नि से बोला "प्रिय मेरे औजारों की पेटी जल्दी दे जाओ, जिससे मैं नागरिकों को बाल आदि काटने के लिए चला जाऊँ।" कई बार कहने पर उसकी स्त्री कुछ न बोली और पेटी में से एक छुरा निकालकर पति की ओर फेंक दिया। पत्नि के इस व्यवहार से पति को क्रोध आ गया और उसने क्रोध में वह छुरा पत्नि की तरफ फेंक दिया। ऐसा करते ही उसकी पत्नि हाथ ऊपर उठाकर चिल्लाती हुई बाहर निकली और शोर मचाकर कहने लगी, "कि मेरे पति ने मेरी नाक काट ली है।" इस पर राजा के सिपाही आयें और नापित को पकड़कर ले गये।

चित्र के प्रथम खण्ड में हाथ ऊपर उठाये हुए घर से निकलती हुई उसी नापति का चित्रण किया गया है अब यह चित्र बहुत अस्पष्ट हो गया है तथा इसका अंश मात्र ही हल्का–हल्का सा दिखाई देता है, जिसमें पृष्ठभूमि वही हल्के पीले रंग से बनी है। स्त्री आकृति जो स्पष्ट दिखाई देती है, उसमें मटियाला पीला रंग भरा गया है। जिसकी गहरे कत्थई या काले रंग से रेखांकन किया गया है। चित्र में ऊपर की ओर अलंकरण जैसे घर

के दरवाजे पर बन्दरवार बाँध दिया जाता है, के समान स्पष्ट दिखता है। शेष चित्र भाग शिल्प के पीछे छिपा हुआ है।

☼☼☼

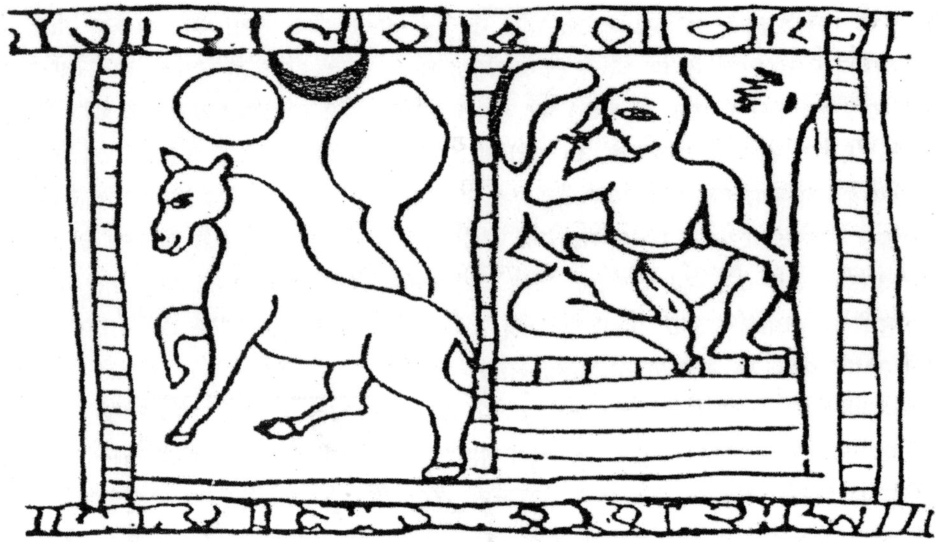

चित्र खण्ड सात जिसे पी0 सी0 मुखर्जी चित्र आठ व नौ लिखते हैं, वास्तव में एक ही कथा चित्र हैं। जिसमें प्रथम भाग में एक घोड़ा बना है, तथा द्वितीय भाग में एक सिर मुंडा व्यक्ति माथे पर हाथ रखे हुए बैठा है। यह चित्र ''मन्दवर रूचि कथा'' चित्र सं0 12 लब्धप्रणाशम्तन्त्र की कथा 6 के कथानक पर आधारित है।

कथा के अनुसार किसी समय एक नन्द नाम का राजा राज्य करता था। उसका यश चहुँ ओर फैला हुआ था। वररूचि नाम का उसका एक मंत्री था, जो अनेक शास्त्रों का ज्ञाता था। एक दिन प्रणय कलह में उसकी पत्नि उससे अप्रसन्न हो गयी। उसने अनेक प्रकार मनाया पर वह संतुष्ट न हुई। बहुत मनाने पर उस स्त्री ने कहा '' यदि आप अपना सिर मुँडाकर मेरे पैरो पर गिर जायें तो मैं प्रसन्न हो सकती हूँ,'' वररूचि ने वैसा ही किया, तदनन्तर वह प्रसन्न हुई।

इधर संयोग से महाराजा नन्द की स्त्री भी उनसे प्रणय कलह में ही कुपित हो गयी। वह भी किसी प्रकार प्रसन्न नहीं हो रही थी। राजा के बहुत अनुनय विनय करने पर रानी

ने कहा "यदि तुम घोड़ा बन जाओं तो मैं तुम्हारे मुख में लगाम लगाकर तुम्हें दौड़ाती हूँ। मेरे दौड़ाने पर यदि तुम घोड़े समान हिन–हिनाओगे, तो मैं प्रसन्न हो जाऊँगी। विवश होकर राजा ने वैसा ही किया। प्रातःकाल राज्य सभा में राजा के पूछने पर वररूचि ने कहा "स्त्रियों के आग्रह से मनुष्य क्या नहीं करता, जिस पर्व पर मनुष्य घोड़े की तरह हिन–हिना सकता हैं, उसी पर्व पर मैंने सिर मुँडवाया है।

इस चित्र में घोड़े का जो चित्र है, वह राजा नन्द का प्रारूप है तथा सिर मुँडे व्यक्ति वाला चित्र वररूचि मंत्री का है। घोड़े वाला चित्र अधिक स्पष्ट है। इसमें पृष्ठभूमि हल्के पीले रंग से बनायी गयी है। घोड़े में भरा गया रंग उड़ गया है, लेकिन उसमें लालपन की झलक है। दोनों ओर दो पेड़ के समान रूप बनाये गये हैं या सम्भवतया द्वार का आभास दिया गया है। घोड़े की रचना बहुत सुन्दर व लयात्मक की गयी है। देखने से ऐसा लगता है कि घोड़ा दौड रहा है। इससे ही सम्बन्धित दूसरे चित्र में बैठे हुए व्यक्ति की आकृति बहुत कलात्मक है। उसका एक पैर मुड़ा हुआ है तथा दूसरा घुटने के बल खड़ा किया गया है। एक हाथ खड़े हुए पैर पर रखा है तथा दूसरा हाथ माथे पर रखा है। सिर मुँडा हुआ है। शरीर में लाल रंग भरा गया है। कमर में बँधी धोती का रंग मटियाला पीला है तथा पृष्ठ भूमि में हल्का पीला रंग किया गया है। ऐसा लग रहा है कि यह व्यक्ति अब अपने किये पर पछता रहा हो। आकृति का अंग विन्यास व अलंकरण अस्पष्ट है।

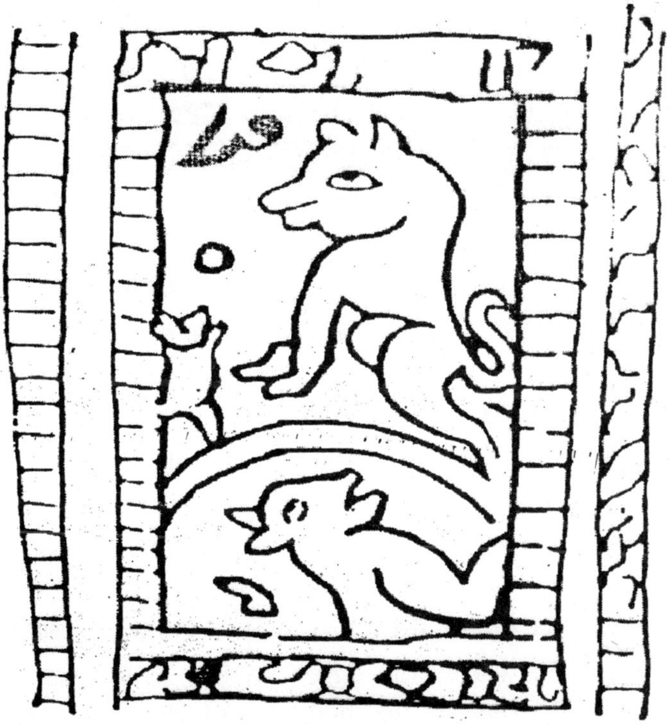

चित्र सं0 10

☼☼☼

चित्र पैनल के खण्ड आठ में चित्रित 10वीं कथा "सिंह शशक–कथा"1 पर आधारित है। इस चित्र में एक सिंह बना हुआ है। उसके सामने एक शशक का चित्रण है। सिंह के पैरो के पास एक कूप का आभास दिया गया है। उसमें एक अन्य सिंह का चित्रण किया गया है। डा0 पी0 सी0 मुखर्जी ने इसे शेर व शेरनी का चित्र कहा है तथा शेरनी का माँद के अन्दर बताया है।[2] वास्तव में ऐसा नहीं हैं। वह माँद न होकर कूप बनाया गया है, जिसमें ऊपर वाले सिंह का प्रतिबिम्ब दिखाया गया है।

कथानक सार निम्न प्रकार है–

किसी वन में भासुरक नाम का विशाल सिंह रहता था। वह प्रतिदिन अनेक मृगों व शशक को मारा करता था, फिर भी उसे शान्ति नहीं मिलती थी। एक दिन वन के सभी जीव–मृग, वराह, महिप, शशक आदि आपस में मिलकर उसके पास गये और बोले–"स्वामी प्रतिदिन सभी पशुओं को मारने से क्या लाभ है ? हम नियमपूर्वक जातिक्रम से एक पशु आपके पास भेज दिया करेगें –इस प्रकार हम लोगों का सामूहिक विनाश भी नहीं होगा।" अतः प्रतिज्ञानुसार प्रतिदिन एक जानवर दोपहर के समय उसके भोजन के लिए उपस्थित हुआ करता था।

कुछ दिनों के बाद जाति क्रम से एक शशक के जाने का अवसर आया। समय का अतिक्रमण करके उस सिंह के विनाश का उपाय सोचता हुआ वह उदास मन से चला जा रहा था। मार्ग में एक कूप पड़ा। उसने कूप पर चढ़कर देखा तो कूप के मध्य में उसकी अपनी छाया दिखाई दी। उस छाया को देखकर उसने अपने मन में सोचा कि "सिंह के नाश का यह उत्तम उपाय हैं। भासुरक को क्रोधित करके मैं अपनी बुद्धि द्वारा उसको उत्तेजित करके इस कूप में गिरा दूँगा। दिन डूबने पर शशक भासुरक के पास पहुँच सिंह भूख से व्याकुल व क्रोध में था। शशक को देखते ही क्रोध से लाल होकर भासुरक ने उसके डाटते हुए पूछा। एक तो तू अल्प काय है, फिर भोजन का समय बिता कर आया है, अतः मैं तुझे तो मारूँगा ही। प्रातःकाल ही समस्त जीवों को मार डालूँगा।

शशक ने कहा–स्वामी इसमें मेरा कोई दोष नहीं है। मैं तो आपके पास साथियों के साथ आ रहा था, रास्ते में एक बलिष्ठ सिंह मिला (भूविवर) दुर्ग से निकलकर उसने मुझसे कहा–तुम लोग कहा जा रहे हो ? अपने इष्ट देवता को स्मरण करो। मैंने कहा हम अपने स्वामी भासुरक नाम के सिंह के पास प्रतिज्ञा के अनुसार उनके भोजन के लिए जा रहे हैं। तब उसने कहा यह वन मेरा है। वह भासुरक चोर है। वह शक्तिशाली है तो मैं उससे युद्ध करूँगा, जो शक्तिशाली होगा वही इन खरगोशों को खायेगा। उसकी आज्ञा से मैं स्वामी के पास आया हूँ। शशक की ऐसी क्रोध भरी बातें सुनकर भासुरक ने कहा मुझे वहा ले चलो।

अपना क्रोध मैं उसी पर उतारूँगा। शशक ने कहा वह दुर्ग में रहता है। भासुरक ने कहा तुम्हें इससे क्या प्रयोजन है ? अतः शशक सिंह के आगे–आगे चल दिया। कूप पर जाकर कहने लगा वह सिंह आपसे डर गया है, अतः दुर्ग में चला गया है और सिंह को कुए में झाँकने के लिए कहा। सिंह को कुएँ में अपनी परछाई दिखाई दी, अतः वह गर्जना करने लगा। गर्जना की कूप से दुगनी प्रति ध्वनि सुनकर वह प्रतिबिम्ब को अपना शत्रु समझकर कूप में कूद गया और मर गया। तथा शशक सकुशल वापस लौट आया।

अतः चित्र में ऊपर वाला सिंह भासुरक है। गोलाई में कूप बनाया गया है, तथा कूप में भासुरक के प्रतिबिम्ब के रूप में दूसरा सिंह बनाया गया है। वह शशक सिंह के सामने दौड़ रहा हैं पृष्ठभूमि हल्के पीले रंग से बनी है। सिंह, कूप, प्रतिबिम्ब व शशक मटियाले रंग से बने हैं, जिनके गहरे कत्थई या काले रंग से रेखांकन किया गया है। भासुरक सिंह बलिष्ठ व पिछले पैरों पर खड़े होकर कूप में झाँकता हुआ बनाया गया है। शशक उसके अनुपात में छोटा सा ही बनाया गया है।

☼ ☼ ☼

चित्र खण्ड नौ पूर्व चित्रित कथा "चन्द्रभूपति कथा[33] जिसका प्रथम भाग खंड द्वितीय के नीचे के भाग में चित्रित है, की आगे की कथा पर चित्रित है। जिसमें एक बन्दर अपने हाथ में एक नलकी के समान वस्तु लिए हुए कुछ करने को व्याकुल है। डा0 पी0 सी0 मुखर्जी ने इसे एक बन्दर वाद्य बजाते हुए तथा दूसरा एक छोटी गुफा से बाहर जाते हुए बताया है[34] लेकिन वास्तव में ऊपर वाला बन्दर है व नीचे तालाब क़ा चित्रण है जिसमें से एक यक्ष

निकल रहा है। कथा का सार निम्न प्रकार है, जो प्रथम खण्ड से आगे निम्न प्रकार आरम्भ होती है–

अपने वंश का नाश सुनकर वह यूथप–वानर बहुत दुखी हुआ व खाना, पीना छोड़कर वन में इधर–उधर घूमने लगा व निरन्तर बात को सोचता रहता था कि किस प्रकार इस कृतघ्न राजा का अपकार करके अपने सम्बन्धियों की मृत्यु का बदला लेना है। एक दिन प्यास से व्याकुल वह एक कमलों से सुशोभित तालाब में पहुँचा। उसने जब ध्यान से देखा, वहाँ तालाब में प्रवेश करने वाले जीवों के पद चिन्ह थे, पर निकलने वाले चिन्ह नहीं थे। उसने सोचा इस तालाब में कोई दुष्ट मगर रहता है। अतः वह बाहर से ही एक कमल नाल तोड़कर उसके सहारे जल पीने लगा। जब वह कमल नाल से जल पी रहा था, तालाब के अन्दर से एक राक्षस निकला। वह रत्नों की सुन्दर माला पहने था, कहने लगा जो जल में प्रवेश कर जाता है, मेरा भक्ष्य होता है। तुम चतुर हो। मैं तुम से प्रसन्न हुआ। जो मनोकामना हो माँग लो। वानर ने कहा तुम कितने जीव खा सकते हो। राक्षस ने कहा–"जल में जितने भी प्रवेश कर जायें सबकों, लेकिन जल से बाहर निकलने पर एक भी नहीं। वानर ने कहा एक राजा से मेरा अत्यधिक बैर है। तुम अपनी रत्न माला मुझे दे दो। मैं वाक् चातुर्य से सकुटुम्ब राजा को जल में प्रवेश करा दूँगा। रत्न माला लेकर वह वानर राजा के नगर में गया। राजा के पूछने पर उसने कहा–"वन में कुबेर का एक तालाब है, जो भी प्रातःकाल उसमें स्नान करता हैं। वह कुबेर के प्रसाद से ऐसी माला से सुशोभित होकर तालाब से निकलता है वह राजा लालच वशः समस्त कुटुम्बियों के साथ वन में गया। राजा के अतिरिक्त वानर ने सबको तालाब में प्रवेश करा दिया वह राक्षस सब को मार कर खा गया। देर होने पर राजा के पूछने पर वानर दौड़कर पेड़ पर चढ़ गया और कहने लगा मैंने अपने वंश के नाश का बदला ले लिया है। तालाब का राक्षस तुम्हारे सारे वंश को खा गया हैं।

इस चित्र में उपरोक्त कथा का ही वर्णन है। वह वानर यूथप है जो कमल नाल से जल पी रहा है, तथा वह गोलाकार भाग तालाब का चित्रण है, जिसमें से राक्षस निकलता हुआ दिखाई दे रहा है।

इस चित्र की पृष्ठभूमि भी हल्के पीले रंग की है। शेष सभी कुछ गहरे मटियाले पीले रंग से बनाकर उस पर वही गहरा रेखांकन कर दिया गया है। अब यह चित्र बहुत हल्का हो गया है। बन्दर का चित्रण बहुत सुन्दर व अनुपातिक है। दोनों ओर कमल पुष्प बनाने का प्रयास किया गया है।

☼☼☼

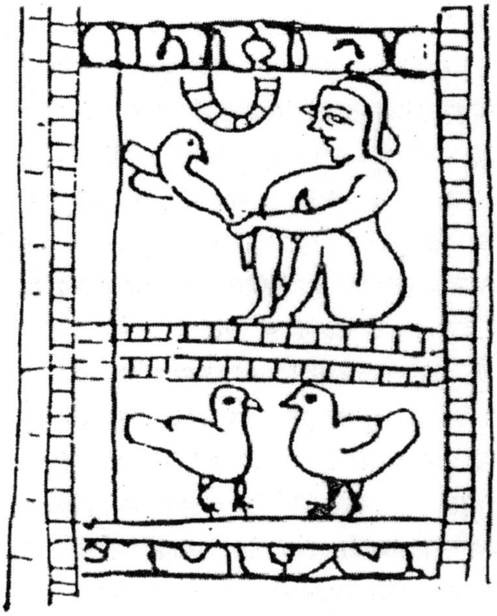

चित्र खण्ड 10 में एंक व्यक्ति बैठा है जिसके हाथ में एक चिड़िया कपोत है, नीचे के भाग में कपोत–कपोती का एक सुन्दर जोड़ा बनाया गया है। अध्ययन से पता चलता है कि यह चित्र काकोलूकीयम् तन्त्र की कथा ''कपोतलुब्धक चित्र सं. 13 कथा पर आधारित बनाया गया है। पी0 सी0 मुखर्जी ने भी इस चित्र का वर्णन ऐसे ही किया है।

इस कथा का सार निम्न प्रकार है– एक अत्यन्त दुवृत्त, क्रूर तथा पापी बहेलिया वन में इधर–उधर घूम रहा था। एक दिन वन में घूमते हुए उसके हाथ में कपोती आ गयी। उस कपोती को उसने पिंजड़े में बन्द कर लिया। अभी वह वन में ही था कि सम्पूर्ण दिशाएँ काली हो गयी। सम्पूर्ण आकाश मेघाचछन्न हो उठा और झंझावात के साथ सघन वृष्टि होने लगी। वह भयभीत ह्रदय, काँपता हुआ सुरक्षित स्थान की खोज में एक वृक्ष के नीचे पहुँच गया। इसी वृक्ष पर पिंजरे में बन्द कपोती अपने पति कपोत के साथ रहती थी।

कुछ देर बाद वृष्टि कम हुई। आकाश निर्मल हो गया, तब वह बहेलिया पेड़ के नीचे खड़ा होकर कहने लगा कि ''जो कोई भी इस वृक्ष पर रहता हो, मैं उसकी शरण में आया हूँ। वह मेरी रक्षा करे। इस समय में शीत से व्यथित हूँ और भूख से बेसुध होता जा रहा हूँ। उसी तरू पर एकाकी, स्त्री के आगमन की बहुत देर तक प्रतीक्षा करने के बाद वह कपोत अन्त में निराश एवं दुखित होकर विलाप करने लगा। पिंजरं में बन्द कपोती ने कहा

हे कान्त अपने हित व शुभ के लिए अपने प्राणों को देकर भी तुम शरणागत की रक्षा करते रहना। यह व्याध तुम्हारे घर शीत व भूख से पीड़ित होकर सोया है। वह तुम्हारा अतिथि है। मेरे बन्धन में डालने से तुम इससे द्वेष न करना मैं अपने पूर्व कर्मो का फल भोगने के लिए इसके पास में आबद्ध हो गयी हूँ। धार्मिक युक्तियों से ओत–प्रोत प्रिया के वाक्य सुनकर कपोत बहेलिये के समीप जाकर कहने लगा आपका स्वागत है। आप मेरे अतिथि हैं। कपोत ने बहेलिये के लिए अग्नि का प्रबन्ध किया, जिससे उसकी ठंड दूर हुई। फिर उसकी भूख शान्ति करने के लिए अपने शरीर को ही अग्नि के समर्पित कर दिया। अग्नि में प्रविष्ट हुए उस कपोत को देखकर वह वयाघ्र दयार्द हो उठा।

कपोत के निधन से उसे बड़ा दुख हुआ। अपने माँस को प्रदान करते हुए इस महात्मा कपोत ने मुझे जैसे पापी एवं नृशंस के लिए आदर्श उपस्थित कर दिया है। इसे विचार कर उसने अपना पिंजरा आदि तोड़ दिया व कपोती को भी छोड़ दिया तथा स्वयं वन में तपस्या के लिए चला गया। कपोती ने सोचा कि बिना पति मेरे संसार में रहना बेकार है। अतः उसने भी अपने को अग्नि को समर्पित कर दिया। पति के साथ व कपोती स्वर्ग में आनन्द से रहते थे तथा स्वर्ग में भी कपोत–कपोती के रूप में रहते थे।

प्रस्तुत चित्र में अपने कर्मों पर पश्चाताप् करते हुए बहेलिये का चित्र है, जो अपने हाथों से ही उस कपोती को अपने पास से स्वतन्त्र कर रहा है तथा नीचे स्वर्गीय आनन्द से परिपूर्ण स्वर्ग में भी कपोत–कपोती के रूप में एक–दूसरे की ओर मुँह किये हुए कपोत–कपोती बने हुए हैं, जो चित्र में अत्यन्त प्रफुल्लित दिखाई देते हैं। इस चित्र की रंग–योजना भी शेष चित्रों के समान पृष्ठभूमि हल्के पीले रंग से बनाई गयी हैं, तथा बहेलिया व कपोत–कपोती गहरे मटियाले रंग से बने हैं, तथा गहरे रंग से रेखांकन किया गया है, अब यह चित्र बहुत हल्का पड़ गया है।

☼ ☼ ☼

चित्र पैनल का अन्तिम चित्र बहुत अस्पष्ट है, मात्र आधा चित्र ही दिखाई देता है। पी0 सी0 मुखर्जी ने इसमें एक स्त्री की आकृति बैठी हुई बताई है। बीच में झरना तथा उसके पार एक व्यक्ति का चित्रण हुआ बताया है, जो उस स्त्री की ओर देख रहा है। उस चित्र में अब मात्र बीच में बना झरना व उस व्यक्ति का चित्र ही बना दिखाई देता है। अन्य चित्रों से एक बात विशेष रूप से इस चित्र में अलग है, वह है कि जबकि और चित्र सीधे बने हैं, उनके अनुसार यह चित्र उल्टा बनाया गया है।

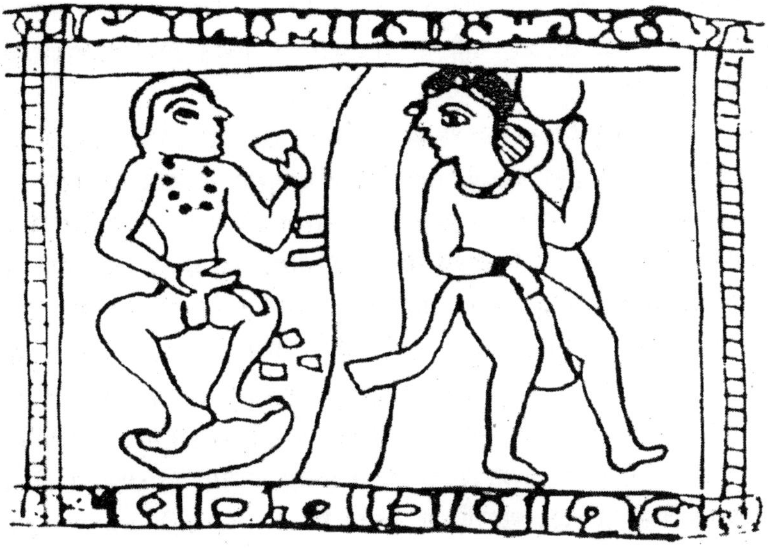

पी0 सी0 मुखर्जी द्वारा बनाये गये रेखांकन के द्वारा ऐसा प्रतीत होता है कि वह स्त्री अपने घुटनों के बल बैठी है और अपने हाथ में कुछ लिए हुए है, अथवा कुछ बना रही है।

☼ ☼ ☼

भित्ति चित्रकला पद्धति

भारत का प्राचीन साहित्य बहुत समृद्ध रहा है। परम्परा से ऋषियों के नाम पर ग्रन्थों की प्राचीनता मौलिकता तथा अविरलता के सम्बन्ध में विश्वस्त रूप से कुछ भी नहीं कहा जा सकता, लेकिन यह निश्चित है कि कला के परवर्ती लक्षण–ग्रन्थों के वे प्राचीन ग्रन्थ प्रेरणा स्त्रोत रहे और भारत की कला–समृद्धि में उनका महत्वपूर्ण योगदान रहा है। कला के लक्षण–ग्रन्थों की इस परम्परा में "विष्णु धर्मोत्तर पुराण" के चित्रसूत्र का नाम विशेष उल्लेखनीय है, उसमें कलाओं के प्राविधिक ज्ञान को पूर्णता प्राप्त हुई है। इसके अतिरिक्त चित्रण के साक्ष्यों के साथ चित्रण–सामग्री एवं विधान के विस्तृत ज्ञान से परिपूर्ण अनेक ग्रन्थ हैं। जिनमे मानसोल्लास, अपराजितपृच्छा, अभिलाषितार्य चिंतामणी, शिल्परत्न समरांगण सूत्रधार आदि ऐसे अनेक ग्रन्थ हैं जिनमें चित्रण सामग्री एवं चित्र–विधान (तकनीक) के

अनेक विस्तृत विवरण उपलब्ध हैं। यद्यपि उनके लिखने की शैली में अधिक वर्गीकरण तथा आज जैसी वैज्ञानिकता का समावेश नहीं था, वह परम्परा, स्थान और व्यक्तिगत प्रयोगों पर अधिक आधारित थी।

साहित्य तथा शिल्पग्रन्थों में चित्रण के अधिकतर उदाहरण भित्ति चित्रों के ही प्राप्त होते हैं। चित्रण के लिए प्रयुक्त सामग्री तथा उसके अनुपात के साथ उपयोग का विवरण चित्रसूत्र में विस्तार से किया गया है। सामग्री व विधान की दृष्टि से भित्ति चित्रण सबसे पृथक है। विस्तृत अन्तराल, दृढ चित्रभूमि की तैयारी रंगों का चुनाव तथा रंगों की प्रकृति का अनुभव और परम्परागत सिद्ध अनुभव आदि के कारण जितना परिश्रम तथा दक्षता भित्ति चित्रों में अपेक्षित है अन्य किसी चित्रों में नहीं। भित्ति चित्रों का विधान एक अनुभव पूर्ण व नियोजित प्रक्रिया हैं। चित्रण के पश्चात रंग भित्ति से मिलकर एक ही हो जाते हैं इसीलिए भित्ति के निर्माण का चित्रकार को पूर्ण ज्ञान आवश्यक हैं। परम्परागत व स्थानीय सामग्री व रंगों की प्रकृति का ज्ञान बहुत आवश्यक है। स्थानीय सामग्री के उपयोग के कारण ही भित्ति के प्लास्तर तथा रंगों की सामग्री में अन्तर मिलता है। जैसे जयपुर पद्धति अर्थात राजस्थान में पत्थर के, चूने का प्रयोग किया जाता है, लेकिन बुन्देलखंड में कोड़ी का चूना प्रयोग करने के उल्लेख मिलते हैं।

भित्ति की तैयारी, कार्य विधि तथा माध्यम के आधार पर भित्ति चित्रण की तीन प्रणालियाँ प्रचलित रही हैं। चूने के प्लास्तर से बनी सूखी चित्रभूमि पर पानी अथवा चूने के पानी में रंग मिलाकर चित्रण करने की विधि को ''फ्रेशको'' नाम से जाना जाता है। गीले चूने के प्लास्तर पर किये गये चित्रण को शुद्ध फ्रेस्को ''फ्रेशको बूनो'' कहा जाता है। सामान्य भित्ति पर चूने के पतले लेप पर रंग में विशेष पदार्थ को सूखकर पानी में अघुलनशील हो जाते हैं मिलाकर चित्रण करने की ''टेम्परा'' प्रणाली कहा जाता है। गीले प्लास्तर पर चित्रण की पद्धति का प्रधान केन्द्र जयपुर रहा हैं। राजस्थान का जनमानस इस ''मोराकशी'' आलागीला'' और 'आरायश' के नाम से जानता है। इस प्रणाली के भित्ति चित्र राजस्थान में ही नहीं, निकटवर्ती बुन्देल खंड में भी देखने को मिलते हैं। सम्भवतया जयपुर के कलाकार ही देश के अन्य भागों में चित्रण के लिए बुलाऐ जाते थे। बुन्देलखंड में सम्भवतया यहाँ के चित्रकारों एवं स्थानीय चित्रकारों के सहयोग व कुछ स्थानीय सामग्री से ही चित्रण किया है। मदनपुर व बानपुर में दो प्रणालियाँ हमें विशेष रूप से चित्रों में देखने को मिलती हैं।

टेम्परा 2. फ्रेस्को (आरायश)

टेम्परा

टेम्परा चित्रण की उस विधि को कहते है जिसमें माध्यम के रूप में किसी "पायस" का उपयोग किया जाता है। टेम्परा पद्धति में "पायस" ऐसा माध्यम रहता है जो पानी में घुलनशील होता है, लेकिन सूखने पर अघुलनशील परत का निर्माण कर लेता है। प्रारम्भ में अण्ड़े की जर्दी का प्रयोग किया जाता था, क्योंकि अण्डा व कुछ अण्डे की सफेदी (एलब्यूमिन) का प्रयोग ही करते थे। गोंद, ग्लेसरीन, तथा किंचित अलसी के तेल का मिश्रण भी अच्छा पायस बनाता है। जिसे गोंद टेम्परा कहते हैं। कलाकारों ने अपने अनुभव के अनेकों पायसों की खोज की है। टेम्परा का प्रमुख अंग इसका पायस रूप ही होता है। यह पायस रंग के साथ चित्र भूमि पर चिपक जाता है तथा सूखकर पानी में अघुलनशील हो जाता हैं।

टेम्परा रंगों को पानी में घोट कर तैयार किया जाता है। माध्यम के साथ रंगों को घोटकर अधिक समय नहीं रखा जा सकता है क्योंकि माध्यम से रासायनिक क्रिया प्रारम्भ हो जाती है, जिससे पायस की बाँधने की शक्ति क्षीण होती चली जाती है। टेम्परा रंगों से माध्यम की शक्तिशाली चिपक के कारण भित्ति का कठोर होना आवश्यक है सफेद चमकदार ठोस धरातल टेम्परा के लिए उपयुक्त रहते हैं। मदनपुर के छोटी कचहरी में बने भित्ति चित्र इसी चित्रण पधति से बनाये गये हैं। यहाँ की भित्ति कठोर पत्थर की है जिस पर सफेद या हल्के पीले रंग का एक लेप कर दिया गया है तथा उस लेप पर विभिन्न रंगों के सहयोग से चित्रण किया गया है।

फ्रेस्को–फ्रेस्को बूनो–शुद्ध फ्रेस्को

फ्रेस्को शब्द इटली के "फ्रेश" शब्द से बना है। जिसका अर्थ "गीला" ताजा है। इसी प्रकार ताजी भित्ति पर बनाए गये चित्र को फ्रेस्को बूनो कहा गया। फ्रेस्को चित्रण विधि में गीले चूने के प्लास्टर पर पानी अथवा चूने के पानी अथवा गीले चूने के माध्यम से रंगों को मिलाकर चित्रण किया जाता है। गीले प्लास्टर से धीर–2 नमी उड़ जाती है तथा चूना हवा से रासायनिक क्रिया करके हवा से कार्बोलिक एसिड़ गैस सोख लेता है जो पानी में अघुलनशील कैलशियम कार्बोनेट बन जाता है। कैल्शियम कार्बोनेट की यह पतली चमकदार परत रंग की ऊपर सतह पर जम जाती है, जिससे रंग स्थाई हो जाता है। चूँकि रंग गीले प्लास्टर पर ही लगाये जाते हैं। अतः प्लास्टर का पानी व रंग में प्रयुक्त पानी एक होकर प्लास्टर में गहरे तक बैठ जाते हैं। तथा प्लास्टर का अविभाज्य अंग बन जाते हैं। इस चित्रण

विधि में चूने की भूमिका महत्वपूर्ण होती है। इसीलिए रंगों आदि के प्रयोग में दूरदर्शिता व अनुभव की विशेष आवश्यकता रहती है। ऐसे पदार्थ जो चूने के साथ रासायनिक क्रिया करते हैं, उनका प्रयोग नहीं करना चाहिए अन्यथा चित्र के नष्ट होने का खतरा रहता है। इसीलिए इस पद्धति में चित्रकार नये–नये प्रयोग करने के लिए स्वतंत्र नहीं रहता है।

भारत में शास्त्रीय ज्ञान व लोकानुभव के सम्मिश्रण से अल्प भिन्नताओं के साथ प्राचीन काल से ही यह पद्धति परम्परागत रूप से चली आ रही है। राजस्थानी चित्रकारों ने रंगों की प्लास्तर के साथ एकाकार करने में ठुकाई, घिसाई व पालिश का प्रयोग विशेष रूप से इस पद्धति में किया है। वहाँ चूने को शोधित करने के लिए गुड़ छाछ आदि का प्रयोग किया जाता हैं।

भित्ति चित्रण में प्रयुक्त सामग्री

चूना–प्राकृतिक चूना, कैल्शियम कार्बोनेट होता है। जलाये जाने पर यह कैल्शियम आक्साइड बन जाता है तथा कार्बोलिक एसिड़ गैस निकल जाती है। पानी में भिगोने पर यह ऊष्मा छोड़ता है तथा कैल्शियम हाइड्रो आक्साइड हो जाता है। सूखने पर वायु मंडल से कार्बोलिक एसिड़ गैस सोखकर कैलशियम कार्बोनेट हो जाता है। रंगों के ऊपर इस कार्बोनेट की पतली झिल्ली अवरोधक के रूप में जम जाती है। यदि चूने में जिप्सम का अंश होता है तो वह चित्रण के प्रयोग लायक नहीं होता। इसके लिए जयपुर के पास राहोली नामक स्थान से प्राप्त चूना सर्वोत्तम माना जाता है। चूने को तैयार करने के लिए पानी में भिगो दिया जाता है तथा वर्षो तक पानी में ही पड़ा रहता है तथा समय पर इसके ऊपर आये हुए पानी व कार्बोनेट की पतली परत को उतारते रहते हैं और नया पानी बदलकर हिलाते रहते हैं। साथ ही इसमें गुड़, छाछ, दही आदि की चाट लगाते रहते हैं जो चूने के शुद्धीकरण में सहायक होती है। पुराना भीगा चूना मक्खन के समान हो जाता है नये चूने का प्रयोग निषेध है क्योंकि नये चूने के कण वायुमण्डल से पानी सोखकर चटकते रहते हैं जिससे दीवार व रंग खराब होकर गिर जाते हैं।

संगमरमर का चूर्ण (झींकी) (मारबल डस्ट)

संगमरमर के चूर्ण का प्रयोग चूने के साथ मिलाकर प्लास्तर बनाने में किया जाता है, जिससे चूने को कार्बोनेट बनाने की प्रक्रिया सरल हो जाती है। संगमरमर के चूर्ण के कण कोणीय होने के कारण प्लास्तर को अधिक दृढ़ता प्रदान करते हैं। इस पद्धति मे दो

प्रकार की झींकी का प्रयोग किया जाता हैं। ''मोटी'' तथा ''बारीक'' , मोटी झींकी अन्दर के प्लास्तर में काम आती है तथा बारीक झींकी का प्रयोग ऊपरी सतह पर लगाने के लिए किया जाता है।

दीवार (भित्ति) का चयन

चित्रण के लिए ऐसी भित्ति का चुनाव किया जाता है, जो सूखी हो तथा हवा का आवागमन भली–प्रकार हो। दीवार में दरार न हों तथा ऊपरी सतह पर सीमेंट न लगा हो। यदि दीवार नयी ही है तो उसे एक वर्ष के लिए छोड़ दिया जाता है ताकि वर्ष भर के मौसम का प्रभाव उस पर हो जाए। प्लास्तर करने के लिए दीवार पर छेनी द्वारा टचाई की जाती है। कम भीगी हुई दीवार प्लास्तर की नमी सोख लेती है, जिससे प्लास्तर की दीवार में पकड़ कमजोर हो जाती है।

भित्ति तैयार करना (लेप्यकर्म)

भली प्रकार से तर भित्ति पर 1:3 के अनुपात में क्रमशः चूना व बजरी से दीवार की दर्ज भर दी जाती है। इसे ''सरेसी'' करना कहते हैं। फिर प्लास्तर की मोटी परत कर दी जाती है। इसमें एक भाग चूना व तीन भाग मोटी झींकी का प्रयोग करते हैं। इसका प्लास्तर मोटा लगाया जाता है फिर पानी की छींटे देकर लकड़ी के ''बटकटे'' से घोटा जाता है प्लास्तर ठीक लग जाने पर दीवार को छोड़ देते हैं। यह दीवार चित्र का प्रथम आधार होती है। चित्रांकन प्रारम्भ करने से पूर्व इस दीवार को भली प्रकार सूखा लेना चाहिए। अब पहले बनी दीवार को खूबतर कर लेना चाहिए। भीगने के बाद बारीक झींकी तथा चूना को आधा–आधा अनुपात में पतला (कोटिंग) पर्त करना चाहिए, फिर उसे ''झाबे'' पत्थर से समान घिसकर मसाले को बैठाते है इस प्रकार तीन चार कोट करके झाँबे से घोंटते जाते हैं, जिससे दीवार अधिक साफ व मजबूत हो जाती है। अब इस दीवार पर केवल छने हुए चूने की कोटिंग विशेष ब्रुश (कूची) से की जाती है तथा घोटते रहते है तीन चार कोट करने पर दीवार बहुत मुलायम व चिकनी हो जाती है। इसे और चिकना बनाने के लिए अकीक पत्थर से घुटाई करते हैं।

बुन्देलखंड में विशेष रूप से दतिया बानपुर में जो अलंकरण किया गया है वह इसी प्रकार की भित्ति पर किया गया है। वहाँ इसे बनाने के लिए जो चूने का अन्तिम कोटिंग किया जाता था, उसमें लाल रंग मिला लिया जाता था अब उसकी कोटिंग करके घुटाई

आदि करने से ऊपरी सतह चिकनी लाल रंग की बन जाती थी। विष्णुधर्मोत्तर पुराण के अनुसार भित्ति पर चूने के साथ ''साईज''(कोई ग्लयू) मिलाकर तीन पर्त प्राइमिंग की लगानी चाहिए।

मानसोल्लास के अनुसार ''साईज'' में सफेद मिट्टी लगाकर तीन अस्तर लगाने चाहिए। फुँका हुआ शंख अथवा कोड़ी तथा नील गिरी से प्राप्त मिट्टी भी सफेद मिट्टी के साथ प्रयुक्त की जाती थी। बुन्देलखंड में अन्तिम सतह पर किये गये चूने के प्रयोग मे शंख या कोड़ी को फूँक कर बनाया गया चूना ही प्रयोग किया जाता था।

चित्रण विधि

भित्ति के जितने भाग को एक बैठक में पूर्ण किया जा सकता है उतना ही दीवार पर खाके से उतारते हैं। ट्रेसिंग कर लेते हैं अथवा सीधा भी अंकन किया जा सकता है। ट्रेसिंग करने के लिए बारीक चिकने कागज पर सुई से छेद करके पिन होल ट्रेसिंग बना ली जाती है। इस कागज को दीवार पर रखकर, एक कपड़े की पोटली में कोयले का महीन चूर्ण या हिरमिच लेकर झाड़ते हैं, जिससे दीवार पर रेखाओं के चिन्ह बन जाते हैं। भित्ति पर रंग लगाकर ''नेले'' से ठोकते हैं, इसे करने से रंग प्लास्तर में बैठ जाता है। शेडिंग, रेखांकन आदि सभी में रंग लगाने के पश्चात् ठोकते रहते हैं। रंग की परत पतली व दो–तीन बार लगायी जाती है, जिससे रंग अधिक गहराई तक बैठ जाता हैं रंग प्लास्तर में बैठा या नहीं इसके लिए बारीक कपड़े की गद्दी लेकर रंग पर फेरते हैं, जहाँ से रंग उतारना है वहाँ और ठुकराई की जाती है। यह प्रक्रिया दो–तीन बार करने से पूरा चित्र तैयार हो जाता है। अब उस पर अकीक पत्थर से घुटाई करते हैं, जिससे चमक आती रहती है। अधिक चमक के लिए उस पर नारियल का तेल या सूखा गोला कस कर हाथों में मलकर हाथो पर आये तेल को चित्र पर लगाते हैं। जिससे तेल के धब्बे चित्र पर नहीं पड़ते। तेल लगाने के पश्चात् फिर अकीक पत्थर से घुटाई करते हैं। इस प्रकार पूरा चित्र पूर्ण हो जाता है।

लेकिन मदनपुर में साधरणतया भित्ति को तैयार ना करके रंग की एक तह लगाई गई है।

चित्रण में प्रयुक्त रंग

चूना एक क्षार होता है अतः रंगों से रासायनिक क्रिया करके उनकी रंगत बदल देता है। अतः चूने के साथ प्रयुक्त करने के लिए रंगों के स्थायित्व में खनिज रंग सबसे अच्छे

माने जाते हैं। यह मिट्टी और पत्थरों से प्राप्त किये जाते हैं। रामरज, हिरमिच, शिंगरफ, हरा भाटा, नील, तिल्ली के तेल का काजल, चूना आदि भित्ति चित्रण के प्रमुख रंग है। इनके अतिरिक्त पेवड़ी, लाजवर्द, सुनहरी, रूपहली रंग भी प्रयुक्त किये जाते हैं। रंगों को बनाने की पृथक विधियाँ हैं।

रामरज, गेरू आदि की पानी के साथ पत्थर पर घिसकर, छानकर निखार लेते हैं फिर गीली अवस्था में ही रख लेते हैं अथवा सुखाकर भी रखा जा सकता है। प्रयोग के समय पानी के साथ घोलकर प्रयोग कर लेते हैं हिंगुल, सिंदूर आदि भेड़ के दूध में घोटकर नींबू से शुद्ध करके निखार लिया जाता है। रंगों का हल्का या गहरा करने के लिए चूने व काजल का प्रयोग किया जाता हैं।

भित्ति चित्रों में प्रयुक्त रंग

मदनपुर में बने प्रारम्भिक अपभ्रंश (जैन) भित्तियों में निम्न रंगों का प्रयोग किया गया है।

सफेद

सफेद रंग के लिए मानसोल्लास में फूँका हुआ शंख चूर्ण के प्रयोग का वर्णन है। शिल्परत्न में अस्तर लगाने के लिए प्रयुक्त सफेद रंग (धवलवर्ण) शंख से प्राप्त किया जाता था। इसे नीम के गोंद के माध्यम में प्रयुक्त करते थें कई स्थानों पर सफेद रंग के लिए चूने व खड़िया के प्रयोग का वर्णन हैं।

इसको तैयार करने के लिए शंख चूर्ण और खड़िया को पहले पानी के साथ खरल करते हैं फिर उसे पानी भरकर छोड़ देते हैं जिससे मोटा कण नीचे बैठ जाता है, इसे निखार लेते हैं। फिर गोंद के साथ प्रयोग किया जाता है।

चूने के प्रयोग के लिए पुराने हुए चूने को कई बार निखार कर बहुत बारीक कपड़े में छान लेते हैं। फिर सफेद रंग की तरह प्रयोग कर लेते हैं।

मदनपुर के भित्ति चित्रों में पृष्ठ भूमि शिल्परत्न में वर्णित विधि के अनुसार ही बनायी गयी प्रतीत होती है, जो लम्बे वातावरण के प्रभाव से कुछ पीली (क्रीम कलर) की हो गयी है।

लाल रंग

प्रकृति में यह रंग पर्याप्त मात्रा में पाया जाता है। लाल पत्थर, मिट्टी आदि सभी में लोह आक्साईड के रूप में लाल रंग होता है। मध्यकालीन संस्कृत साहित्य में लाल रंग की अनेक रंगते वर्णित हैं।

गेरू (रेड़ आकर)

प्राचीन चित्रों में गेरू अत्यन्त उपयोगी रंग रहा है। इसे पत्थर पर घोटकर पानी से निखार कर शुद्ध करके प्रयोग किया जाता है।

सिन्दूर

इसका प्रयोग अपभ्रंश चित्रों में बहुतायत में मिलता है। सफेद लैड़ को खुली हवा में गर्म करके प्राप्त किया जाता है।

शिल्परत्न के अनुसार सिन्दूर को पानी में खूब घोटा जाता था, पुनः दिन तक यही प्रक्रिया दोहराई जाती है, बाद में निथार कर नीम के गोंद के साथ प्रयोग करते हैं। मदनपुर के भित्ति चित्रों में इसका प्रयोग देखा जा सकता है।

हिंगुल

अशुद्ध सिनेबार को नींबू के पानी के साथ खरल करते हैं तथा पानी निथारते रहते हैं। यह क्रिया अनेक बार करने से रंग शुद्ध हो जाता है। इसे गोंद के साथ भली प्रकार मिलाकर सुखा लेते हैं। इस रंग का प्रयोग भी मदनपुर के भित्ति चित्रों में हुआ है।

पीतवर्ण

विष्णुधर्मोत्तर पुराण में हरिताल रंगने वाला पदार्थ माना गया है। हरिताल की दो किस्में "गोदान्ती" तथा " वरगी" या "वर्की" प्रसिद्ध है। हरिताल को बारीक चूर्ण होने तक पीसा जाता है उसके बाद में पुनः बबूल के गोंद के साथ घोटा जाता है। इसकी रंगत नांरगी पन लिये पीली होती है। यह पत्थर के रूप में पाया जाता हैं।

पेवड़ी

इस रंग का उल्लेख संस्कृत साहित्य में नहीं मिलता है। ऐसा प्रतीत होता है रंग भारत में फारस से 15वीं शताब्दी में आया। कहा जाता है–गाय को आम की पत्ती खिलाकर उसके मूत्र को इकट्ठा करके, उबाल लेते थे, नीचे जो अवशेष बचता था, वह शुद्ध पीला रंग होता था। "गऊगोली" बनाने की प्रथा भी इसी प्रकार की रही है।

राम रज–यलोआकर

यह भी प्रकृति में पत्थर के रूप में प्राप्त होता है। इसे पानी के साथ खूब घोटा जाता है।

1. रामशंकर भट्टचार्य, स्कन्दपुराण में वर्णित कतिपय कलाएँ (सम्मलेन पत्रिका), पृ0–77
2. पी0 सी0 मुखर्जी रि0 आ0 एटि0 डि0 ललितपुर खण्ड–1, पृ0–27
3. व्यास – रामायण कालीन कला–सिद्धान्त और साधन, पृ–82
4. वासुदेव शरण अग्रवाल – संस्कृत साहित्य में चित्रकला सम्बन्धी शब्दावली, पृ0–95,98
5. कार्ल खण्डालवाला – दा डवलेपमेंट ऑफ स्टाइल इन इण्डियन पेंटिग, पृ–51
6. (अ) कुमार स्वामी, राजपूत पेन्टिग, पृ0–7
   (ब) राय कृष्णदास, फारवर्ड मारवाड़ म्यूरलस्, पृ0–6
7. जन इरविन ब्रासिलग्रे–दा आर्ट आफ इण्डिया एण्ड पाकिस्तान, पृ0–87
8. (अ) मुल्कराज आनन्द–एलबम ऑफ इण्डियन पेंन्टिग 7, पृ0–53
   (ब) पी0 सी0 मुखर्जी रि0 आ0 एटि0 डि0 ललितपुर, खण्ड–1, पृ0–27
9. वही वही वही , पृ0–27
10. आनन्द कृष्ण, दा मालवा पेन्टिग, पृ0–3
11. वही वही वही
12. राय कृष्णदास, भारत की चित्रकला, पृ0–40
13. आर0 ए0 अग्रवाल , कला विलास, पृ0–70
14. पी0 सी0 मुखर्जी रि0 आ0 एटि0 डि0 ललितपुर खण्ड–1, पृ0–27
15. वही वही वही
16. वही वही वही
17. वही वही वही

18. स्टेला क्रमरिश –दा पेन्डिड सीलिंग, जनरल ऑफ दा इण्डियन सोसायटी आफ ओरियन्टल आर्ट, खण्ड –7 व 8, पृ0–175
19. आर0 ए0 अग्रवाल– कला विलास, पृ0–69
20. पंचतन्त्र संसार प्रसिद्व पुस्तक हैं। यह पुस्तक संस्कृत भाषा में लिखी गई थी जो अब अप्राप्त है। लेकिन इस ग्रन्थ की कथाएँ कितनी प्रसिद्व हुई कि संसार बहुत सी भाषाओं इसका प्रकाशन हुआ है। समय समय पर अनेक कथाएँ जुडती व बदलती रही हे। इस मूल ग्रन्थ के लेखक पं0 विष्णु शर्मा नीति शास्त्र के निपुर्ण विद्वान व्यक्ति रहें है। यह ग्रन्थ पाँच तन्त्र (भागो) में बटा हुआ है। यह पाँच भाग नीति शास्त्र के पाँच प्रकरण है। जो इस प्रकार है। मित्रभेद, मित्रसंप्राप्ति, काकोलूकीय, लब्धप्रणाश, अपरीक्षित कारक। अधिकतर कथाएँ के नायक विभिन्न जानवर है। सभी कथाएँ किसी कथ्य से शुरू होकर उपदेशात्मक तथ्य पर समाप्त होती है।
21. पी0 सी0 मुखर्जी रि0 आ0 एटि0 डि0 ललितपुर खण्ड–1, पृ0–27
22. स्टेला क्रमरिश –दा पेन्डिड सीलिंग, जनरल ऑफ दा इण्डियन सोसायटी आफ ओरियन्टल आर्ट, खण्ड –7 व 8, पृ0–178
23. पंचतन्त्र – अपरीक्षित कारके–कथा 13, पृ0–97
24. श्यामाचरण पाण्डेय, पंचतन्त्र, मित्रभेद व्याख्या, मोतीलाल बनारसीदास पृ0–115
25. पी0 सी0 मुखर्जी रि0 आ0 एटि0 डि0 ललितपुर खण्ड–1, पृ0–27
26. वही वही वही
27. पंचतन्त्र वही वही , गृ0–213
28. पी0 सी0 मुखर्जी रि0 आ0 एटि0 डि0 ललितपुर खण्ड–1, पृ0–27
29. पंचतन्त्र, अपरीक्षित कारक, पृ0–65
30. पी0 सी0 मुखर्जी रि0 आ0 एटि0 डि0 ललितपुर खण्ड–1, पृ0–27
31. स्टेला क्रमरिश –दा पेन्डिड सीलिंग, जनरल ऑफ दा इण्डियन सोसायटी आफ ओरियन्टल आर्ट, खण्ड –7 व 8, पृ0–127
32. पंचतन्त्र – अपरीक्षित कारक, पृ0–53
33. पंचतन्त्र वही वही , पृ0–65
34. पी0 सी0 मुखर्जी रि0 आ0 एटि0 डि0 ललितपुर , खण्ड–1, पृ0–148

4

कला मे दृष्टव्य संस्कृति

प्रागैतिहासिक तथा ऐतिहासिक युगों में विंध्य के विस्तृत क्षेत्र में अनेक संस्कृतियाँ विकसित हुई। यहाँ के पर्वतों, वनों तथा नदी, सरोवरों ने उसके विकास तथा संरक्षण में अत्यधिक योगदान दिया। अगस्त्य से लेकर राम के समय तक आर्य सभ्यता के इस क्षेत्र को अपने विकास के लिए बहुत उपयुक्त पाया। यहाँ के निवासियों में आर्य संस्कृति के प्रसारक ऋषियों तथा अन्य वर्ग के जनों को असाधारण सहयोग तथा दिशा–निर्देश प्रदान किया।

प्रत्येक नवीन का सृजन पुरातन की नींव पर होता आया है। वही पुरातन परम्परायें नूतन परम्पराओं को जन्म देती हैं। इतिहास के स्वर्णिम पृष्ठों में घटनायें परिवर्तन की भीषण ज्वालाओं का स्पष्टीकरण करती हैं और संकेत देती हैं कि देश किस दिशा में प्रगति कर रहा हैं। इतिहास युग की घटनाओं का समन्वय है जो देश और समाज की वास्तविक घटनाओं को एक सूत्र में बाँधकर रखता है और समय–समय पर मानवीय सभ्यता और उसकी संस्कृति का परिचय देता है।

पौराणिक ग्रन्थों के साक्ष्य के आधार पर मर्यादा पुरूषोत्तम श्री राम चित्रकूट में रहे थे, और उनका समकांलीन बाणासुर बानपुर में राज्य करता था। कृष्ण के समकालीन राजा शिशुपाल चंदेरी के राजा थे, उसका देश चेदि कहलाता था। चेदि जनपद चन्देलों के समय ''जेजाक भुक्ति'' संबोधित किया गया है। इन पौराणिक आधारों ने यहाँ के लोक जीवन एवं संस्कृति तथा कला को प्रभावित किया है। गिरिराज विंध्याचल यहाँ के मूर्तिकारों का प्रेरणा स्त्रोत रहा है। उससे प्राप्त प्रस्तर पर किसी मूर्तिकार की पहली छेनी चलने से लेकर आज तक की कला भावोत्पादक व बौद्धिक रही है। बुन्देल खण्ड में गुप्तों से लेकर बुन्देलों तक

ब्राह्मण, जैन दोनों धर्मो का विकास व विस्तार, निरन्तर व सद्भाव पूर्णता के साथ होता रहा है। विशेषकर चन्देल काल में इन दोनों धर्मो की धारा अविरल रूप से बही हैं। खुजराहों, देवगढ़, मदनपुर, बानपुर, महोबा, कालिंजर आदि में बने मन्दिर इसके अकाट्य उदाहरण हैं। जिन देवताओं का प्रचार इस युग में हो रहा था, उनकी अर्चना का भी विधान निश्चित हो चुका था। विशाल मन्दिरों के निर्माण तथा प्रचार से धार्मिक जीवन में एक विशेष बल आ गया था। ब्राह्मण धर्म में वैष्णव व शैव मतों का विकास अधिक हुआ, यद्यपि शाक्त मत का भी पूर्ण प्रभाव स्पष्ट परिलक्षित होता है। विष्णु व शिव के मन्दिर साथ–साथ बनना इस दोनों मतों के परस्पर सद्भाव के प्रतीक हैं। खुजराहों, महोबा व मदनपुर आदि में विष्णु व शिव के मन्दिर साथ–साथ देखे जा सकते हैं।

वैष्णव मती विष्णु को अधिक महत्व देते थे। अग्नि पुराण वैष्णवों का प्रमुख ग्रन्थ था, उसमें पूजा के विधान का विवरण है। वहाँ उनके साथ उनके अवतारों की पूजा का भी प्रचार हुआ है। वाराह, नृसिंह, राम आदि की पूजा का प्रसार तत्कालीन चन्देलो में था। हरिवंश पुराण, विष्णुपुराण की रचना व असंख्य विष्णु मन्दिरों का निर्माण इस युग में हुआ। इस समय में शिव की पूजा का प्रचार भी जनसाधारण व शासकों में था। चन्देल नरेश शिव व विष्णु दोनों की आराधना करते थे। उनके समस्त राज्य में अनेक शिव मन्दिर बनाये गये। समस्त बुन्देलखंड में गणेश पूजा का भी प्रचार था, अनेक स्थानों पर प्राप्त गणेश की मूर्तियाँ इसके अकाटृय उदाहरण हैं। तत्कालीन समाज में ब्राह्मण धर्म के साथ जैन धर्म का भी प्रचार बहुतायत में था। अनेकों स्थानों पर प्राप्त जैन मन्दिर इनके स्पष्ट उदाहरण हैं। मदनपुर व बानपुर दोनों स्थानों पर अनेक जैन मन्दिर उस समय के देखे जा सकते हैं। जिससे उस समय की जनता में जैन धर्म के प्रति अनन्य श्रद्धा का आभास मिलता है। दोनों ही स्थानों पर प्राप्त अनेक मन्दिरों में शिव, विष्णु, गणेश, आदिनाथ, शान्तिनाथ आदि के मन्दिरों को देखकर स्पष्ट होता है कि दोनों स्थानों की जनता बहुत धार्मिक थी। मदनपुर व बानपुर दोनों में ही ब्राह्मण व जैन धर्म के अनुयायी साथ–साथ रहते थे। सभी में पूर्ण धार्मिक सहिष्णुता थी। विभिन्न धर्मो के समर्थकों में धार्मिक सहिष्णुता थी। ऐसा प्रतीत होता है कि तत्कालीन जनता इतनी जागरूक थी कि उन्हें यह अनुभव हो गया था कि ब्राह्मण व जैन धर्मो तथा सम्प्रदायों में कोई भौतिक भेद न थां इस प्रकार हम देखते हैं कि इस क्षेत्र में एक ऐसी संस्कृति उस समय पनपी व विकसित हुई, जिसने उस समय के व्यक्ति के लिए सहिष्णुता, धार्मिकता व सद्भाव के मार्ग पर चलने का उपदेश दिया व उन्नति का मार्ग प्रशस्त किया । अतीत काल से मन्दिर ही शिक्षा तथा संस्कृति–केन्द्र रहे हैं। अपने चरम शिखर पर पहुँची स्थापत्य तथा मूर्तिकला इसका स्पष्ट प्रमाण है कि तत्कालीन शिक्षा

उच्च शिखर पर होगी। इतनी सुन्दर स्थापत्य व मूर्तिरचना बिना किसी शिक्षा के असम्भव है। अतः यह निश्चित रूप से कहा जा सकता है कि तत्कालीन समाज अपने–अपने क्षेत्र में शिक्षित था तथा शिक्षा की विभिन्न विद्याओं का प्रचार था, जिसका उल्लेख अनेक शिक्षा लेखों से स्पष्ट हो जाता है।

सामाजिक संस्कृति

तत्कालीन मूर्तिकला के अध्ययन से स्पष्ट होता है कि तत्कालीन समाज में स्त्री का स्थान उच्च था व पुरूष के समान ही वह समाज का एक अंग थी। उनकी वेशभूषा लगभग वैसी ही थी जैसी आज भी बुन्देलखंड के कुछ हिस्सों में पायी जाती है। अपने आर्कोलियोजिकल सर्वे रिपोर्ट के सातवें खंड में ''वेलगर'' महोदय ने मूर्तियों के संबंध में निम्नलिखित विवरण दिया है–

1. कटि के अधोभाग में पेटीकोट, जिसकी गाठ सामने की ओर होती थी, उसमें बूटे भी बने होते थे। वह महीन कपड़े का बना होता था।
2. एक लम्बा कपड़ा जो दुपट्टे अथवा साड़ी के रूप में प्रयुक्त होता था।
3. एक छोटा वस्त्र जो जाँघ के नीचे तक आता था। यह हिन्दुओं की वर्तमान धोती की भाँति होता था, किन्तु उसकी गाँठ पीछे की ओर लटकती थी, उसका कपड़ा भी बारीक रहता था।
4. एक छोटा वस्त्र खण्ड, जो टखनों तक लटकता था, इसका कपड़ा भी बारीक होता था।

इस वर्णन से स्पष्ट है कि धनिक वर्ग की स्त्रियाँ आकर्षक बारीक वस्त्र पहनतीं थीं। साड़ी अथवा धोती स्त्रियों की साधारण वेशभूषा थी। वे आभूषणों तथा चित्रकारी से श्रृंगार करती थी। प्रबोध–चन्द्रोदय में एक स्थल पर चन्देलयुगीन स्त्रियों के श्रृंगार पर प्रकाश डाला गया है कि कंकण ध्वनि करती हुई तथा क्रीड़ा से भूषित पुष्पमाला को कौतुक से उठाती हुई आ रही है। अतः स्पष्ट होता है कि स्त्रियाँ अपने शरीर को सोने, चाँदी तथा अनेक मणियों के आभूषणों पुष्पों तथा मालाओं से सुसज्जित करती थी। कभी–कभी अपने वक्ष को छोटी–छोटी पंक्तियों से सुसज्जित करती थी। मदनपुर में विष्णु मन्दिर के पश्चिमी द्वार पर बनी नायिकाओं में स्पष्ट रूप से आभूषणों की रचना तथा नारी श्रृंगार की रूचि देखी जा सकती थी आकृति के गले में पहनी माला स्पष्ट रूप से परिलक्षित होती हैं चित्र संख्या–04।

स्त्रियाँ सुगन्धित पदार्थो से शरीर को सुगन्धित करती थी। इनके श्रृंगार में सिन्दूर का बहुत महत्व था। आज की भाँति सधवाओं का सौभाग्य चिन्ह माना जाता था। सिन्दूर के अतिरिक्त पुष्पों से भी स्त्रियाँ अपने बालों का श्रृंगार करती थीं।

उस समय देवगढ़ में भट्टारक जैन संस्कृति पनप रही थीं। जिनकी धार्मिक विचार धारा मूलसंधी जैनो से कुछ भिन्न थी। ये लोग जो सदारक कहलाते थे, अपने को मूलसंघी दिगम्बर कहते थे, लेकिन वस्त्र भी धारण करते थे। वास्तव में धार्मिक दीक्षा लेकर ये लोग फिर सामाजिक जीवन व्यतीत करने लगते थे। अर्थात धार्मिक शिक्षा के बाद फिर भोग विलास का जीवन व्यतीत करने लगते थे, तथा अपने को जैन धर्म की उच्च कोटि में रखते थे। इनके समय में देवगढ़ मूर्ति निर्माण का एक बड़ा केन्द्र बन गया था। यहाँ मूर्तियों का निर्माण प्रचुरता से होने लगा। तीर्थंकरों के साथ–साथ देवी देवताओं की मूर्तियाँ यहाँ विशाल रूप में बड़ी संख्या में निर्मित होने लगीं। यहाँ तक कि बाद में तो स्वतन्त्र रूप में देवी मूर्तियाँ बनने लगी। पहले तीर्थंकर की मूर्ति मुख्य होती थी तथा यक्षियों की मूतियाँ गौण होती थीं। भट्टारकों के समय में यक्षी की मूतियाँ मुख्य बनने लगी व तीर्थंकरों को बहुत छोटा सा बनाने लगे। यह प्रभाव पूर्णतया भट्टारक संस्कृति का था, तथा इसी प्रभाव से बनी मूर्तियाँ आसपास भी यहीं से भेजी जाने लगीं। चाँदपुर, दुधई, मदनपुर, बानपुर, सिरोन आदि में सम्भवतया यहीं से मूर्तियाँ भेजी जाती थीं। इन स्थानों पर प्राप्त मूर्तियाँ देवगढ़ से प्राप्त मूर्तियों से बहुत साम्य रखती हैं।

यहाँ के मूर्तिकारों ने यद्यपि खजुराहों के कलाकारों से वेषभूषा, व प्रसाधन की विविधता और विशिष्टता की होड़ तो नहीं लगाई पर उन्होंने जो कुछ भी अंकित किया उससे तत्कालीन वेशभूषा और प्रसाधन पर पर्याप्त प्रकाश पड़ता है। सम्भवतया उनका उद्देश्य आकर्षक वेषभूषा की अपेक्षा भावपूर्ण छवि अंकित करना अधिक था। लेकिन ज्यों–ज्यों समय बीता त्यों–त्यों कलाकार का ध्यान सादगी, भावपूर्ण तथा संयम की ओर से क्रमशः हटता गया और आकर्षक वेशभूषा एवं मुद्राओं तथा मोहक भंगिमाओं की ओर आकृष्ट होता गया। गुप्तकालीन वस्त्र झीने अवश्य होते थे, परन्तु उन्हें पहनने का ढंग कुछ ऐसा था कि उनसे सौन्दर्य की अभिवृद्धि तो होती ही थी, किन्तु भौंडापन या असंयम प्रकट नहीं होता था, परन्तु परवर्ती समय में वह प्रवृति परिलक्षित नहीं होती है। वस्त्र अवश्य ही अपेक्षाकृत मोटे दिखाई जाने लगे, किन्तु इनके धारण करने की प्रक्रिया एक दूसरा ही उद्देश्य अभिव्यक्त करती थी। इसे कला का क्रमिक ह्रास ही कहा जायेगा। यह ह्रास मध्यवर्ती भारत में ही सीमित नहीं रहा।

कला के इस ह्रास की पृष्ठभूमि अत्यन्त स्पष्ट है। गुप्त साम्राज्य एक बद्धमूल और सुप्रशासित साम्रज्य था। गुप्त सम्राट कला और साहित्य के ही नहीं, धर्म एवं अध्यात्म विद्या के भी प्रेमी थे। फलस्वरूप तत्कालीन कला अध्यात्म से उत्प्रेरित रही। उसमें सांसारिकता का उभार कम हो सका। किन्तु चन्देलों के समय में कला का ह्रास तीव्र गति से हुआ। चन्देल शासक शैवों के वाममार्गी साधुओं से प्रभावित रहे, जिनका नैतिकता से कदाचित शब्दों तक ही सम्बन्ध था। वे स्थूल भौतिकता और वासनाओं से भरा जीवन स्वयं बिताते थे और जनता को भी अपना पथगामी बनाते थे। इस प्रवृति ने नौवी से तेरहवीं सदी तक ही कला का प्रभावित किया, तभी चन्देलों के समय तक मूर्तियों से मौलिकता और संयम प्राय समाप्त हो गया। इस समय की मूर्तियों में माँसलता, अस्वाभाविक व कामोत्तेजक लोच, तथा विविध आसनों का अत्यन्त विकृत रूप प्रस्तुत किया जाने लगा। देवगढ़ व आसपास की कला में भी यह ह्रास देखा जा सकता है। यद्यपि बानपुर, मदनपुर के मन्दिरों में यह अपने इतने विकृत रूप में नहीं है। वेशभूषा और प्रसाधन कला में सांसारिता की वृद्धि के साथ समृद्ध व आकर्षक होती गयी है। पुरूष वर्ग की वेशभूषा अधिक भड़कीली नहीं है। पुरूष वर्ग वही आभूषण धारण करते थे जो स्त्रियाँ धारण करती थी। देव व सभ्रान्त लोग मस्तक पर मुकुट बाँधते थे। ललाट पर तिलक लगाने का प्रचलन था, कानों में कुण्डल कर्णावंतम, कर्णिका तथा गले में विभिन्न प्रकार के हार पहनते थे, केयूर, कटिसूत्र और पायल का भी प्रचलन था।

स्त्री वर्ग अधोवस्त्र के रूप में साड़ी पहनती थी, लेकिन आजकल के समान ऊपर लाकर नहीं ओढ़ती थी, बल्कि विशेष ढंग से कमर के नीचे ही लपेटती थीं कंचुकी पहनने की प्रथा थी। उत्तरीय प्रायः सभी स्त्रियाँ रखती थी, उत्तरीय को गले या पीछे की ओर से निकालकर कुहोनियों के ऊपर से सामने लाया जाता था। तब उसके दोनों ओर के छोर आकर्षक लहरिये के रूप में हवा में लहराते हुए बनाये गये हैं।

केश सज्जा आकर्षक व कलापूर्ण होती थी। देव मूर्तियों के मस्तक पर मणि जटित मुकुट दिखाई देते हैं। वे भी केश सज्जा का एक अंग थे। उनके जूड़े आकर्षक शैली में बने हुए देखे जा सकते हैं।

आभूषण के प्रति आकर्षण नारी में प्राचीन काल से ही रहा है। मदनपुर व बानपुर की स्त्री–मूर्तियों में आभूषणों का अंकन प्रचुर मात्रा में हुआ है। वे कानों में कर्णफूल व कुण डल पहनती थीं। हार व मालाओं का प्रयोग बहुत होता था। स्तनहार लम्बी माला पहनने का प्रचलन था। उसके मध्य से मोतियों की लड़ी स्तनों के बीच से होती हुई नाभि पर्यन्त लटकती थी। बाजूबन्द केयूर सभी स्त्रियाँ पहनती थी। हाथों में चूड़ियाँ व कंकण पहने जाते

थे। सभी स्त्रीयाँ कटि सूत्र व मेखला पहनती थीं। जो कहीं–कहीं बहुत चौड़ी मेखला भी प्राप्त होती हैं उनमें घुँघरू व झालरें लटकती थीं। पैरों में पायजेब व पायल पहनने की प्रथा थी, उनमें नुपूर लगे रहते थे।

त्यौहार पर्व और मेलों के द्वारा धार्मिक, सामाजिक व सांस्कृतिक स्वरूप पर नियंत्रण होता है। ये केवल व्यक्ति विशेष पर निर्भर न रहकर सामूहिक व सम्मिलित रूप से होते हैं। इनके द्वारा सांस्कृतिक एकता का सूत्रपात होता है। वैभवपूर्ण बुन्देलखंड के भू–भाग में, त्यौहार, पर्व व मेलों का वास्तविक रूप देखने को मिलता है। फसलें कटने, ऋतु परिवर्तन होने आदि के अवसर पर सामूहिक नृत्य गान होते हैं। समय–समय पर आयोजित धार्मिक अनुष्ठान, सामाजिक समारोह, मेले, त्यौहार, यहाँ के जन साधारण के मनोरंजन व आमोद–प्रमोद के साधन थे। गायन वादन व नृत्य में यहाँ के समाज की विशेष रूचि थी।

1. वेगलर – आ0 सा0 रि0 भाग–07, पृ0–57
2. वही वही वही , पृ0–58
3. प्रबोध चन्द्रोदय – अंक–2 , पृ0–89, श्लोक –34
4. वही वही वही , पृ0–165

5

उपसंहार

समय चक्र अपने घटना क्रम को धरती के गर्भ व प्रकृति की गोद में सहेजता चला जाता है। आवश्यकता होती है ऐसे दृष्टिकोण की जो उस घटना क्रम को खोजकर, उसको क्रमबद्ध रूप दे दें और यही क्रमबद्ध अध्ययन इतिहास कहलाता हैं। गिरिराज विध्याँचल की पर्वत श्रृंगों से घिरा, बेतवा, नर्मदा, चम्बल, केन आदि नदियों से सिंचित भू–भाग जेजाकभुक्ति कहलाता हैं। जिस पर कालचक्र ने प्राचीनकाल से लेकर आज तक अपने पद चिन्हों से अनेक चिन्ह छोड़े हैं रामायण और महाभारत की ऐतिहासिक घटनाओं से लेकर सन् 1857 की क्रांति तक का इतिहास इस भू–भाग के हृदय पर लिखा हुआ है, जहाँ महान गुप्त शासकों से लेकर वीर बुन्देलों तक ने समय आने पर इस वीर प्रवासनी माटी की अपने लहू से प्यास बुझाई हैं, उन्हीं की प्रेरणा से छेनी की लबद्ध झंकार ने पत्थरों के हृदय पर कला के इतिहास को उकेरा हैं।

ललितपुर में स्थित महरौनी तहसील की एक ही पट्टी पर स्थित प्राचीन स्थल मदनपुर त बानपुर है। यहाँ का इतिहास एक ओर पौराणिक गाथाओं से परिपूर्ण है तथा दूसरी ओर मध्यकाल की कला थाती से ओत–प्रोत हैं तो स्वतन्त्रता के युद्ध का तिलक अपने भाल पर लगाये हुए भी आज आधुनिक विकास से उपेक्षित हैं। चन्देल काल का महत्वपूर्ण नगर मदनपुर आज बिजली के प्रकाश से भी वंचित हैं, तो आजादी की लड़ाई में महत्वपूर्ण भूमिका निभाने वाला बानपुर का महत्वपूर्ण किला जिसने झाँसी से भी पहले अपने हृदय पर अंग्रेजी तोप के गोले सहे है आज दुर्भाग्य से शोच स्थल बना हुआ हैं। इस क्षेत्र पर विस्तृत अध्ययन

की महती आवश्यकता बनी रही है। अतः मैने अपने शोध कार्य के लिए इस क्षेत्र का चुनाव किया तथा विस्तृत तथा क्रमबद्ध अध्ययन प्रस्तुत करने का प्रयास किया हैं।

समय–समय पर अनेक विद्वानों तथा सामाजिक कार्यकर्ताओं ने इस क्षेत्र पर जो कार्य किया है उनमें एलेकजेण्डर कर्निघम तथा डा0 पी0 सी0 मुखर्जी का कार्य विशेष महत्वपूर्ण हैं। कर्निघम ने अपने सर्वेक्षण टूर्स इन बुन्देलखण्ड एण्ड मालवा'' में मदनपुर ग्राम की स्थापत्य व मूर्तिकला पर कुछ प्रकाश डाला हैं। डॉ0 पी0 सी0 मुखर्जी का कार्य इस क्षेत्र पर बहुत महत्वपूर्ण माना जा सकता हैं। जिन्होंने ''रिपोर्ट आन दा एण्टीक्वीटीज इन दा डिस्टिकट आफ ललितपुर'' में ललितपुर जनपद की समस्त कला थाती को प्रकाश में लाने का महत्वपूर्ण कार्य किया हैं। समय–समय पर सामाजिक संस्थाओं ने जिनमें विशेषकर ''भारतीय दिगम्बर जैन तीर्थ समिति'' ने इस क्षेत्र की जैन कला का संकलित करने में विशेष योगदान दिया है, तथा जैन कला थाती को सुरक्षित करने का प्रयास किया हैं।

ये दोनों ऐतिहासिक स्थल उत्तर प्रदेश में ललितपुर जिले की तहसील महरौनी के अन्तर्गत आते हैं। मदनपुर महरौनी से दक्षिण की ओर 45 कि0 मी0 सड़क मार्ग से जुड़ा हैं, जबकि बानपुर महरोनी से 14 कि0 मी0 है।

मदनपुर में चन्देल कालीन मन्दिर जो छोटी व बड़ी कचहरी क्रमश विष्णु मन्दिर व शिव मन्दिर हैं, जिनमें मूर्ति शिल्प के अतिरिक्त विष्णु मन्दिर में महत्वपूर्ण चित्रकला भी सुरक्षित हैं। इसके अतिरिक्त पंचमढ़ी, मोदी मठ व चम्पोमठ महत्वपूर्ण ऐतिहासिक, धार्मिक व मूर्ति शिल्प के कलात्मक केन्द्र हैं। पंचमढ़ी का कमेटी द्वारा जीर्णोद्धार कर दिया गया हैं, जिससे इस क्षेत्र की कला थाती को तो सुरक्षा मिली ही हैं, साथ ही क्षेत्र कमेटी ने मदनपुर में आसपास बिखरी जैन कला सम्पदा को इसी क्षेत्र में संग्रहीत करके महत्वपूर्ण कार्य किया हैं। मोदी मठ का भी अब जीर्णोद्धार हो चुका हैं। कलात्मक दृष्टिकोण से सबसे महत्वपूर्ण तथा अब तक अज्ञात चम्पोमठ हैं, जो अब तक अपनी पूर्व स्थिति में है यद्यपि अब वह काफी जर्जर हो चुका है, लेकिन उसका कलात्मक द्वार विशेष रूप से दर्शनीय हैं तथा उसके गर्भ गृह में स्थित त्रिमूर्ति आस–पास के सभी स्थलों से महत्वपूर्ण व कलात्मक हैं। इसके अतिरिक्त आस–पास जंगलों में बहुत से कला अवशेष यत्र–तत्र बिखरे पड़े हैं। बानपुर का प्राकृतिक वैभव, कलात्मक थाती तथा शौर्य पूर्ण गाथा सभी महत्वपूर्ण हैं। इसके दोनों ओर दो नदियाँ जामिनी व जामनेर बहती हैं। अतिशय क्षेत्र बानपुर कलात्मक दृष्टिकोण से बहुत महत्वपूर्ण है। यहाँ 10वीं 11वीं शती का सहस्त्रकूट चैत्यालय अपने पूर्ण वैभव के साथ खड़ा है। साथ ही चारों ओर जैन मन्दिर है जिनकी कला सम्पत्ति भी प्राचीनकाल की हैं। गणेश खेड़ा प्राचीन स्थल हैं, जहाँ 18 भुजाओं से युक्त समस्त बुन्देलखण्ड में नृत्य गणेश की

सबसे विशाल प्रतिमा हैं। मानिक टीला में नाग पूजकों द्वारा संग्रहीत अनेक नाग प्रतिमाएँ, शेषशायी विष्णु व हनुमान आदि की मूर्तियाँ बहुत महत्वपूर्ण कला थाती हैं। सम्भवतयाः किसी समय में यहाँ पर नाग मन्दिर अवश्य रहा होगा। इसके अतिरिक्त सूर्य की आग से तृप्त काल के थपेड़ो से ध्वस्त अनेक वीरों के लहू से सिंचित महत्वपूर्ण चित्रकला से पूर्ण तथा वर्तमान में पूर्णतया उपेक्षित बानपुर का किला हैं। ग्राम में दो जैन मन्दिर जिनमें बड़ा जैन मन्दिर बुन्देल कालीन, चित्रकला पद्धति के महत्वपूर्ण उदाहरण अपने में संजोये हुए आज भी सुरक्षित हैं।

रामायण काल में बुन्देलखण्ड तपोभूमि कहलाती थी। अनेक ऋषियों के आश्रम चित्रकूट के आस–पास इसी क्षेत्र में थे, उस समय मध्य देश कौशल जनपद राज्य का एक अंग था। महाभारत काल में यह प्रदेश शिशुपाल के अधिकार में रहा हैं। भगवान श्रीकृष्ण द्वारा शिशुपाल को युद्ध में हराये जाने के उल्लेख महाभारत में प्राप्त होते हैं। इसके बाद का क्रमबद्ध इतिहास अप्राप्त हैं। मौर्य काल में यह राज्य छोटे–छोटे गणतन्त्र में पूरा विभाजित था। शंगुकाल में अग्नि मित्र के समय में उसके राज्य की राजधानी वैस नगर (विदिशा) के पास इसी प्रदेश में रही। नाग राजाओं की राजधानी पद्मावती आधुनिक पवाया थी, बुन्देलखण्ड में नाग राजाओं की कला के अनेक भग्नावशेष प्राप्त हुए हैं। आज भी बानपुर में नाग पूजक लोग रहते हैं। नागों के समय में मालवा व चेदि जनपद का भूभाग भी उनके अधिकार में ही था। गुप्तकालीन मूर्तिकला के महत्वपूर्ण उदाहरण देवगढ़ में प्राप्त हुए हैं। कुछ समय तक हूणों का राज्य भी इस क्षेत्र में रहा हैं, उसके पश्चात् परिहारों ने कई छोटे–छोटे स्वतन्त्र राज्य स्थापित कर लिये थे।

नवीं शती के उत्तरार्ध में चन्देलों ने परिहारों को हराकर अपना राज्य स्थापित किया, उनका राज्य ''जुझौती'' या ''जेजाकभुक्ति'' कहलाता था, जिसकी पुष्टि मदनपुर में प्राप्त एक शिलालेख से होती हैं। खुजराहों, कालिंजर, महोबा, अजयगढ़, मदनपुर आदि इनके मुख्य नगर थे। धंग, गंड, कीर्तिमान, मदनवर्मन, परमर्दीदेव आदि इनके मुख्य राजा हुए, जिनमें मदनवर्मन ने मदनपुर नगर की पुर्नस्थापना कर अपने नाम पर इस नगर का नाम मदनपुर रखा। दिल्ली नरेश पृथ्वीराज चौहान ने परमर्दी देव को हराया था। इसकी पुष्टि भी मदनपुर में प्राप्त एक शिलालेख से ही होती हैं जो शिवमन्दिर में प्राप्त हैं। आल्हा और उदल इसके राज्य में दो वीर योद्धा हुए है, जिनकी वीरता की गाथायें आज भी बुन्देलखण्ड ही नहीं समस्त उत्तर तथा मध्यभारत में गायी जाती हैं। शैव, विष्णु, शाक्त तथा जैन धर्मो के अनेक कलावशेष हमें आज भी देखने को मिलते हैं। मदनपुर व बानपुर दोनों ही स्थानों

पर ब्राह्मण व जैन दोनों धर्मो के कलावशेष देखे जा सकते हैं। जिनका विस्तृत विवरण इस प्रबन्ध में प्रस्तुत किया गया है।

चन्देलों के पश्चात् 13वीं शती से लेकर 19वीं शती तक इस क्षेत्र में बुन्देलों का राज्य रहा तथा उनके राज्य में यह क्षेत्र बुन्देलखण्ड कहलाया। बुन्देलों के शौर्य के अनेको गाथाओं से हमारा इतिहास भरा पड़ा है। जिन्होनें मुगलों से लेकर अंग्रजों तक के सामने अपनी स्वतन्त्रता का परचम निरन्तर उठाये रखा, फिर भी बहुत से ऐसे महत्वपूर्ण तथ्य अंधकार के गर्त में डूबे हुए हैं, जिन्होनें भारत की आजादी के लिए अपना सब कुछ बलिदान कर दिया, वीर बुन्देला मर्दन सिंह बानपुर इतिहास का एक ऐसा ही पृष्ठ है। वीर मर्दनसिंह भारतीय कला संस्कृति के पोषक थे उनका अपना बहुत बड़ा पुस्तकालय था, हयूरोज ने अपने आक्रमण के समय उसमें आग लगवा दी थी, जिससे उसमें संग्रहित अनेकों चित्रित ग्रन्थ व ऐतिहासिक सामग्री नष्ट हो गयी। ऐसे थे वीर मर्दनसिंह जिन्होंने आजादी की रक्षा के लिए अपनी संस्कृति अपनी कलाभिरूचि अपनी समस्त सम्पत्ति, राज–पाट, मित्र, सम्बन्धी सभी कुछ आजादी की लड़ाई में होम कर दिया। इसी आजादी की लड़ाई में भारतीय कला की एक और धरोहर मदनपुर की छोटी व बड़ी कचहरी काल का ग्रास बनीं। इस प्रकार भारत में ये ही दो ऐसे क्षेत्र हैं जिन्होनें 1857 की लड़ाई में अपनी स्वतन्त्रता को सर्वोपरि रखते हुए, अपनी संस्कृति को भी उस पर न्यौछावर कर दिया। आज यह कला थाती चहुँ और बिखरी पड़ी है, लेकिन अपने बिखराव पर किसी प्रकार की लज्जा नहीं गर्व से सर उठाये अपने इतिहास की कहानी कह रही है, आवश्कता उस इतिहास को संकलित करने की हैं। उस कलाथाती को मैंने अपने तृतीय व चतुर्थ अध्याय में एकात्रित किया है।

तृतीय अध्याय में मूर्तिशिल्प का विस्तृत विवरण प्रस्तुत किया गया है। दोनों ही स्थानों में धर्म–सम्भाव के उदाहरण देखे जा सकते हैं, यहाँ जैन व ब्राह्मण दोनों ही धर्मो की कलाथाती दृष्टव्य हैं जो आज धर्म से उठकर राष्ट्र थाती बन सकती हैं। देश का प्रेरणा स्त्रोत बन सकती हैं। आवश्यकता उसकी उजागर करने की थी जो मैंने करने का प्रयास किया हैं।

मदनपुर में एक ओर जहाँ छोटी कचहरी के नाम से प्रसिद्ध क्रमशः विष्णु व शिव चन्देलकालीन मन्दिरों में शैव व वैष्णों मतों की कला दृष्टव्य हैं, वही पंचमढ़ी, मोदीमठ तथा चम्पोमठ में 12वीं से 16वीं शती तक की जैन मूर्तिकला का दिग्दर्शन किया जा सकता है। विशाल कलात्मक मूर्तियाँ यहाँ अपनी सानी नहीं रखती है। विशाल त्रिमूर्ति के सुन्दर उदाहरण समस्त मदनपुर व बानपुर में ही देखे जा सकते है। मदनपुर में इन कलात्मक मन्दिरों के अतिरिक्त चहुँ और मूर्तिकला के खण्ड बिखरे पड़े हैं, आवश्यकता उनको संग्रहित

करने की है। मैंने अपने कैमरे के माध्यम से उसको संग्रहित किया है। उधर बानपुर में अतिशय क्षेंत्र क्षेत्रपाल में सुन्दर, कलात्मक जैन सहस्त्रकूट चैत्यालय हैं। जो सम्भवतया आततायियों की क्रूर दृष्टि से दूर रहा हैं इसीलिए आज भी अपने पूर्ण वैभव के साथ देखा जा सकता हैं। समस्त बुन्देलखण्ड में ही नहीं समस्त भारत में यह अपने तरह का एक ही चैत्यालय हैं। जिसके चारों ओर मुख्य द्वारों पर कलाकृतियाँ उकेरी गयी हैं। मध्य में एक सहस्त्र मूर्तियों से विमुक्ति एक खंडीय लगभग आठ फीट ऊँचा सहस्त्रकूट लिंग है। इस चैत्यालय पर चारों ओर अष्ट दिकपालों की सुन्दर मूर्तियाँ ब्राह्मण मूर्ति विज्ञान के अनुसार बनी हुई हैं। इसके अतिरिक्त इसी क्षेत्र में समस्त बुन्देलखण्ड की सबसे विशाल त्रिमूर्ति शान्तिनाथ, कुन्थुनाथ, अहरनाथ की "बड़े बाबा के मन्दिर" में विद्वमान हैं, जिसकी पालिस दृष्टव्य हैं। गणेश खेड़ा व मानिक टीला में ब्राह्मण धर्म की सुन्दर मूर्तियाँ हैं। गणेश खेड़ा 18 भुजाओं से युक्त नृत्य गणेश की यह समस्त बुन्देलखण्ड की सबसे ऊँची प्रतिमा हैं। जिसकी आज भी पूजा की जाती हैं। मानिक टीला में शेषशायी विष्णु, नाग–नागी की विशेष प्रकार की मूर्तियाँ अपना गुणगान स्वयं कर रही है। ये मूर्तियाँ भारतीय कला की अप्रतिम धरोहर हैं।

चित्रकला की दृष्टि से भी यह क्षेत्र कम महत्वपूर्ण नहीं हैं। सम्पूर्ण भारतवर्ष में पंचतन्त्र की कथाओं पर आधारित भित्तिचित्र सर्वप्रथम यही मदनपुर के विष्णु मन्दिर में बनाये गये हैं। यही एक मात्र भित्ति चित्र हैं जो पूरे उत्तर भारत में 12वीं शती के आस पास के भित्ति चित्रों के एक मात्र उदाहरण हैं, तथा कथित जैन शैली अपभ्रंश शैली के समस्त शैलीगत गुणों से परिपूर्ण है। यही एक मात्र चित्र है जो अजन्ता के भित्ति चित्रों के पश्चात् तथा ताड़ पत्रीय चित्रकला के मध्य की कड़ी कहे जा सकते हैं। अतः ये चित्र भारतीय चित्रकला के इतिहास की ऐसी धरोहर हैं जिनकी पूर्णतया सुरक्षा की आवश्यकता है वरना आने वाले बहुत थोड़े समय में ही नष्ट ही हो जायेंगे बहुत अच्छा हो यदि सरकार इनकी प्रतिकृति करा लें। मैंने अपनी फोटोग्राफी के माध्यम से इन चित्रों को इकट्ठा करने का प्रयास किया हैं।

संस्कृति कभी नष्ट नहीं होती है वह हमेशा संस्कारों से सुसंस्कृत होकर नये रूपों में बनती रहती हैं। विंध्य के विस्तृत क्षेत्र में अनेकों संस्कृतियाँ विकसित हुई है। यहाँ के उंतग पर्वतों, ने साहस का पाठ पढ़ाया हैं, कल–कल करती नदियों ने गीत–संगीत को जन्म दिया जिससे शौर्य व कला दोनों इस क्षेत्र की संस्कृति के अविभाज्य अंग रहे हैं। राम और कृष्ण के समय की अनेकों पौराणिक घटनायें इस विन्धय क्षेत्र में घटी हैं। चन्देलों से लेकर बुन्देलों तक शौर्य के अनेकों उदाहरणों से इतिहास भरा पड़ा हैं। इन्हीं पौराणिक आधारों तथा वीरोचित प्रेरणाओं ने यहा के लोक जीवन एवं संस्कृति तथा कला को प्रभावित किया

है। विंध्याचल यहाँ से मूर्तिकारों का व यहाँ की प्रकृति व लोक जीवन चित्रकारों का प्रेरणा श्रोत रहा है। आदिकाल के मनुष्य के पत्थरों पर पहली छेनी चलाने से लेकर खुजराहों, देवगढ़, मदनपुर, बानपुर, के मूर्तिकारों की यह संस्कृति प्रेरणा श्रोत रही है जिससे उसकी कला भावोत्पादक बनी है, दूसरी ओर यहा के चित्रकार ने तो इस संस्कृति में रंग भरे ही हैं, यहाँ के तीज–त्यौहार, लोक–गीत, लोक नृत्य तथा प्राकृतिक वैभव चित्रकार के विषय वस्तु रहे हैं। मदनपुर व बानपुर की मूर्तिकला व चित्रकला में इस संस्कृति की स्पष्ट झाँकी देखी जा सकती हैं।

भारतीय इतिहास की यह धरोहर धीरे–धीरे नष्ट हो रही है कारण स्पष्ट है इसकी उचित देख–रेख व रख–रखाव नहीं हो पा रहा है। इस कारण मूर्तियाँ तो चोरों व स्मगलरों द्वारा देश से बाहर सम्भवतया भेज दी गई हैं। इस धरोहर के वास्तविक मूल्य से अन्जान जनता भी इस धरोहर को नष्ट करने का कारण रही हैं। बानपुर की एक रहट से कुछ सुन्दर मूर्तियाँ हमने निकल वाई हैं व संग्रहालय में भिजवाई हैं। मदनपुर में मकानों के दरवाजों के स्तम्भ इन्हीं कलात्मक धरोहर से बना लिये गये हैं। कुछ बहुत सुन्दर व महत्वपूर्ण कला–कृतियाँ इन स्थानों के कुछ बड़े व्यक्तियों के पास बिना किसी हिसाब–किताब के रखी हैं। बानपुर का महत्वपूर्ण किला तो बार–बार कहने की आवश्यकता नहीं, सारे गाँव के लोगों द्वारा दुरूपयोग हो ही रहा हैं। कुछ लोग धन आदि लालच में भी इस खंडित किले के शेष भागों को रातो–रात खोदते रहते हैं जिससे रही–सही धरोहर भी नष्ट हो जाती हैं हमारा सनातन समाज इस मामले में बिल्कुल ही निष्क्रिय है, उसे न अपनी संस्कृति की चिन्ता हैं और न ही इस कलात्मक धरोहर की। उसके मन से तो शायद धार्मिक भावना भी नष्ट हो गयी है। इसके लिए मैं जैन समाज को एक बार अवश्य धन्यवाद का पात्र मानता हूँ। जिन्होंने इन सभी क्षेत्रों में जहाँ भी जैन समाज के पुराने मन्दिर है वहाँ या तो नये मन्दिर का निर्माण करके अथवा उन खण्डित मूर्तियों को दोबारा सही करके चाहे धार्मिक प्रवृति से ही सही इन्हें सुरक्षित करने का प्रयास किया है, अब उनके साधन सीमित हैं उन्हीं के आधार पर वे जो कुछ कर सकते हैं, कर रहे हैं उन्हें आसपास के क्षेत्र में जहाँ भी मूर्तियाँ मिली उठाकर एक उचित स्थान पर एकत्रित कर दिया हैं।

इस अध्ययन से जो कला–धरोहर उदघाटित हुई है वह निम्न है:–

1. अनेक अज्ञात मूर्तियों एवं चित्रों को प्रकाश में लाया जा सका। मेरे प्रयत्नों से जमीन में धँसी शेषशायी विष्णु व नाग मूर्तियाँ ''झाँसी राज्य के संग्रहालय की शोभा बढ़ा रही हैं।

2. मदनपुर में चम्पोमठ जैन मन्दिर, उद्घाटन कला मनीषियों के सामने हो सका तथा मदनपुर में ही मूर्तियों को झाड़ियों व गड्ढों से प्रकाश में लाया गया।
3. बानपुर के गणेश खेड़ा की गणेश जी की मनोज्ञ मूर्ति का उद्घाटन कला मनीषियों को हो सका।
4. मदनपुर में चित्रों की विषयवस्तु तथा तकनीक का पूर्ण मूल्यॉकन किया गया।
5. बानपुर में बुन्देलखण्ड़ी विशेष चित्रकला पद्धति को विवेचन किया गया।
6. बानपुर व मदनपुर का देश की स्वतन्त्रता में क्या योगदान है, इसका उद्घाटन हुआ, जहाँ संस्कृति को देश की सुरक्षा व आजादी हेतु बलिदान कर दिया गया। वीर मर्दन सिंह के व्यक्तिगत व कृतित्व पर एक स्वतन्त्र शोध ग्रन्थ लिखा जाना चाहिए।

कतिपय सुझाव

1. हमारी सरकार को चाहिए कि बानपुर की स्वतन्त्रता के इस महत्वपूर्ण तीर्थ किले की सफाई इत्यादि कराकर वहाँ पर कुछ चौकीदार रखें जायें, तथा किले के चारों ओर के भाग पर घास आदि लगाकर उसका सौन्दर्यीकरण कर दें, तो वह भारतीय इतिहास के जानने वालों तथा देशाटन के प्रेमी व्यक्तियों के लिए आकर्षण का केन्द्र बन सकता हैं।
2. मदनपुर के चन्देलकालीन दोनों मन्दिर जिन्होंने भी आजादी की लड़ाई में अपने को स्वाहा किया हैं उनका पुननिर्माण किया जा सकता है उसके अधिकतर भाग अभी भी चारों ओर बिखरें पड़े हैं।
3. साथ ही जन जागरण की भी आवश्यकता हैं उसके लिए बुद्धिजीवी लोगों को आगे आना होगा। उन क्षेत्रों के कुछ पढ़े–लिखे लोगों को अपनी इस संस्कृति की धरोहर के महत्व से अवगत कराना होगा, ताकि इस धरोहर का दुरूपयोग न किया जा सके।
4. चारों ओर बिखरें हुए मूर्तिशिल्प को यदि सरकार उठाकर उन्हीं क्षेत्रों में पुलिस के संरक्षण में ही छोटे–छोटे संग्रहालय बना दें, तो उससे कुछ व्यक्तियों को रोजगार मिलेगा ही, साथ ही यह धरोहर भी सुरक्षित रह सकेगी।
5. मदनपुर के चित्रों की प्रतिकृति कराना बहुत आवश्यक हैं यह कार्य केवल सरकार ही करा सकती हैं। जिससे अपने समय के नष्ट प्रायः एक मात्र उदाहरण भावी पीढ़ी व इतिहास कारों के लिए सुरक्षित रह सकें।

संदर्भ ग्रन्थ

संस्कृत

1. अग्निपुराण–वेदव्यास–स0 बलदेव उपाध्याय–चौखम्भा–संस्कृत–वाराणसी–1966
2. अपराजित पृच्छा–भुवनदेव–ओरियन्टल इंस्टीट्यूट बड़ौदा–1950
3. अभिधानचिन्तामणि हेमचन्द–स0 हरगोविन्द शास्त्री–चौखम्भा–संस्कृत सीरीज–1964
4. जिनसहस्त्रनाम–पॉ आशाधर–स0 हीरालाल शास्त्री–दिल्ली
5. तिलोयपण्णति–यतिवृष्भ–स0 डॉ हीरालाल जैन–शोलापुर–1943
6. निर्वाण कलिका–पादलिप्ताचार्य स0 मोहनलाल भगवानदास झावेरी–बम्बई–1922
7. प्रतिष्ठासारोद्दार–आशाधर–स0 मनोहर लाल शास्त्री–बम्बई–1974
8. प्रतिष्ठापाद–जयसेन–स0 नेमचन्द्र हीरालाल जोशी–शोलापुर–1925
9. पृथ्वीराज रासौ–चन्द्रबरदाई–स0 बाबू श्यामसुन्दरदास–काशी नगरी प्रचारिणी सभा–बनारस
10. परमाल रासौ–जगनीक–स0 बाबू श्यामसुन्दरदास–काशी नागरी प्रचारिणी सभा–बनारस
11. पंचतन्त्र–श्री विष्णु शर्मा–स0 बाबू श्यामचरण पाण्डेय–दिल्ली–1980
12. मतस्य पुराण–आनन्द आश्रम मुद्रणालय–पूना–1907
13. मान्नसोल्लास–सोमेश्वरदत्त–ओरियन्टल इंस्टीट्यूट बड़ौदा–1939
14. रूपमंडन–सूत्रधार मंडन–स0 बलराम श्रीवास्तव–दिल्ली
15. वास्तुसार संग्रह, ठक्कर फेरु, स0 भगवानदास जैन–जयपुर–1936
16. वृहत्संहिता,वारहमिहिर–प्रकाशक–पं. भूषण वी सुब्रहमण्यम्–बंगलोर–1947
17. विष्णुधर्मोत्तर पुराण–वेंकटेश्वर प्रेस–बम्बई
18. समरांगण सूत्रधार, भोज, गणपति शास्त्री–ओरियन्टल इंस्टीट्यूट बड़ौदा–1924
19. शिल्प रत्नम्–श्रीकुमार–स0 साम्बशिव शास्त्री–त्रिवेन्द्रम–1929

हिन्दी

1. अवस्थी रामाश्रय–खुजराहो की देव प्रतिमाएँ–ओरियन्टल पब्लिशिंग हाउस–आगरा
2. अग्रवाल वासुदेव शरण–कला और संस्कृति–प्रयाग–1952
3. अग्रवाल आर0 ए0–कला विलास–मेरठ–1984
4. अहमद लईक–भारतीय मध्यकालीन संस्कृति–इलाहाबाद–1968
5. उपाध्याय भगवत शरण–भारतीय कला व संस्कृति की भूमिका–दिल्ली–1965
6. ओझा गौरीशंकर हीरानन्द–राजपूताने का इतिहास–जयपुर
7. गरौला वाचस्पति–संस्कृति साहित्य का इतिहास–चौखम्भारोड़ संस्कृति विद्यापीठ–वाराणसी–1960
8. गरौला वाचस्पति–भारतीय संस्कृति और कला–उॅ प्रॉ हिन्दी ग्रन्थ अकादमी–लखनऊ–1973
9. गार्गीय वि0 दास–देवगढ के जैन मन्दिर–ललितपुर–1922
10. गोखले बी0 जी0–प्राचीन भारत, इतिहास और संस्कृति–बम्बई–1957
11. चन्द्र मोती, प्राचीन भारतीय वेशभूषा, प्रयाग–सम्वत्–2007
12. जैन लक्ष्मीचन्द्र, जैन कला एंव स्थापत्य, भारतीय ज्ञानपीठ–दिल्ली
13. जैन ज्योतिप्रसाद, प्राचीन भारत का वैभव देवगढ, वीर–मई–1956
14. जैन ज्योतिप्रसाद, भारतीय इतिहास एक दष्टि, भारतीय ज्ञानपीठ–1961
15. जोशी नी0 पु0–प्राचीन भारतीय मूर्ति विज्ञान–बिहार राष्ट्र ाशा परिषद् पटना–1977
16 जैन हीरालाल–भारतीय संस्कृति में जैन धर्म का योगदान–मध्य प्रदेश साहि0 परिषद्–भोपाल
17 जैन भगवानचन्द–देवगढ की जैन कला–भारतीय ज्ञानपीठ–दिल्ली–1974
18 जैन बालचन्द–जैन प्रतिमा विज्ञान–जबलपुर–1974
19 जैन बलभद्र–भारत के दिगम्बर जैन तीर्थ–भारतीय ज्ञानपीठ–दिल्ली–1974
20 जैन यशपाल–आहार–टीकमगढ–1 43
21 तिवारी गोरेलाल–बुन्देलखण्ड का संक्षिप्त इतिहास–काशी नगरी प्रचारिणी सभी–सं0 1990
22 तिवारी मारूति नन्दन, जैन प्रतिमा विज्ञान–अजन्ता पब्लिसिंग हाउस–दिल्ली
23. दास ब्रजरत्न, बुन्देलो का इतिहास, नागरी प्रचारिणी पत्रिका–सम्वत्–1879
24. द्विवेदी हजारी प्रसाद–प्राचीन भारत के कलात्मक विनोद–बम्बई–1952

25. पाण्डेय अयोध्या प्रसाद–चन्देलकालीन बुन्देलखण्ड का इतिहास–हिन्दी साहित्य सम्मेलन प्रयाग–1968
26. पाण्डेय राजबली–प्राचीन भारत–नन्दकिषोर एण्ड संस–वाराणसी–1962
27. पाण्डेय विनोदचन्द्र–भारतीय संस्कृति का विकास–लखनऊ–1972
28. पाण्डेय विमलचन्द्र–प्राचीन भारत का इतिहास–शिक्षा प्रकाशक–मेरठ–1981–82
29. वाजपेयी कृष्णदत्त–उत्तर प्रदेश का संस्कृतिक इतिहास–शिवलाल अग्रवाल एण्ड कम्पनी–अगरा–195
30. उत्तर प्रदेश का पुरातात्विक अनुसधांन–शिक्षा विभाग लखनऊ–1955
31. कला का इतिहास–हिन्दी साहित्य परिषद्–प्रयाग–1962
32. गुप्त तथा मध्यकालीन मूर्तिकला–कल्पना–जनवरी–1962
33. चन्देल व उनकी देन मध्यप्रदेश सन्देश–11 अगस्त,1962
34. देवगढ की जैन प्रतिमॉए–अनेकान्त–1अप्रैल,1962
35. मथुरा कला में नाग, त्रिपथगा,जौलाई,1962
36. भारद्वाज दिनेश चन्द्र–मध्यकालीन भारतीय सभ्यता और संस्कृति–भोपाल–1967
37. मुनि कान्ति सागर–खोज की पगडंड़ियॉ–भारतीय ज्ञानपीठ–नई दिल्ली–1953
38. खण्ड़हरों का वैभव–भारतीय ज्ञानपीठ–नई दिल्ली–1959
39. मुखर्जी राधाकुमुद–प्राचीन भारत–राजकमल प्रकाशन–दिल्ली–1962
40. मित्र इन्दुमती–प्रतिमा विज्ञान–मध्यप्रदेश हिन्दी ग्रन्थ एकाडेमी–भोपाल–1972
41. मुखर्जी राधाकमल–भारतीय कला का विकास–इलाहबाद–1964
42. राय उदय नारायण–प्राचीन भारत के नगर व नगर जीवन–इलाहबाद–1965
43. रामनाथ–मध्यकालीन भारतीय कलाऍ एवं उनका विकास–जयपुर–1973
44. राय, कृष्णदास–भारत की चित्रकला–इलाहबाद–सम्वत्–2023
45. भारतीय मूर्तिकला–नागरी प्रचारिणी सभा–काशी–सम्वत्–2030
46. अजन्ता के चित्रकूट–दिल्ली–1959
47. विधालंकार सत्यकेत्–भारतीय संस्कृति व उसका इतिहास–मंसूरी–1953
48. वर्मा वृन्दावन लाल–झॉसी की रानी लक्ष्मीबाई–झॉसी–1982
49. विधालंकार अत्रिदेव–प्राचीन भारत के प्रसाधन–भारतीय ज्ञानपीठ–दिल्ली
50. सिंह प्रतिपाल–बुन्देलखण्ड का इतिहास–खण्ड–1
51. श्यामलाल–तवारिसे, बुन्देलखण्ड
52. शुक्ल द्विजेन्द्रनाथ–प्रतिमा विज्ञान–लखनऊ

53. शास्त्री परमानन्द–जैन ग्रन्थ प्रशास्ति संग्रह–वीर सेवा मन्दिर–दिल्ली
54. शास्त्री चतुरसेन–भारतीय संस्कृति का इतिहास–मेरठ–1952
55. हीरालाल–मध्यप्रदेश का इतिहास–वाराणसी–1939
56. त्रिपाठी मोतीलाल–बुन्देलखण्ड दर्शन–झॉसी–1980
57. त्रिपाठी गयाचरण–प्राचीन भारत की कला–कानपुर–1971
58. त्रिवेद्वी–बी0 बी0 पृथ्वीराज रासो–एक समीक्षा–लखनऊ
59. श्रीवास्तव, खरे–बुन्देलो का इतिहास–विचार प्रकाशन–दिल्ली–1982

अंग्रेजी

1. Aggarwal V. S.·-Catalogue of The Brhmanical Images In Mathura Art – U. P. Historical Society, Lucknow, 1951.
2. Gupta Art - Historical Society, Lucknow, 1948.
3. Indian Art - Varanasi, 1965.
4. Aggarwal Urmil - Khujraho Sculpture and Their Significance, New Delhi, 1964.
5. Anand Mulraj - Album of Indian Painting N.B.T., India, 1973.
6. Aggarwal R.A. - Marwar Mural, Delhi.
7. Bhattacharya B.C. - The Jaina Iconography-Motilal Banarasi Dass, Delhi, 1974.
8. Bose N.S. - History of The Chandals of Jejakbukti, Calcutta, 1956.
9. Banarjee J.N. - The Development of Hindu Iconography.
10. Banarjee J.N. - The Religion In Art and Archesology, University of Lucknow, 1968.
11. Banarjee R.D. - Estern Indian School of Madival Sculpture, Delhi, 1933.
12. Brown Percy - Indian Painting, Calcutta, 1945.
13. Bhandarkar R.G. - Vaisnavism Saivism and Minior Religious System.
14. Bajpal K.D. - Archeology In Uttarpradesh, Lucknow, 1965.

15. Coomaraswamy A.K. - History of Indian and Indonasian Art, London, 1927.
16. Coomaraswamy A.K. - Notes of Jain Art General of Indian Art, London, 1918.
17. Coomaraswamy A.K. - Early Indian Iconography In Eastern Art, 1928.
18. Chakrabarti J. Techniques In Indian Mural Painting Calcutta, 1980.
19. Chandra Moti & Shah U.P. - New Documents of Jains Painting, Bombay, 1927.
20. Dikshit R.K. - Chandels of Jejakbukti, Abhinav Prakashan, Delhi.
21. Desai Madhuri - The Gupta Temple of Devegarh, Bombay, 1958.
22. Desai Kalpana S. - Iconography Vishnu, New Delhi, 1973.
23. Das Gupta S.N. - Fundamentals of Indian Art, Bombay,1954.
24. Dhaky M.A. - The Western Indian Jain Temples Aspect of Jain Art and Architecture, Ahmedabad, 1975 .
25. Devedi R.S. - Contribution of Jainism To Indian Culture, Delhi.
26. Deva Krishna - Temple of North India, N.B.T., India, 1977.
27. Fergusson J. - Tree and Serpent Worship In Ancient India, London, 1873.
28. Fisher and Jain - Art and Retuals 2500 Year of Jainism.
29. Gonguli & Goswami -The Art of Chandels, Calcutta, 1956.
30. Gonguli D.C. - Indian Art and Heritage, Calcutta, 1957.
31. Goswami A. - Indian Temple Sculpture, Calcutta, 1956.
32. Gupta R.S. - Iconography of Hindu, Buddhist and Jains, Bombay, 1972.
33. Kramrish Stella-Art of Indian Through The Ages, London, 1955.
34. Kramrish Stella - Indian Sculpture, Calcutta.
35. Kramrish Stella - Jain Painting of Western Indian Aspect of Jain Art and Architector, 1975.

36. Kramrish Stella - The Painted Ceiling J.I.S.D.A.-V.7.
37. Khandelwal Karl - The Development of Style In Indian Painting, New Delhi, 1974.
38. Lal Kanwar - Erotic Sculpture of Khajuraho, New Delhi, 1970.
39. Rao T.A.G.-Element of Hindus Iconography, Madrass, 1914-15.
40. R. Nath-Art of Chanderi, New Delhi.
41. A.K. The Malwa Painting.
42. Shah U.P. Studies In Jains Art, Banaras, 1955.
43. Shukla D.N. Hindu Caron of Iconography and Painting, Gorakhpur, 1958.
44. Sivaramamurti .C.Indian Sculpturs, New Delhi, 1961.
45. Sahai Bhagawat-Iconography of Minor Hindu & Buddhist, Deitie-Delhi, 1975.
46. Trivedi S.D.-Sculpture In Jhansi Museam-Jhashi, 1983.
47. W.G. Archer-Central Indian Painting-Febar & Febar.

गजेटियर रिसर्च जनरल, रिर्पोटस

1. ए0 कर्निंधम–आरक्योलाजिकल सर्वे रिर्पोट्स–टूर्स इन बुन्देलखण्ड एण्ड मालवा–जिल्द–2,7,9,10,18,21 इन 1875–76, 1876–77, कलकत्ता, 1880
2. एॉ फुहर–ए0 एस0 आई0 आर0–दा मानुमेण्टल एण्टिक्विटीज एण्ड इंस्क्रीप्सन्स इन दा नार्थ–वेस्टर्न प्राविन्स एण्ड अवध–इलाहाबाद, 1891
3. पी0 सी0 मुखर्जी–रिपोर्ट आन दा एण्टिक्विटीज इन दा डिस्ट्रिक्ट आफ ललितपुर, जिल्द 1 व 2, 1891
4. एनुवल रिपोर्ट आफ दा आर्केलोजिकल सर्वे आफ दा इण्डिया. 1903–04
5. दा इम्पीरियल गजेटियर आफ इण्डिया, जिल्द ,11, 1908
6. दयाराम साहनी–ए0 एस0 आई0 एनुवल प्रोग्रेस रिपोर्ट, 1920, लाहौर, 1928
7. सर जॉन मार्शल–ए0 एस0 आई0 एॉ पी0 आर0–1919–1920, कलकत्ता, 1922

8. इसा बसन्त जोशी–उत्तर प्रदेश डिस्ट्रिक्ट गजेटियर–झॉसी–गर्वमेंट आफ यू0 पी0 डि0 गजेटियर, लखनऊ, 1965

पत्रिकाएँ

हिन्दी

1. अनेकान्त
2. अंहिसावाणी
3. जैन संदेश
4. धर्मयुग
5. मध्यप्रदेश संदेश
6. वीर
7. त्रिपथगा
8. मधुकर
9. आकार
10. आकृति
11. परदा
12. मरू श्री
13. मरूभारती
14. कलानिधि
15. सम्मेलन पत्रिका, कला अंक
16. ललित कला
17. रूपम
18. विश्वभारती
19. कल्याण
20. वार्षिकी–63

अंग्रेजी

1. Ancient India (Bulletin of A.S.I)
2. Journal of UP Historical Society
3. East & West
4. Marg

अनुक्रमणिका

क

ख

ग

द

ध

ब

म

न

स

ह

त्र

ऋ

शोभन अभिप्राय

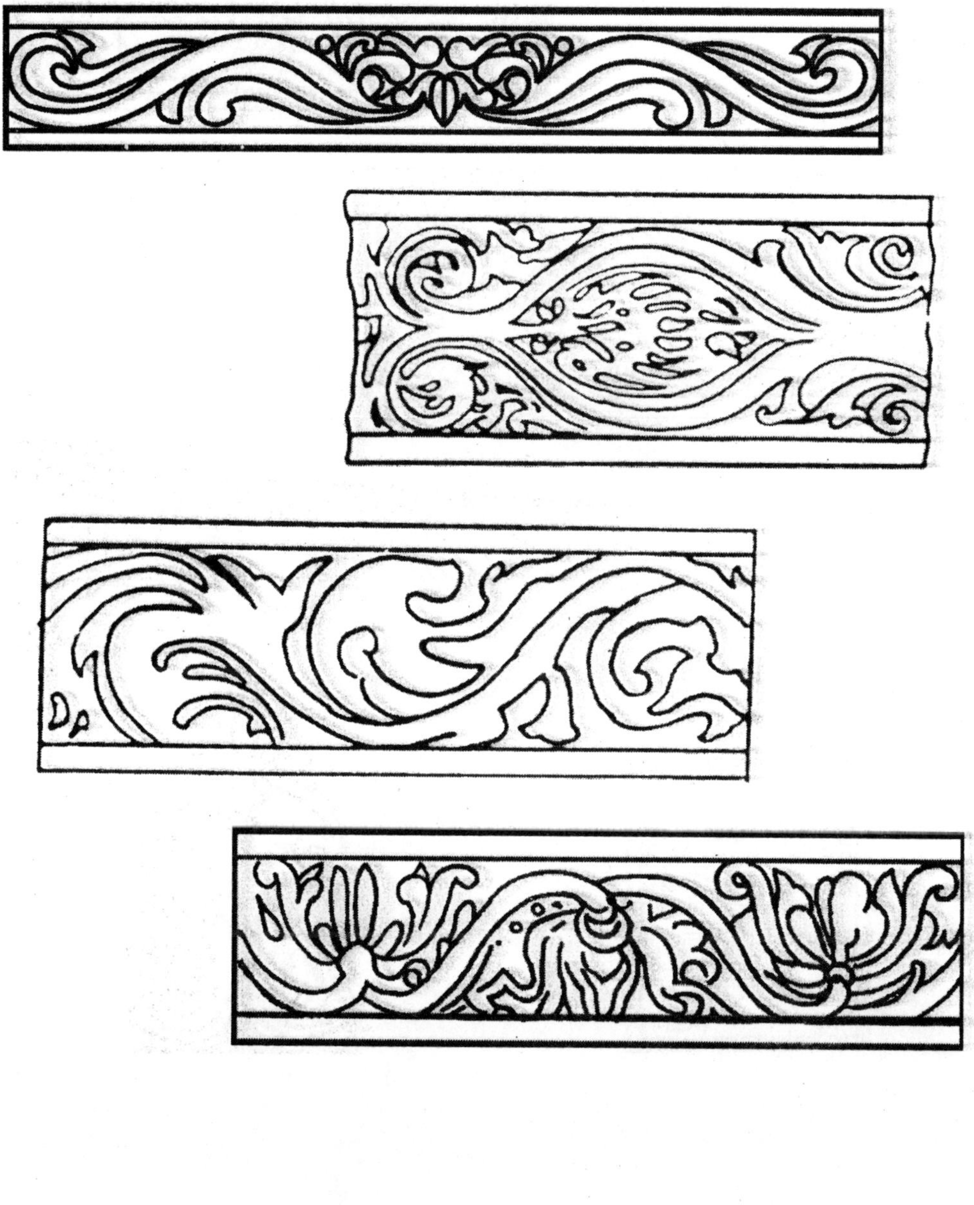

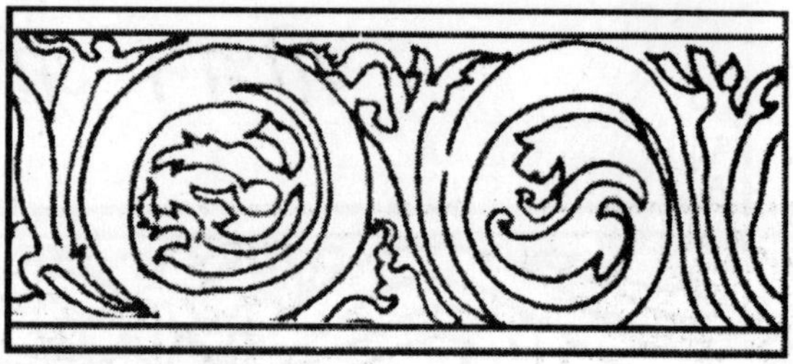

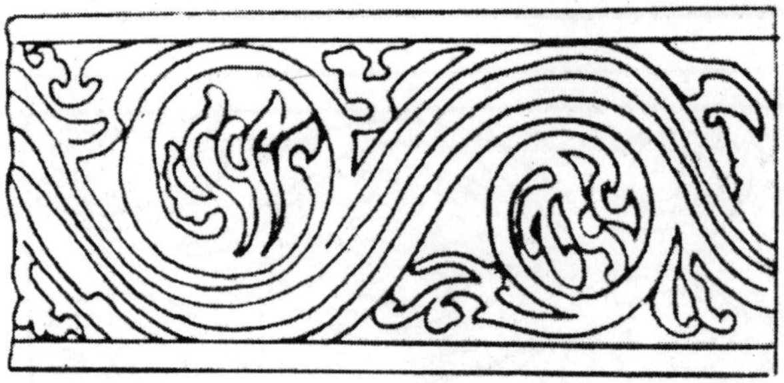

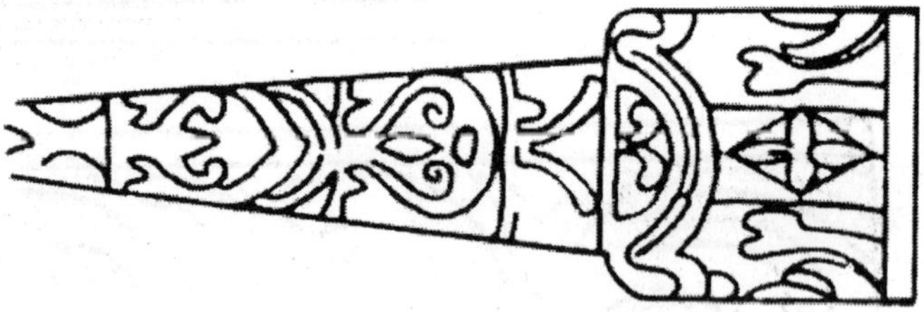

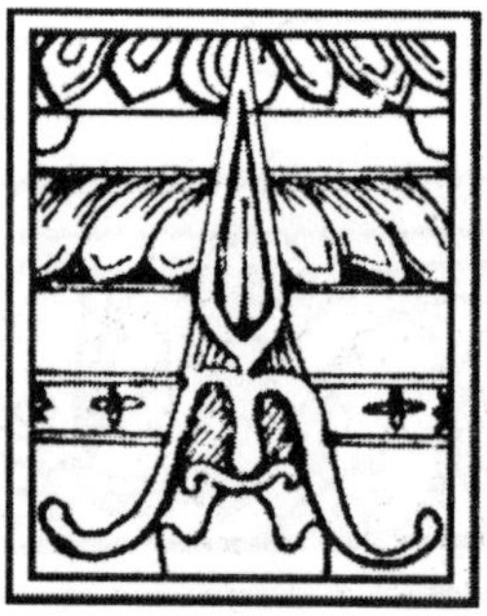

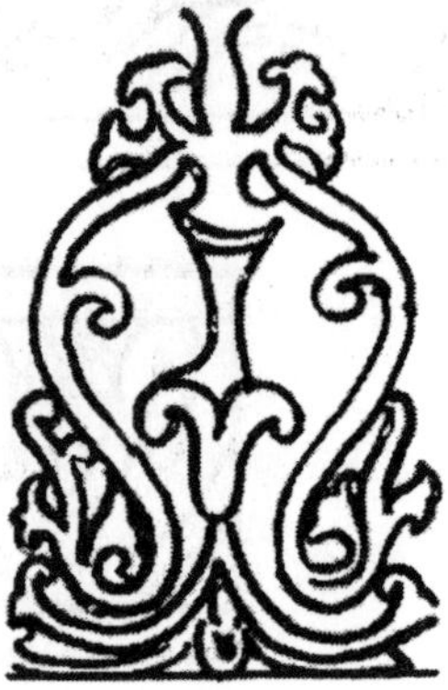

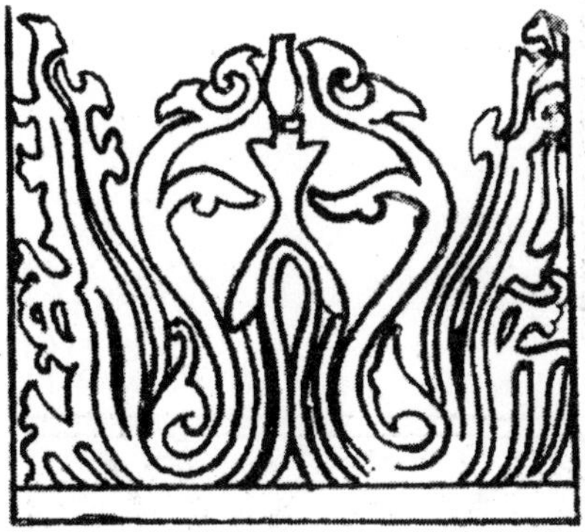

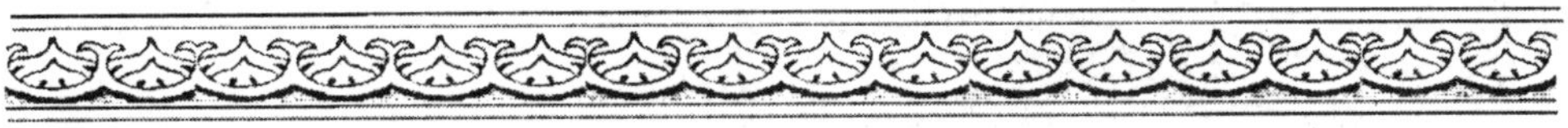

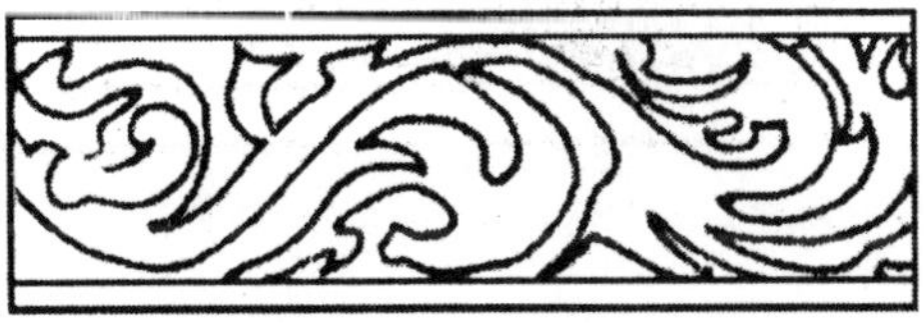

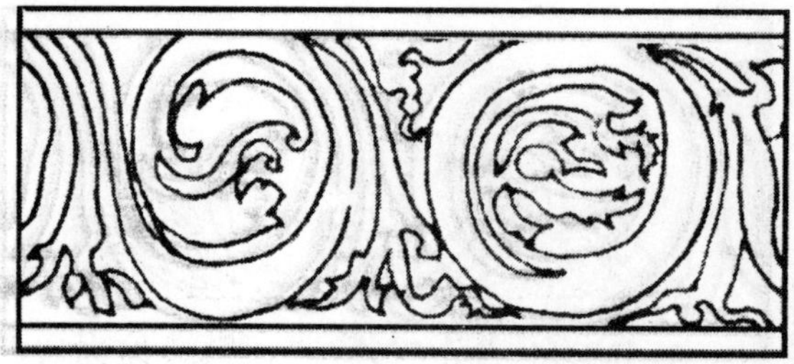

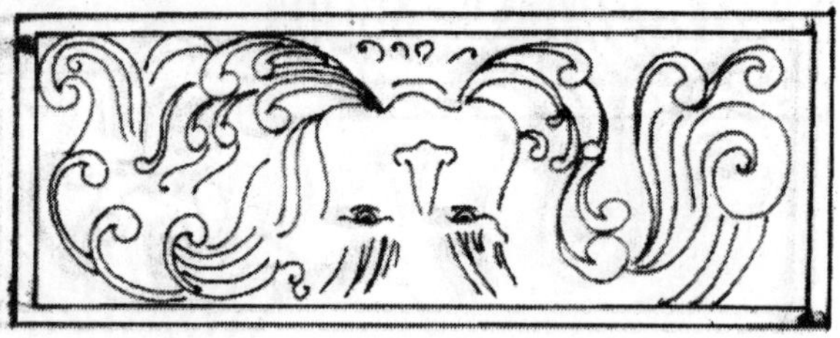

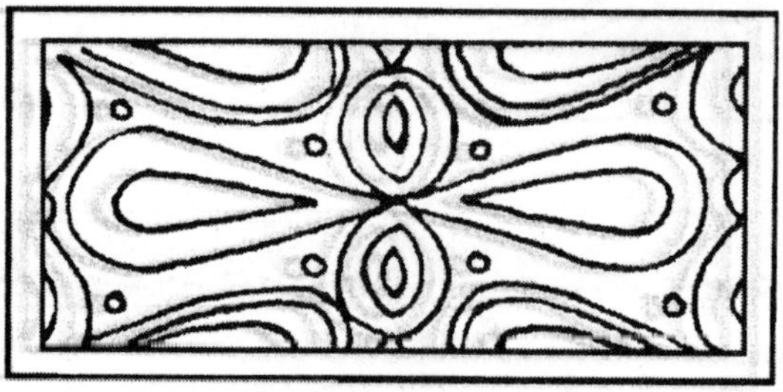

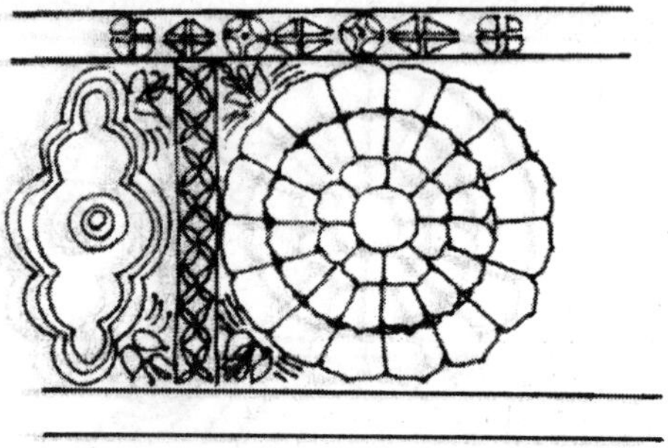

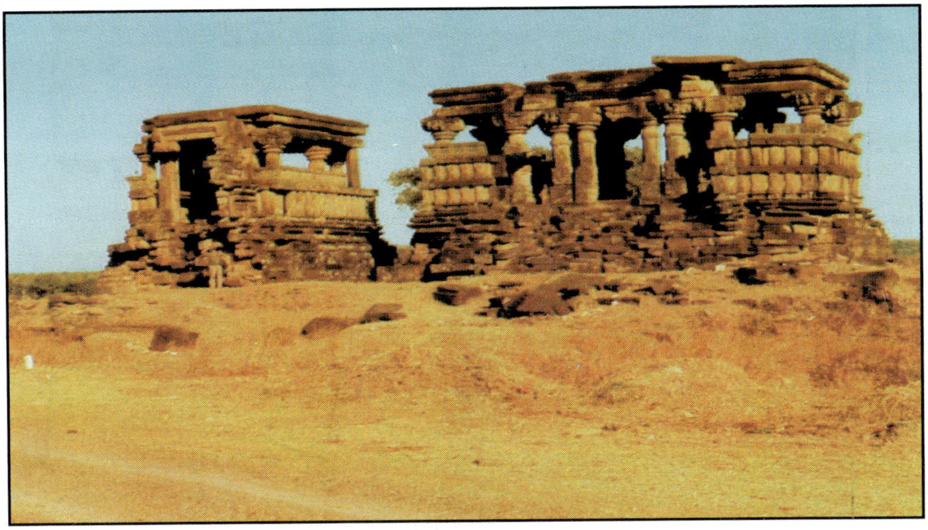

1. छोटी व बडी कचहरी का सामूहिक दृश्य, मदनपुर

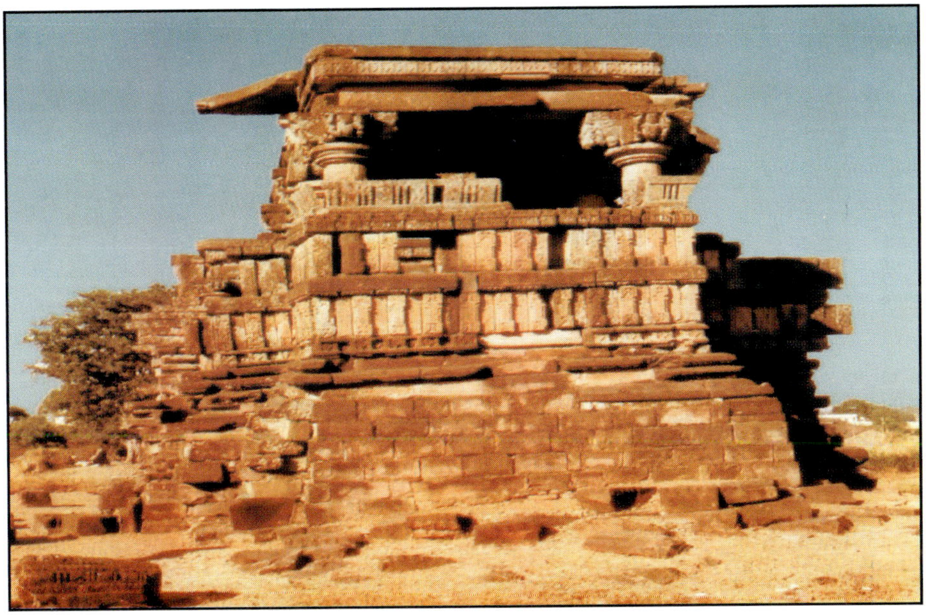

2. छोटी कचहरी (विष्णु मन्दिर), मदनपुर

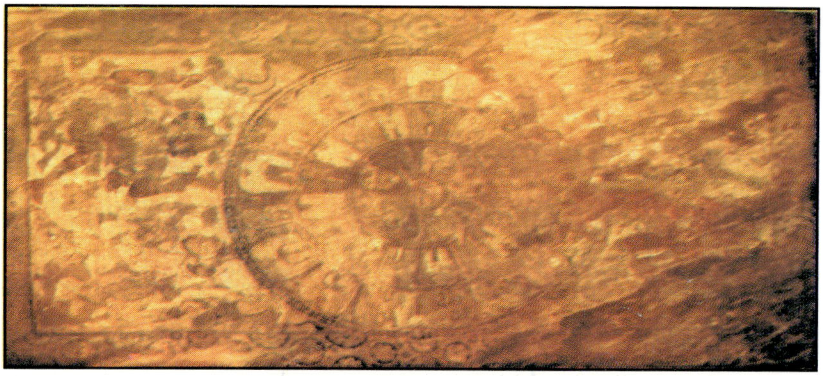

3. चित्रित छत (विष्णु मन्दिर), मदनपुर

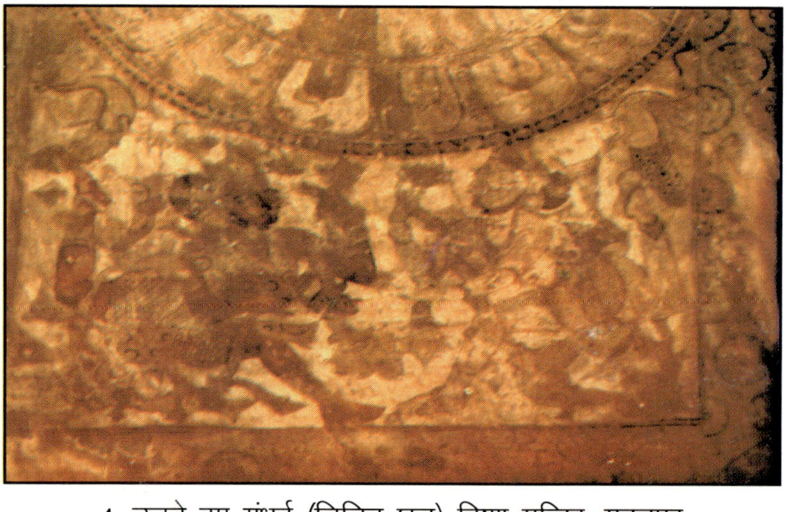

4. उडते हुए गंधर्व (चित्रित छत) विष्णु मन्दिर, मदनपुर

5. चित्रित शिलापट (विष्णु मन्दिर), मदनपुर

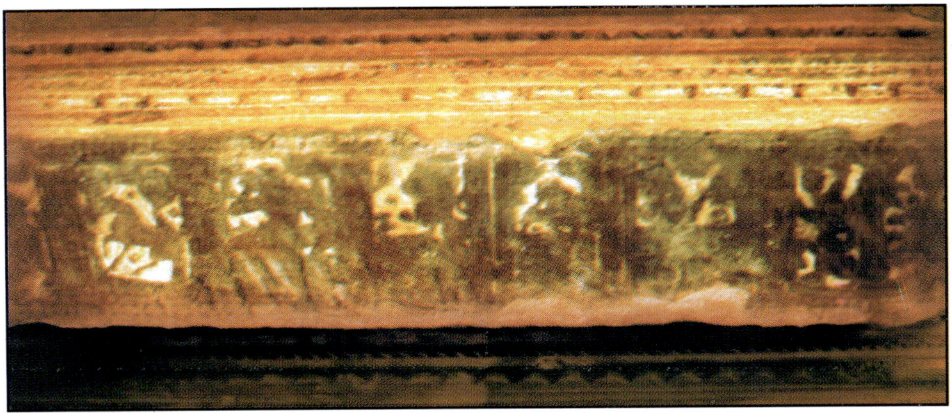

6. चित्रित शिलापट (विष्णु मन्दिर), मदनपुर

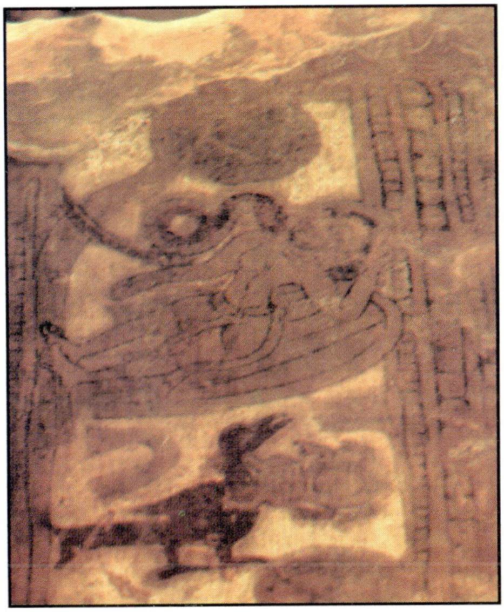

7.
1. ब्राहमण–कर्कट कथा
2. वक–कर्कट कथा पंचतंत्र चित्र
(विष्णु मन्दिर), मदनपुर

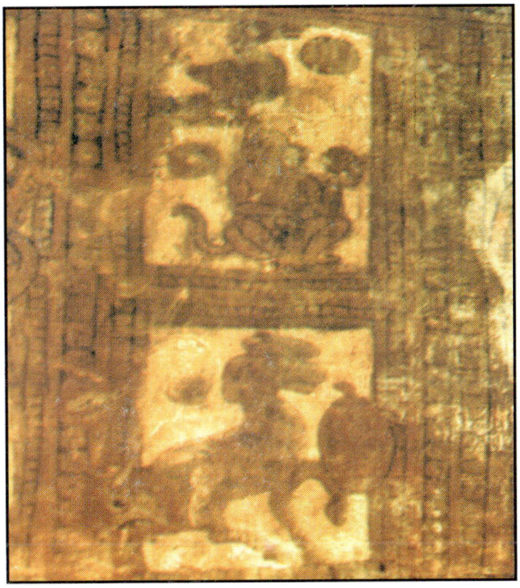

8.
1. वानर–चटक कथा
2. चन्द्र भूपति कथा
पंचतंत्र चित्र (विष्णु मन्दिर), मदनपुर

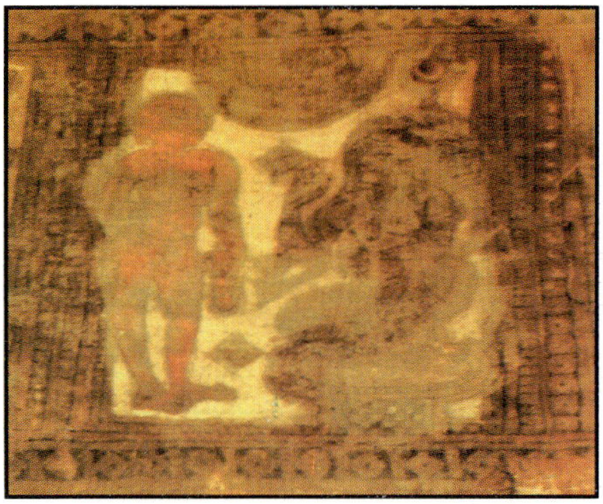

9. अनभिज्ञ कथा पंचतंत्र चित्र (विष्णु मन्दिर), मदनपुर

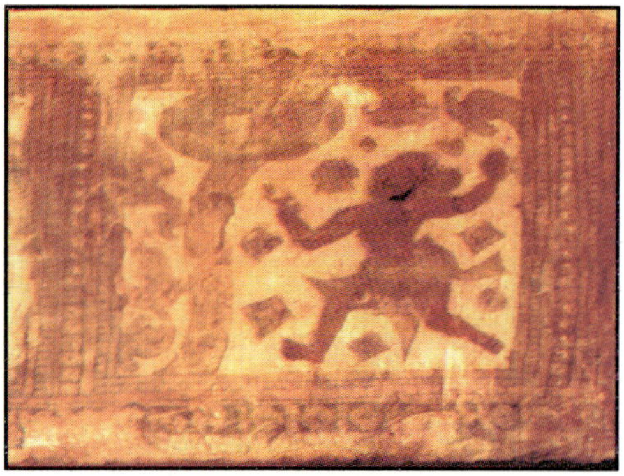

10. मन्थर–कौलिक कथा पंचतंत्र चित्र (विष्णु मन्दिर), मदनपुर

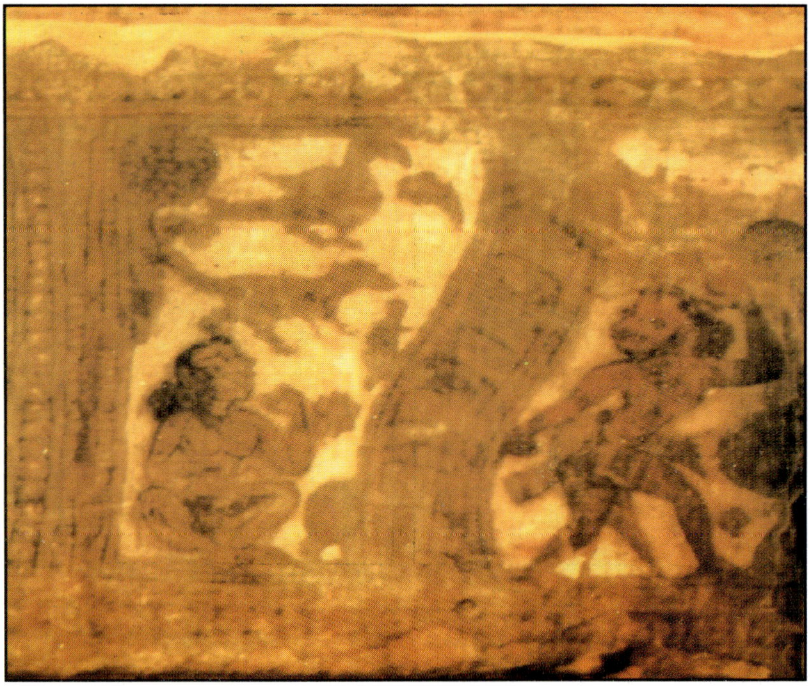

11. नग्निहालिक वधू कथा पंचतंत्र चित्र (विष्णु मन्दिर), मदनपुर

12. मन्दवर रूचि कथा पंचतंत्र चित्र (विष्णु मन्दिर), मदनपुर

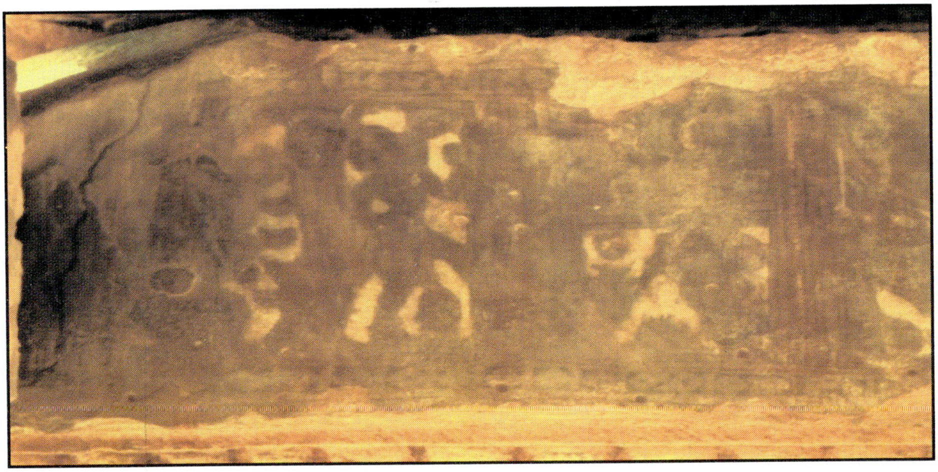

13. 1. कपोत लुब्धक कथा 2. अनभिज्ञ कथा पंचतंत्र चित्र (विष्णु मन्दिर), मदनपुर

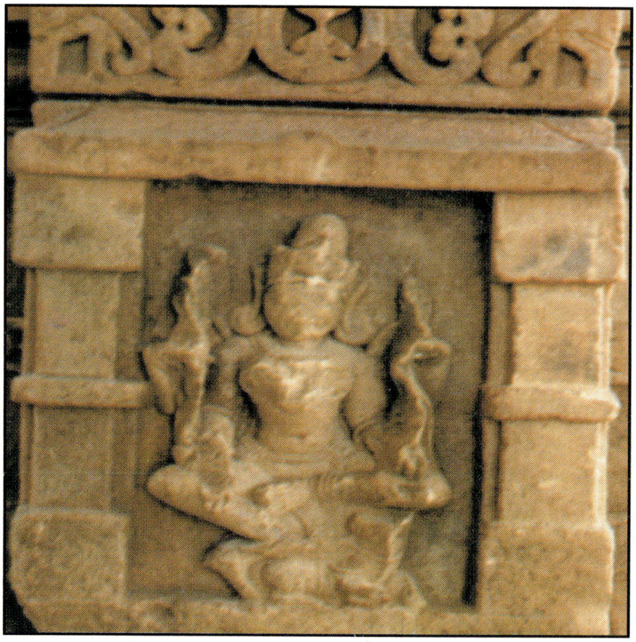

14. माहेश्वरी, (विष्णु मन्दिर) मदनपुर

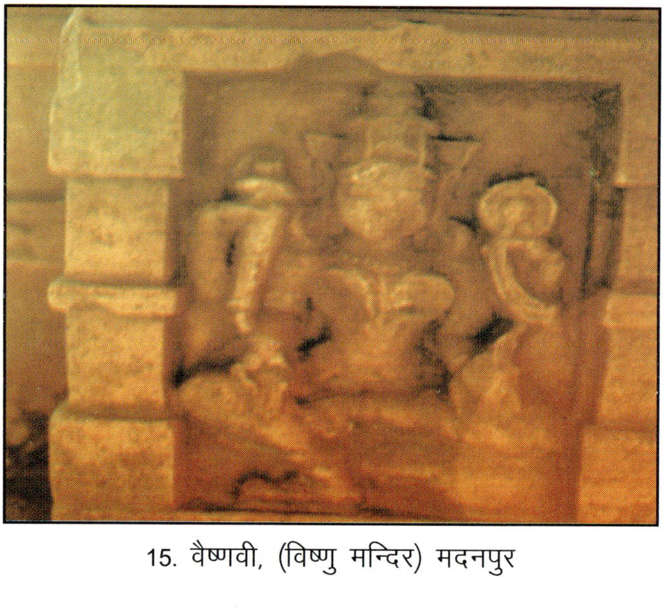

15. वैष्णवी, (विष्णु मन्दिर) मदनपुर

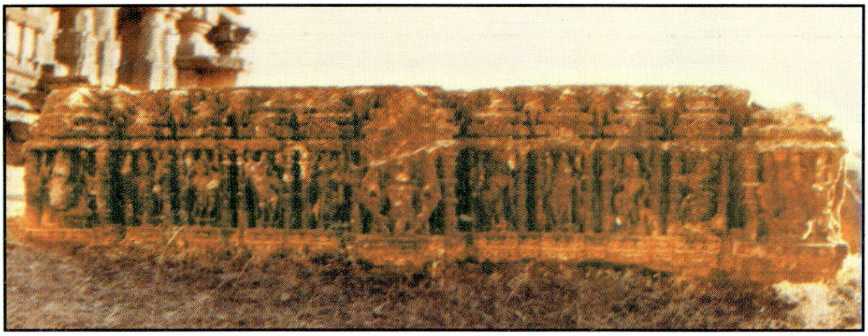

16. नवग्रह पट मदनपुर

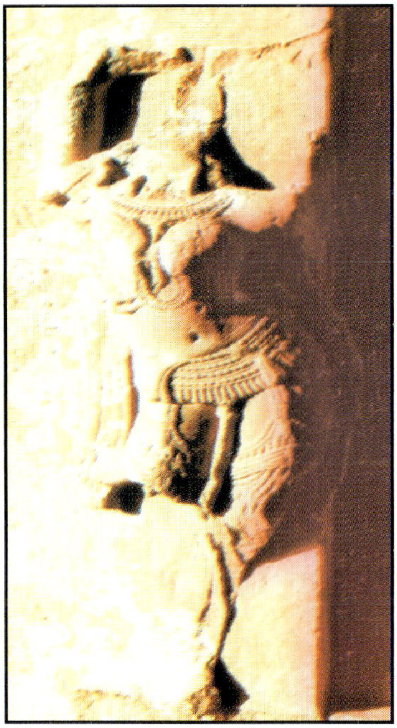

17. चॉवरधारिणी
(खण्डित विष्णु मन्दिर) मदनपुर

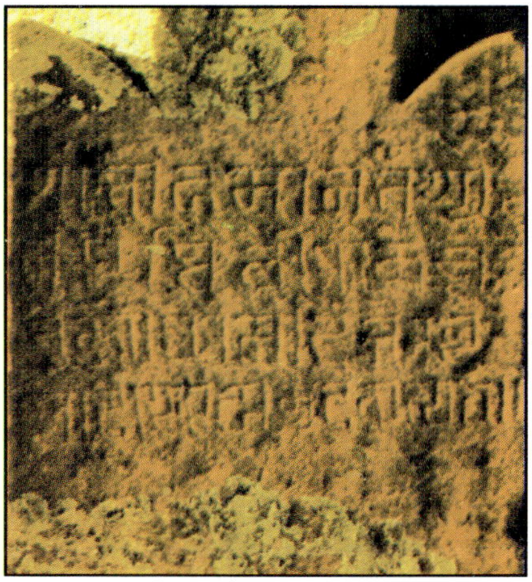

19. शिलालेख शिव मन्दिर
(बड़ी कचहरी) मदनपुर

18. शिलालेख (विष्णु मन्दिर) मदनपुर

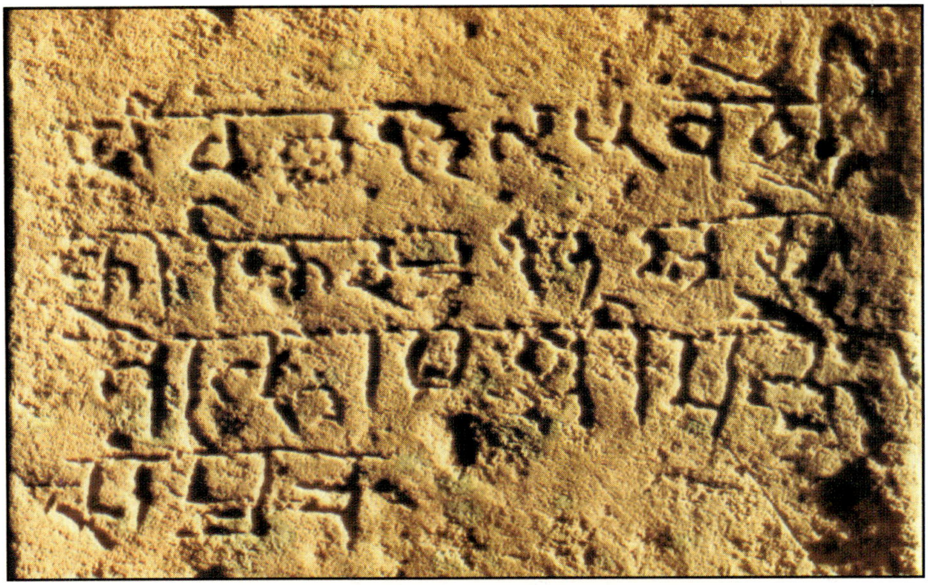

20. शिलालेख शिव मन्दिर (बड़ी कचहरी) मदनपुर

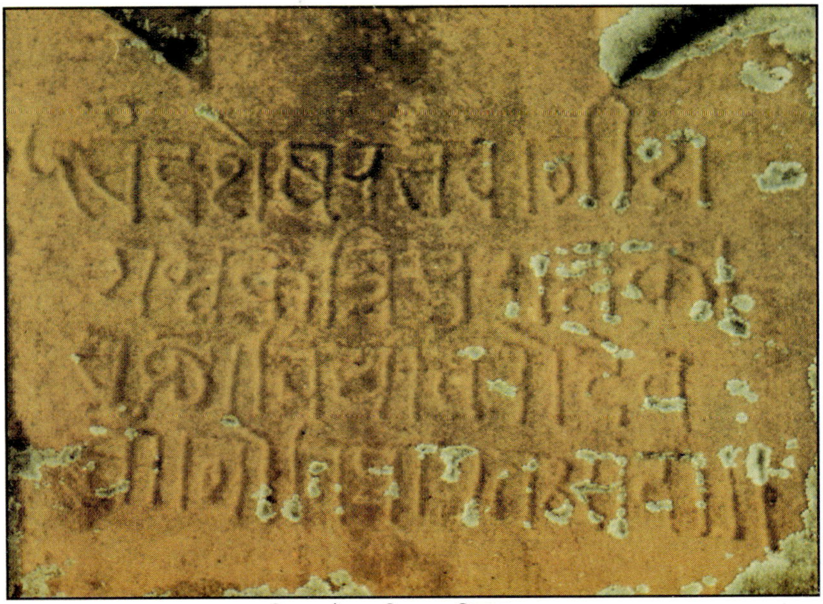

21. शिलालेख शिव मन्दिर मदनपुर

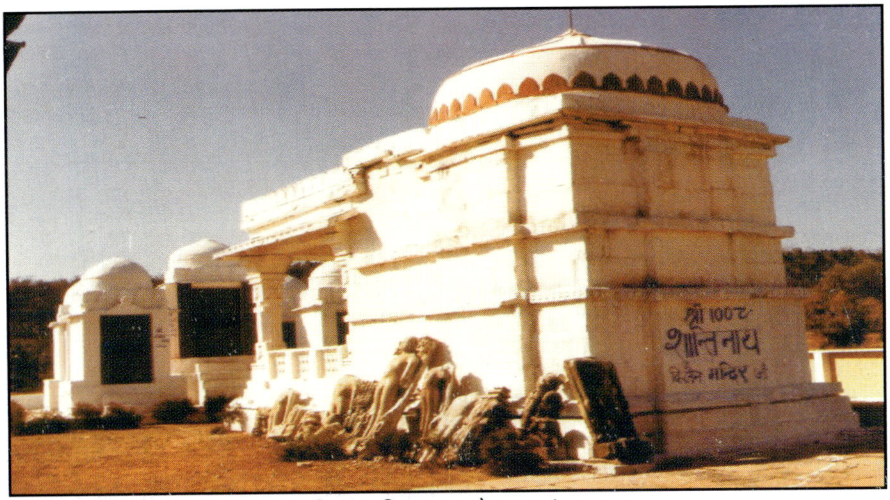

22. पंचमढी (शान्तिनाथ चैतालय) मदनपुर

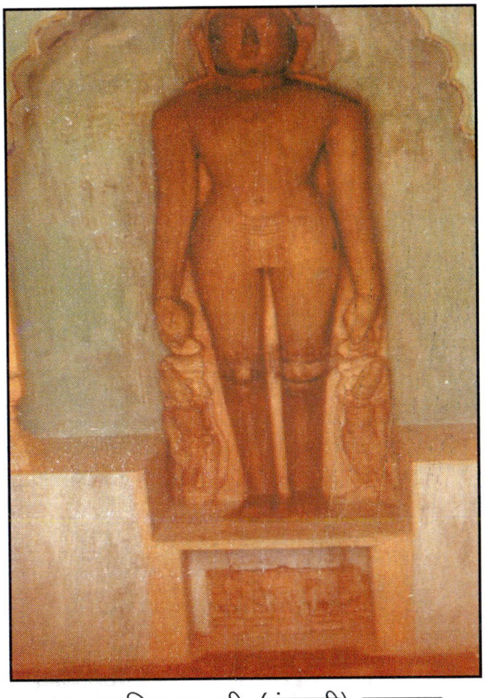

23. शान्तिनाथ जी (पंचमढी) मदनपुर

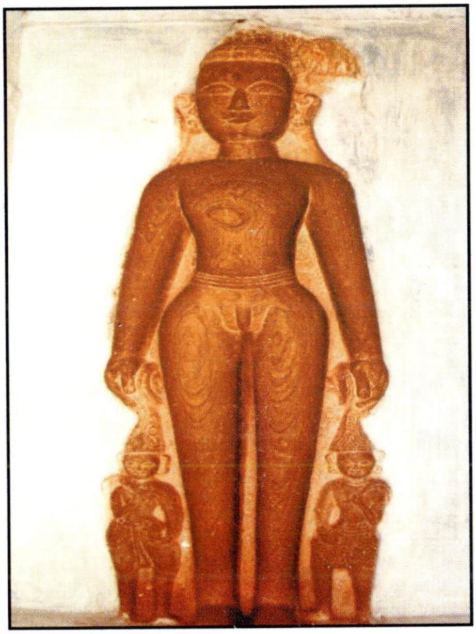

24. वासु पुज्या जी (पंचमढी) मदनपुर

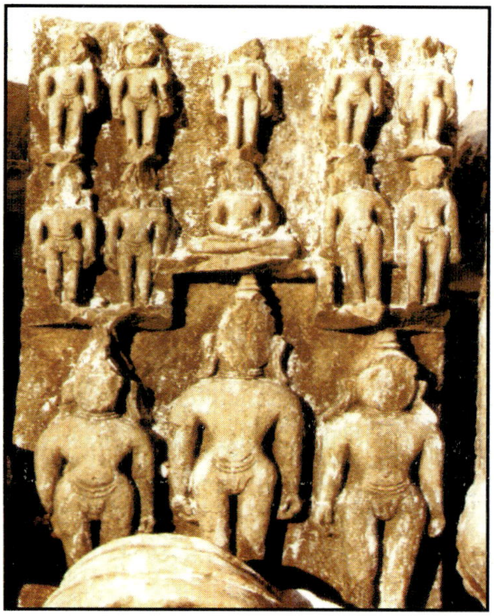

25. चतुविशति पट (पंचमढी) मदनपुर

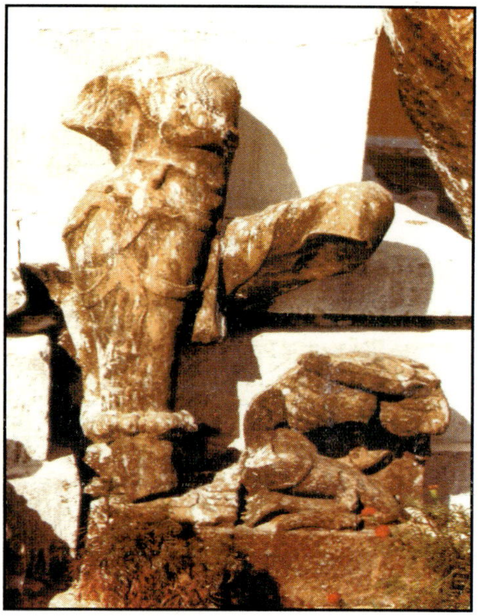

27. लंकिनी यक्षी को पैर से दबाते हनुमान खण्ड़ित प्रतिमाएँ (पंचमढी) मदनपुर

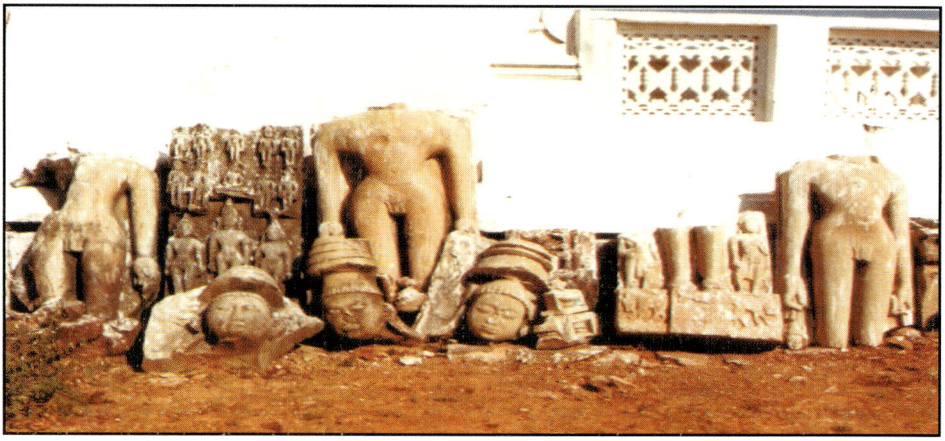

26. खण्डित प्रतिमाए (पंचमढी) मदनपुर

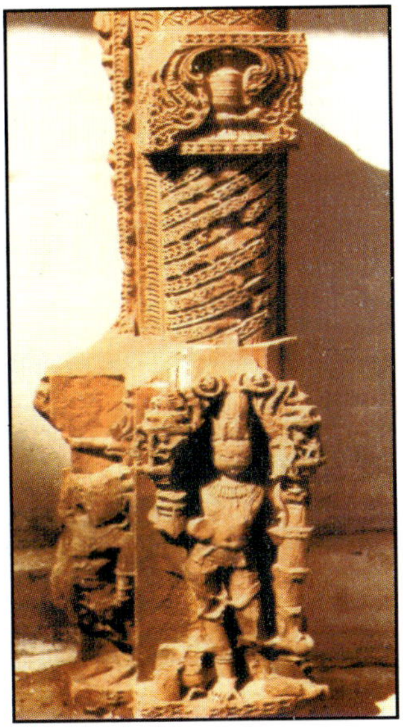

28. कलात्मक स्तम्भ मदनपुर

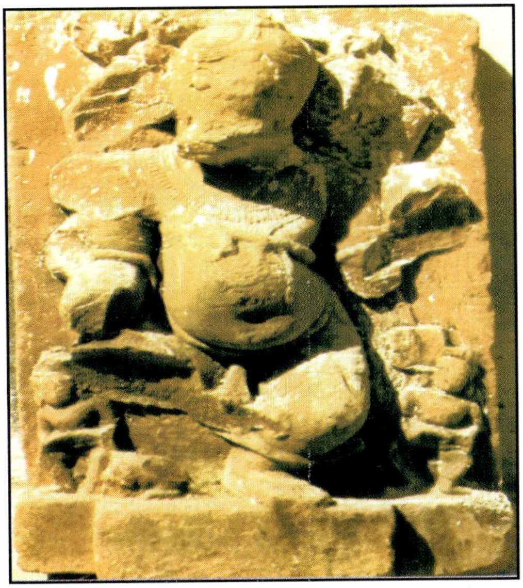

29. नृत्य गणेश मदनपुर

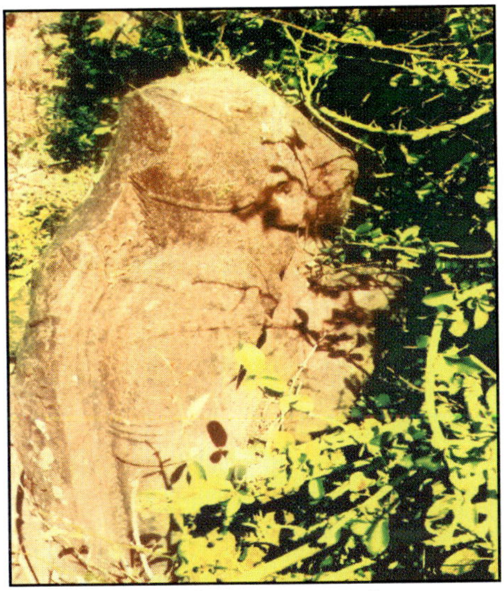

30. खण्ड़ित प्रतिमा हनुमान जी मदनपुर

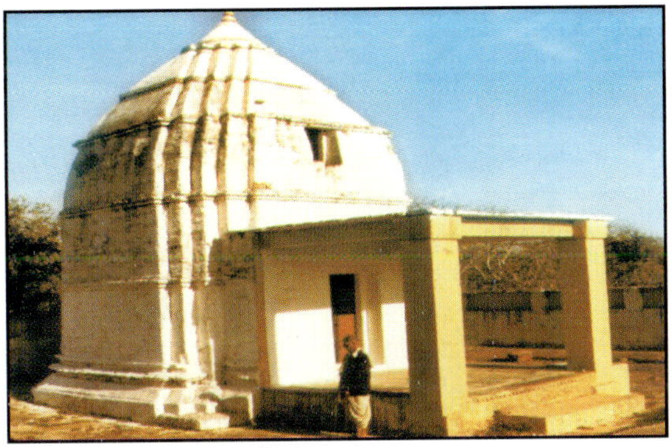

31. मोदी मठ, मदनपुर

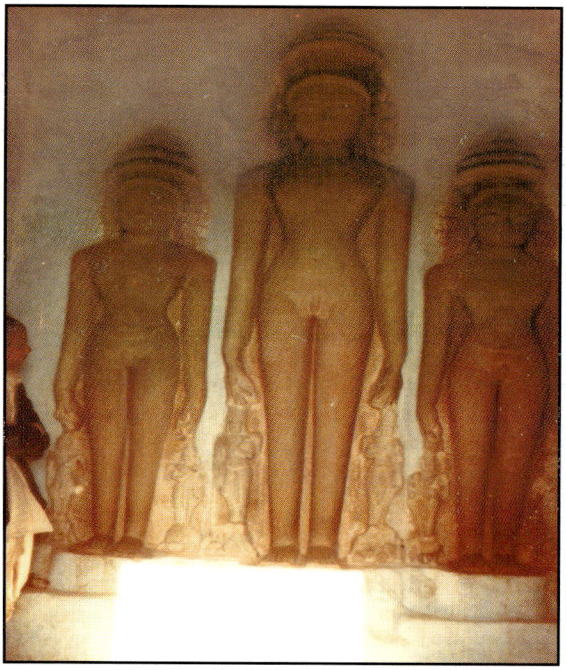

32. त्रिमूर्ति मोदी मठ, मदनपुर

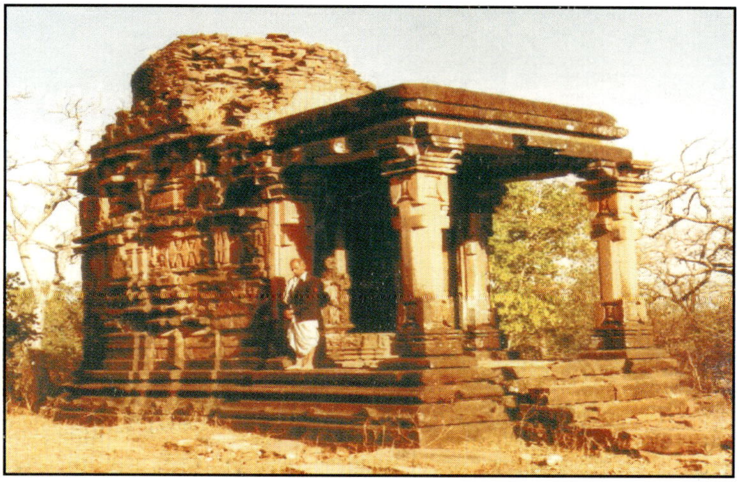

33. कलात्मक चैत्यालय चम्पोमठ मदनपुर

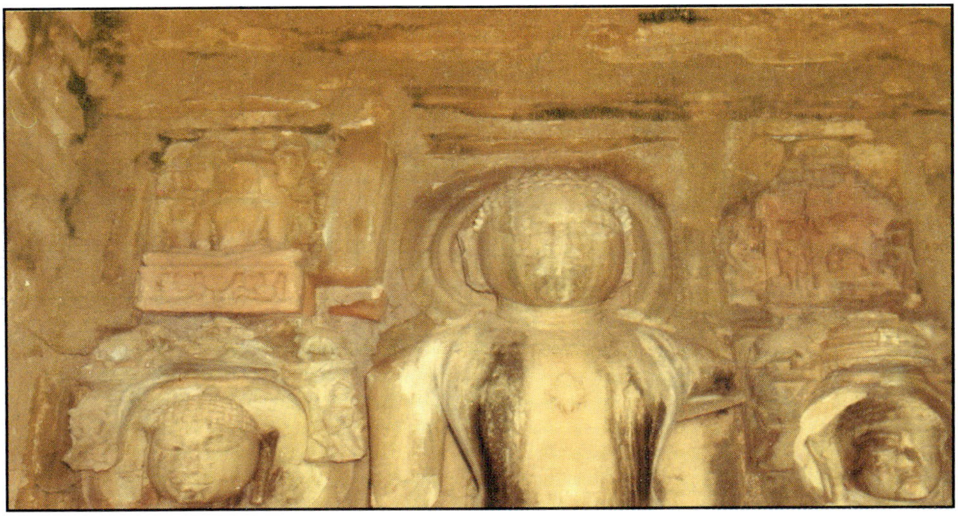

34. त्रिमूर्ति चम्पोमठ मदनपुर

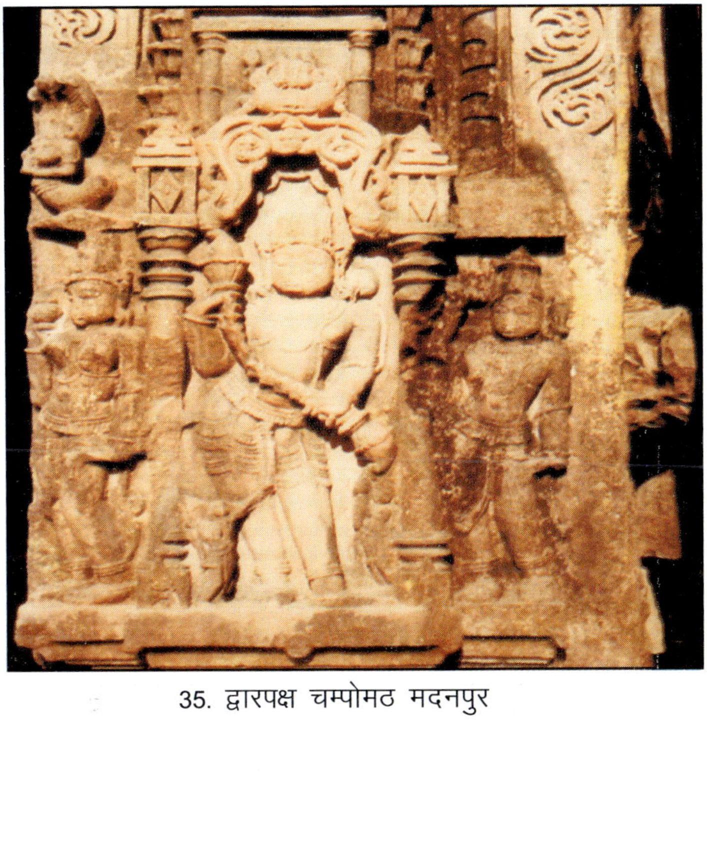

35. द्वारपक्ष चम्पोमठ मदनपुर

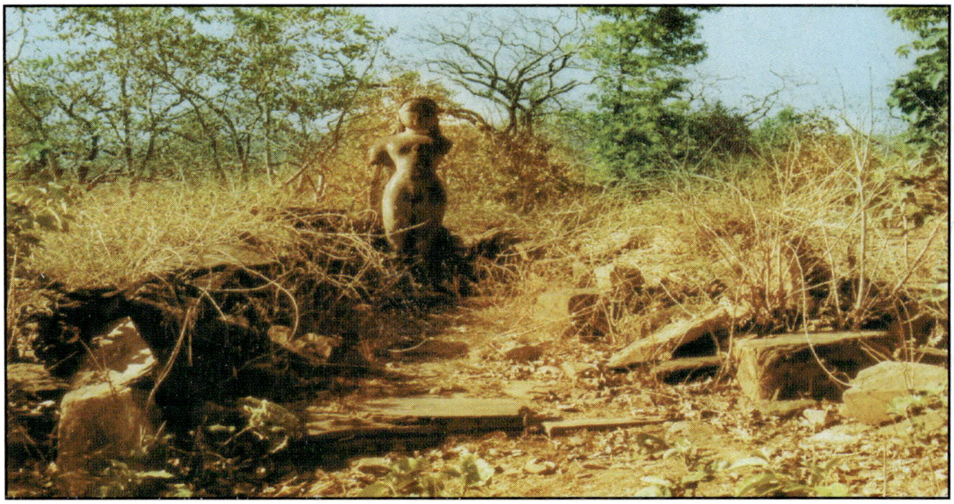

36. दृश्य खण्ड़ित मठ, मदनपुर

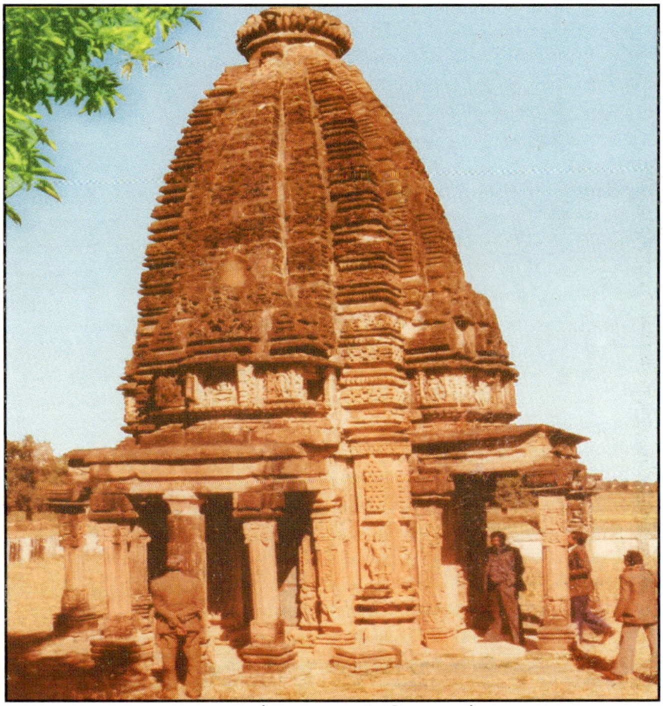

37. सहस्त्रकूट चैत्यालय (अतिशय क्षेत्र) बानपुर

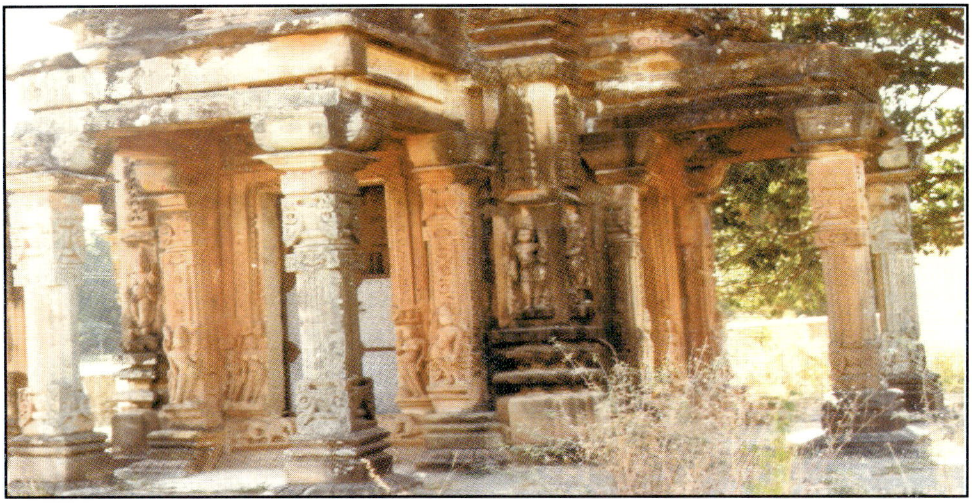

38. बरामदा– सहस्त्रकूट चैत्यालय, बानपुर

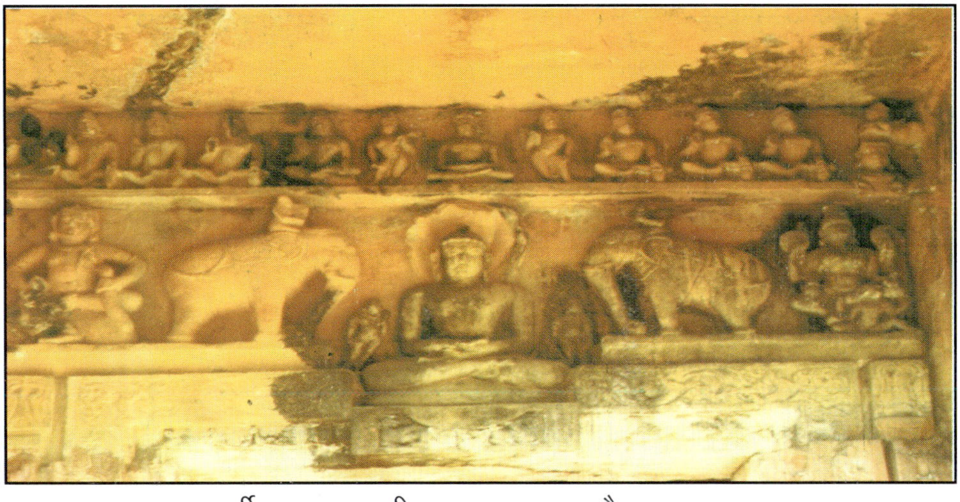

39. पूर्वीद्वार का ऊपरी भाग सहस्त्रकूट चैत्यालय, बानपुर

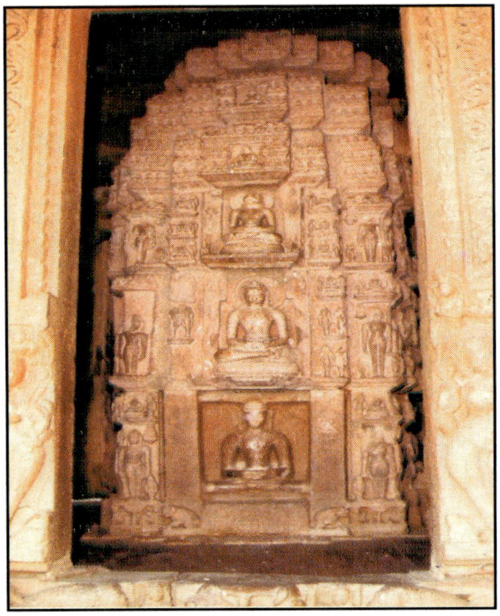

40. सहस्त्रकूट प्रतिमा–सहस्त्रकूट चैत्यालय, बानपुर

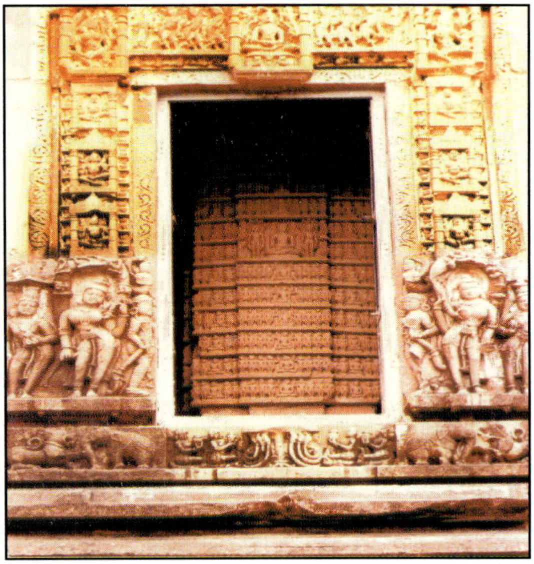

41. सहस्त्रकूट प्रतिमा–सहस्त्रकूट चैत्यालय, देवगढ

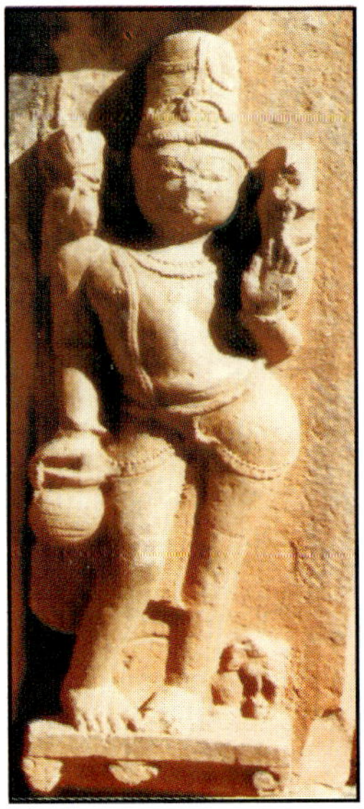

42. इन्द्र सहस्त्रकूट चैत्यालय, बानपुर

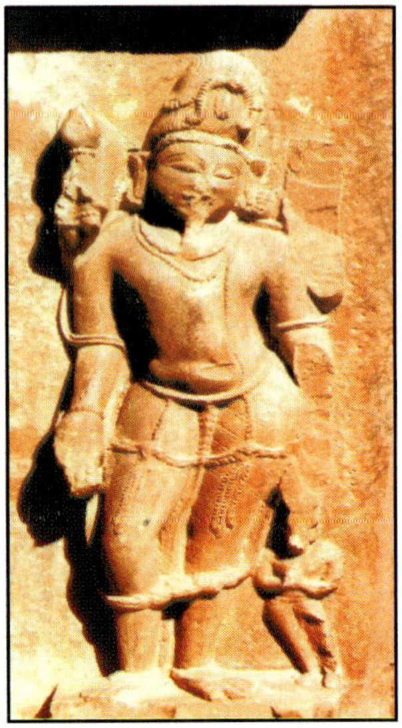

43. अग्नि सहस्त्रकूट चैत्यालय, बानपुर

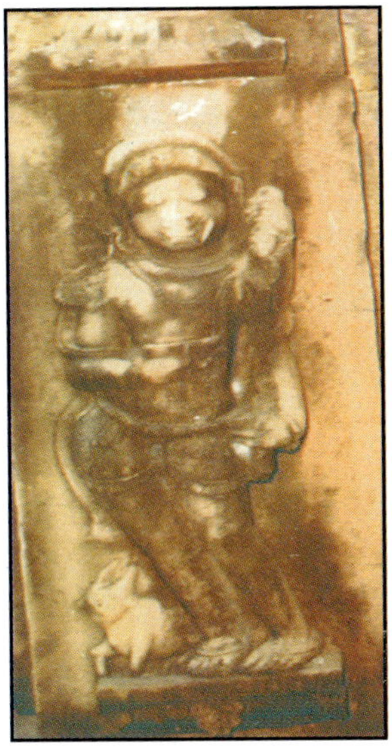

44. यम सहस्त्रकूट चैत्यालय, बानपुर

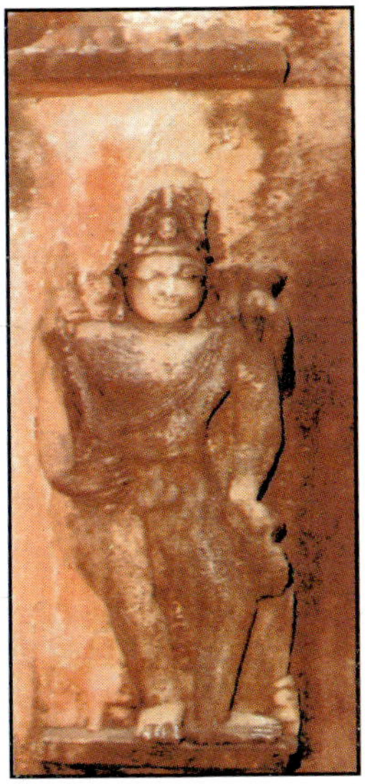

45. नैऋत्य सहस्त्रकूट चैत्यालय, बानपुर

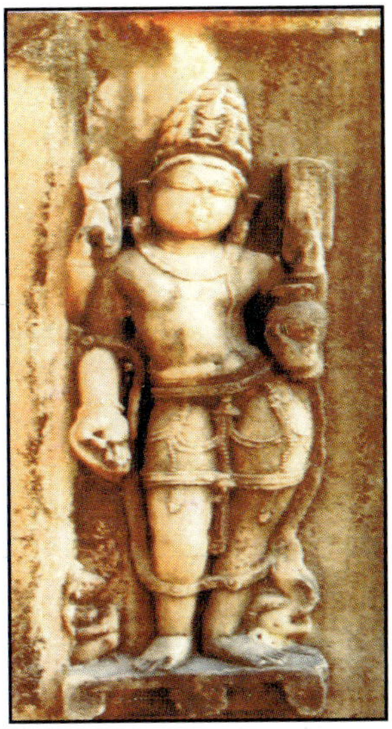

46. वरूण सहस्त्रकूट चैत्यालय, बानपुर

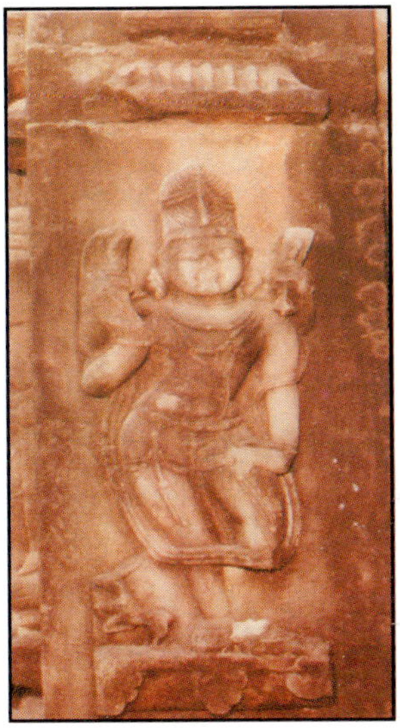

47. वायु स्हस्त्रकूट चैत्यालय, बानपुर

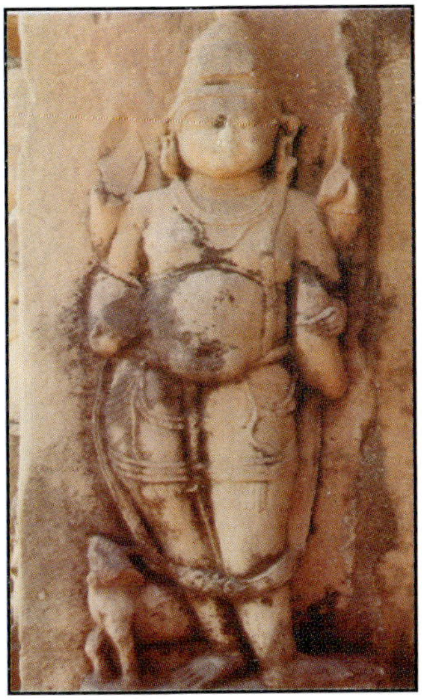

48. कुबेर सहस्त्रकूट चैत्यालय, बानपुर

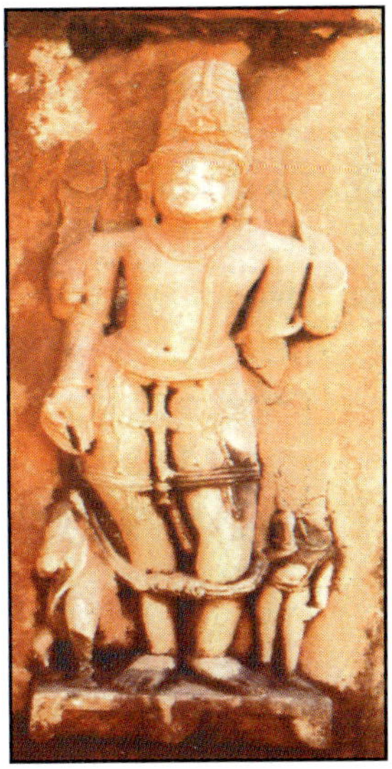

49. ईशान सहस्त्रकूट चैत्यालय, बानपुर

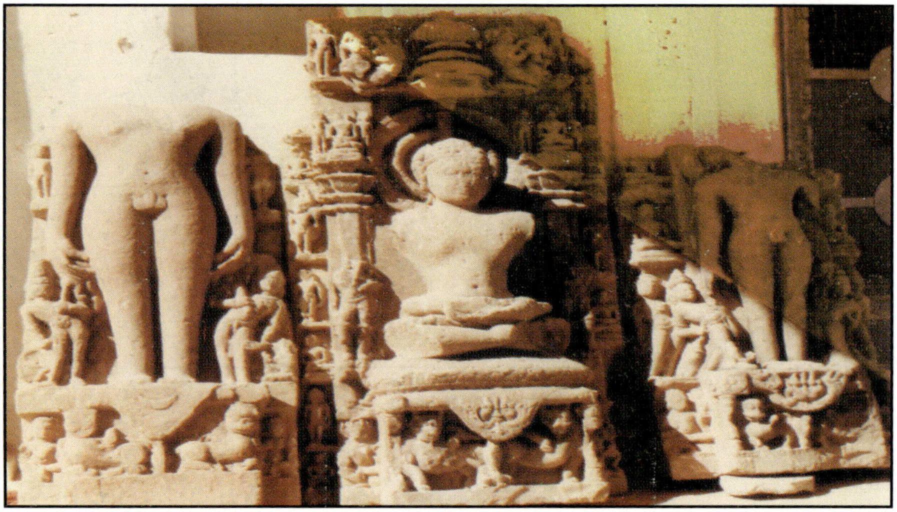

50. खण्डित प्रतिमाएँ अतिशय क्षेत्र, बानपुर

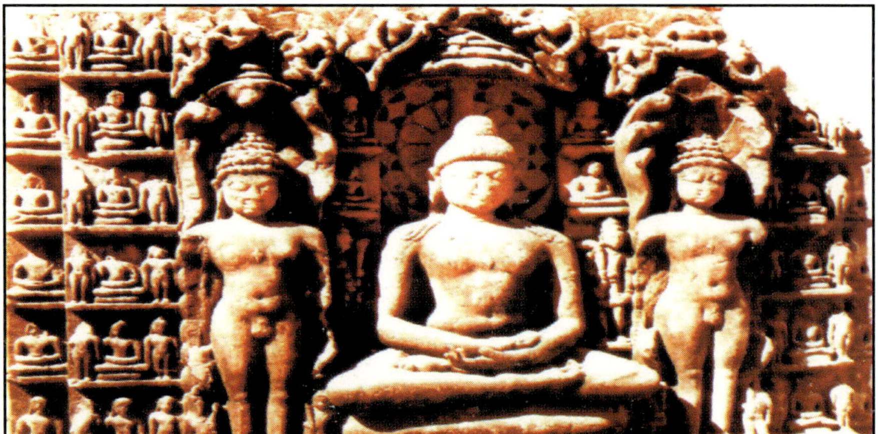

51. चतुर्विशति पट (अतिशय क्षेत्र), बानपुर

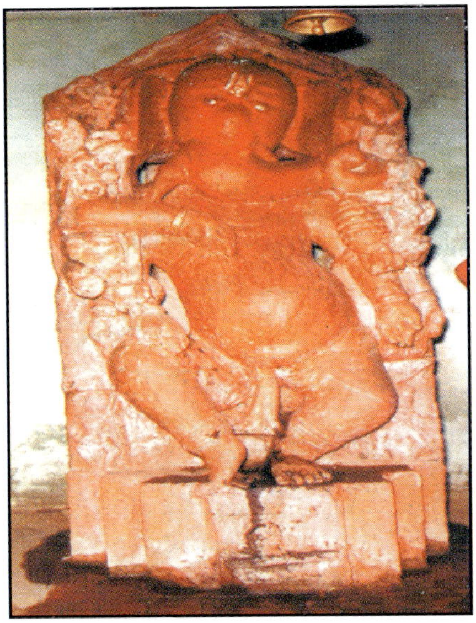

52. नृत्य गणेश गणेश खेड़ा, बानपुर

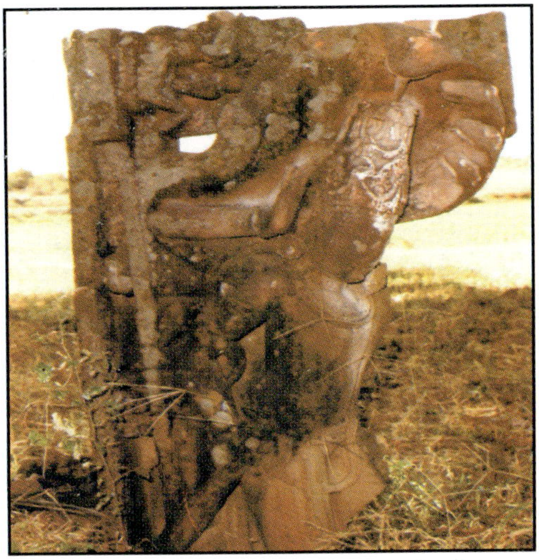

53. खण्डित नन्दी प्रतिमाएँ गणेश खेड़ा, बानपुर

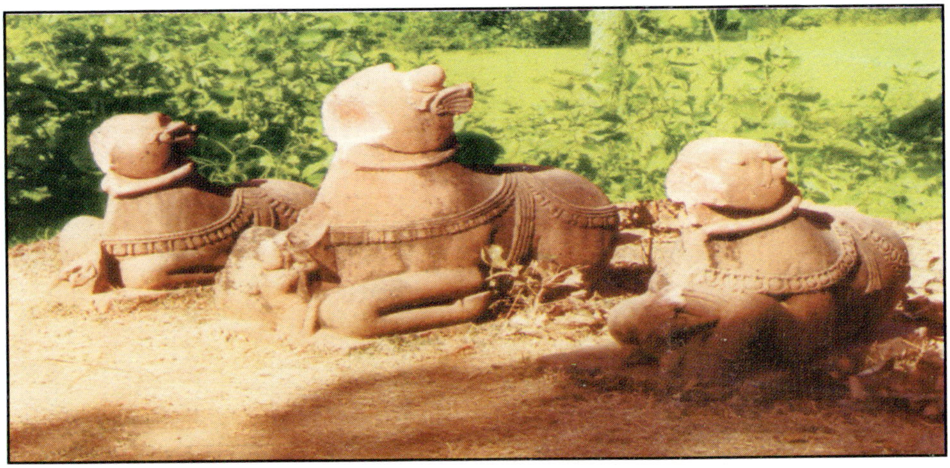

54. शेषाशायी विष्णु मानिक टीला, बानपुर

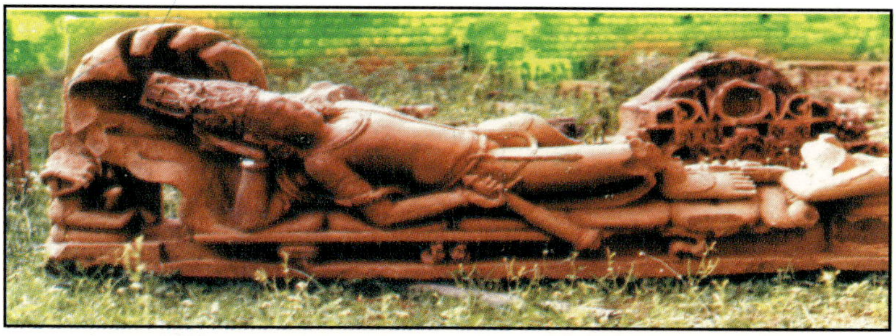

55. शेषशायी विष्णु मानिक टीला बानपुर, राजकीय संग्राहालय, झांसी

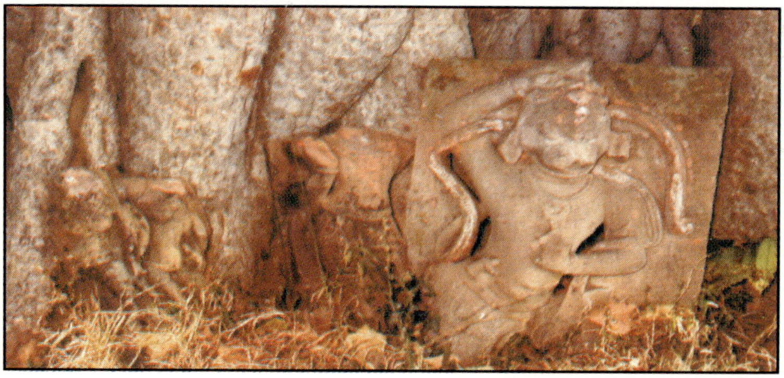

56. हनुमान आदि मानिक टीला, बानपुर

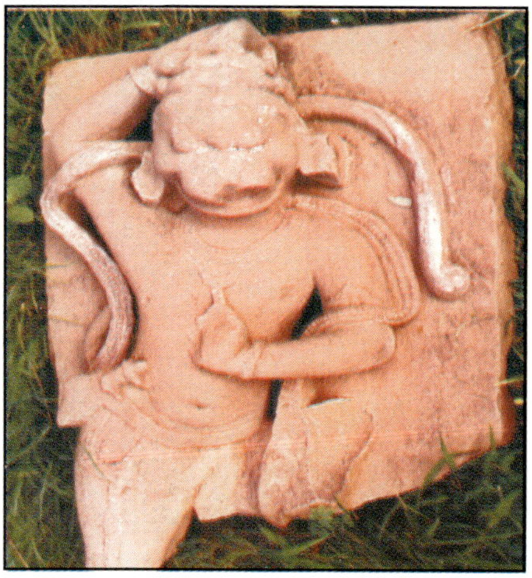

57. हनुमान मानिक टीला, राजकीय संग्रहालय, झांसी

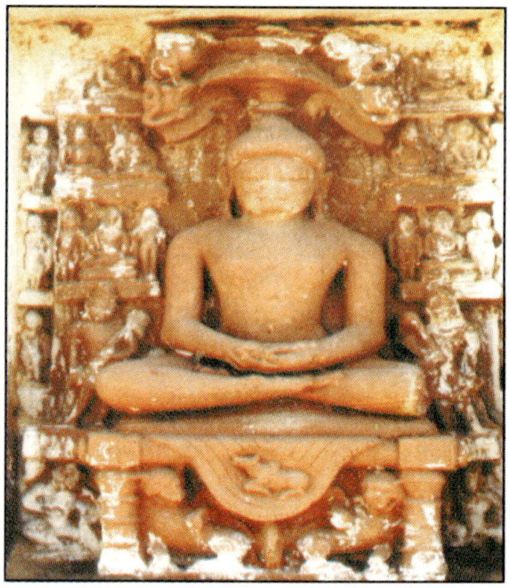

58. आदिनाथ बड़ा जैन मन्दिर, बानपुर